U0471281

罗马的胜利
领导者的力量

Roma Victrix

[挪威]施泰纳·比亚特维特（Steinar Bjartveit）
[挪威]谢蒂尔·艾肯塞特（Kjetil Eikeset） 著
[挪威]特伦德·凯尔斯塔德（Trond Kjœrstad）

高波 译

济南出版社

图书在版编目（CIP）数据

罗马的胜利：领导者的力量 /（挪威）施泰纳·比亚特维特，（挪威）谢蒂尔·艾肯塞特，（挪威）特伦德·凯尔斯塔德著；高波译. -- 济南：济南出版社，2024.8

ISBN 978-7-5488-6307-6

Ⅰ. ①罗… Ⅱ. ①施… ②谢… ③特… ④高… Ⅲ. ①罗马帝国－历史 Ⅳ. ① K126

中国国家版本馆 CIP 数据核字 (2024) 第 071233 号

罗马的胜利：领导者的力量

LUOMA DE SHENGLI LINGDAOZHE DE LILIANG

［挪威］施泰纳·比亚特维特
［挪威］谢蒂尔·艾肯塞特　　著
［挪威］特伦德·凯尔斯塔德
高波　译

出 版 人　谢金岭
策 划 人　董新兴
责任编辑　朱　琦　代莹莹
责任校对　于　畅
装帧设计　胡大伟
出版发行　济南出版社
地　　址　山东省济南市二环南路 1 号（250002）
总 编 室　0531-86131715
印　　刷　山东联志智能印刷有限公司
版　　次　2024 年 8 月第 1 版
印　　次　2024 年 8 月第 1 次印刷
开　　本　170 mm × 240 mm　16 开
印　　张　25.25
字　　数　310 千字
书　　号　ISBN 978-7-5488-6307-6
定　　价　98.00 元

山东省版权局著作权合同登记号 图字：15-2024-31 号
Title of the original edition: ROMA VICTRIX

Originally published in Norway by FAGBOKFORLAGET, 2012
This translation is published by arrangement with the Proprietor through Bo Gao in Beijing

如有印装质量问题　请与出版社出版部联系调换
电话：0531-86131736

目 录

致中国读者

非常高兴《罗马的胜利》中文版出版。古罗马领导力研究是我们的核心研究课题之一，本书是罗马领导力教程的辅助读物，涵盖了我们多年的研究成果。研究古罗马，是为了向历史上那个尤为重要、著名的时期学习，即便在两千多年后的今天，那个年代的故事也为生活在世界上不同地方的人们提供了宝贵的精神财富，是一面难以替代的历史之鉴。

这本书聚焦于罗马历史上短暂但精彩的一段，即罗马的黄金时代，大致始于公元前 80 年，终于公元 20 年。在历尽四百多年的成功之后，伟大的罗马共和国陷入了困境：成功孕育了停滞，罗马被困扰、被侵蚀。那是一个危机的时刻、怀疑的时刻，同样，也是一个展示领导力的时刻。

领导力与意义高度相关。一旦环境失序、方向迷失，我们就需要能够创造意义的领导者，或者说，那些能够在缺乏意义的地方创造意义的人将成为领导者。他们会指出：我们从哪里来，我们是谁，我们应当去哪里。人们将他们视为领导者，因为他们使身份认同与使命感得以体现，并定义了现实的本质。因此，人们将跟随他们的脚步。

那个时期的罗马，人们因意义而斗争，因罗马应该是什么、不应该是什么而斗争。当然，可以不同意，可以有不同的理解，可以提出不同的解决方案。因此，人们产生了分歧，导致了讨论，最后引发了战争。那是为罗马的灵魂而战。那个城市，那个帝国，我们称之为罗马的生活方式是什么？意义对意义，叙述对叙述，朋友对朋友。

由此，一批历史上著名的人物相继登台：盖乌斯·尤利乌斯·恺撒（Gaius Julius Caesar）、马库斯·图利乌斯·西塞罗（Marcus Tullius Cicero）、克利奥帕特拉（Cleopatra）、马库斯·尤尼乌斯·布鲁图斯（Marcus Junius Brutus）、马克·安东尼（Mark Antony）、盖乌斯·屋大维·奥古斯都（Gaius Octavius Augustus）等。几乎就是命运的决定，让他们在历史的十字路口相遇、相知、相对。今天，他们的故事依然吸引着大众。而对于我们，他们表现出的领导力弥足珍贵。我们发现，在历史的十字路口，他们身上体现出某些重要的特质，某些带有共性的东西，而这些东西不因时空而变化。这就是我们试图提炼的领导力，即本书的主题。我们相信，这将有助于今天的你。事实上，那场争斗的最终结果相当惊人，因为现代欧洲的雏形就此出现。

非常感谢高波先生翻译本书。本书是《权力与尊严》的姐妹篇，但结构更复杂，场景更宏大，因此写作手法也更加多样。这为翻译工作带来了巨大的挑战。高波先生的勤奋与执着，加之其对历史的热爱与多年的管理实践，为中文译稿的高质量提供了保证。在此，我们特别表示十分的赞赏与衷心的感谢！

施泰纳·比亚特维特

2023 年 3 月于奥斯陆

译者序

罗马不是一天建成的，领导者也绝非天生就是领导者。究竟是什么造就了领导者？领导力又为何物？事实证明，伟大的情怀与无上的使命感、历史的际遇与现实的挑战、苍天的眷顾与个人的奋争都是领导者不可或缺的成功要素。但应当说，这些都只是成就领导者的必要条件。而定义现实、引领未来的能力，或者说构建意义、讲述故事的能力也是不可或缺的。正如比亚特维特先生所言："你每天都在这里努力，到底是为了故事还是为了故事背后的真实。"作为领导者，二者必须同时兼备。

一个朝代，跨越一千两百年，上承古希腊，下启现代西方文明。在其恢宏的外表下，发生过什么样的故事？又有着什么样的人文精神？罗马真如某些史学家所描述的那样灿烂辉煌吗？那些耳熟能详的古罗马帝王们真是那么的无私高尚吗？我们早已习惯于非黑即白的构建，英雄总是受到人们的偏爱，但历史与现实反复证明，人性之复杂，世界之广阔，远非黑白可以囊括。

《罗马的胜利》是比亚特维特先生等继《权力与尊严》之后的又一部力作。如果说《权力与尊严》是引领读者在鲜花之城佛罗伦萨，以文艺复兴为背景，感受领导者与大师们的优雅与哲思，那么，《罗马的胜利》则是在古罗马的废墟上，使读者亲临两千年前的那一段腥风血雨，近观领导者的情怀与奋争，感叹领导者的魅力，领悟什么是领导力。

是什么造就了领导者？领导力又体现在哪里？悠悠千年岁月，古罗马的巨变发生在公元前 1 世纪到公元初年。那是翻天覆地的一百年，堪称千年岁月中最激荡的乐章。那时，罗马的共和体制走到了尽头，社会动荡、烽烟四起，一大批载入史册的政治家、军事统帅、史学家、诗人，如恺撒、屋大维、西塞罗、庞培（Pompey）、提图斯·李维（Titus Livrgil）、维吉尔（Virgil）等相继涌现。那是什么样的历史际遇，又是什么样的情怀与使命感，驱使着他们一路向前，成就了罗马帝国后续两百年的和平与繁荣，将那个时代推上了辉煌的巅峰？青史中，也留下了他们的大名！

本书作者以史为媒，着力于突破传统意义上非黑即白的建构，以多重视角展示领导者的不同侧面，将立体的他们清晰地呈现在我们面前，从而揭示出人的多面性，引导我们领悟什么是领导力。为此，本书采用了多种写作手法，有叙述，有正论，有场景式剧本，更有主人公的内心独白，使读者能够在轻松愉悦的阅读过程中，将自己代入那段激荡的岁月，以相对客观中立的视角回望历史，感受历史人物的心路历程，进而，巨大的想象与思维空间被打开，独立思考随之而来。

2019 年秋，译者在比亚特维特先生的带领下，与二十多名来自不同国家具有不同文化背景的同僚们一起，在古罗马广场，在帕拉蒂尼高地，在哈德良皇帝的行宫，回望那段风谲云诡的动荡岁月，领悟历史人物的情怀与智慧，感受领导者的力量。以此来向自己提问：我是谁？我如何构建我的故事？我活着是为了故事还是为了故事背后的真实？这是超越领导力教程的一课，让人受益匪浅！为此，在作者的鼎力支持下，将课程的辅助读物译为汉语，希望对读者有所裨益。

高 波

2023 年 3 月于北京

马库斯·奥勒留纪念柱 罗马科隆纳广场

Institute for the Study of the Ancient World from New York

前言

在永恒之城——罗马的科尔索大道（Via del Corso）上，意大利总理官邸所在的科隆纳（Colonna）广场中央，矗立着一根30米高的大理石石柱，这根巨大的石柱向我们讲述着它自己的故事。

圈绕在大理石石柱表面的雕刻，就像是一幅200米长的画卷，记录了罗马皇帝马库斯·奥勒留（Marcus Aurelius）（161—180年在位）的一生。在电影《角斗士》（*Gladiator*）的开头，睿智的恺撒对马克西姆（Maximus）低声道："未来的世界将会如何提及我的名字呢？哲学家，战士，还是暴君？"对此，答案之一就在"永恒之城"，也就是在战士马库斯·奥勒留的故事展开的地方。马库斯·奥勒留跨过多瑙河，消灭了帝国东北部的"野蛮人"。大理石石柱上的浮雕显示，"野蛮人"没有获得丝毫机会，罗马军队粉碎了所有的抵抗。

"人们将如何记住我的名字，作为哲学家？"在石柱的雕像中，奥勒留独自站在那里，崇高、冷峻，表现出一种克制中的平静。他不会去冲锋陷阵，相反——他的手谦卑、宽容地指向被消灭的敌人。通过奥勒留写下的随笔《沉思录》（*Meditations*），我们可以更好地了解他。《沉思录》

记录了战场上的奥勒留在傍晚时分的反思。许多人认为，这是迄今为止最好的领导力著作："对名誉的向往使你无法专注？看看你身前身后那永恒的、巨大的断层，看看人们遗忘的速度有多快，你不会被记起。"几乎没有领导者能有这样的意识。

当然，在某种意义上，伟大的战士与哲学家史诗般的故事都有一定程度的修饰。此外，即便是光明天使也有黑暗的一面。对奥勒留的儿子康茂德（Commodus），电影《角斗士》持批评态度，认为他毁坏了他父亲精心打造的繁荣，并最终导致了罗马的沦陷，责任归咎于康茂德。大多数人都喜欢这样的故事，但暴君奥勒留却逃脱了罪责，因为这也是一种建构。奥勒留丝毫不掩饰儿子陪伴他的事实，无论是战争还是旅行，康茂德都陪伴在他左右。事实上，在奥勒留生命的最后一年，康茂德分享了他父亲的权力，他们父子共同统治着帝国，且从来没有将权力交还给人民的想法，无论是父亲还是儿子。但这样的故事并不适合现代好莱坞的口味，黑色就应该是漆黑的，白色也只能有灰色的阴影。无论如何，在罗马的中心，奥勒留大理石石柱的顶部只能有一个人物的空间：奥勒留的雕像，所有的权力集于一点。

这本书关乎这样一个问题：你是谁？要回答这样一个问题，简单地讲，涉及你所有的背景资料：你的家族，你从哪里来，你的成长经历、学校、所受教育、工作、恋人、孩子、现在的公民身份，等等。所有这一切可以组成一个优雅的两分钟叙述，故事的空白之处会加快节奏，提升剧情。每一次与新朋友的社交聚会都会有一大堆的生活故事，引发朋友们的热烈交谈。所有的谈资就像是托盘上的开胃菜，没有它们，我们就无法交谈，更找不到议题。而这一切，对于我们发展人际关系、丰富社交生活非常重要。

这就是为什么每一个社交场合都充满了故事以及故事的修饰、解释，鸡尾酒会更像是个人传记的序言，过去和现在、希望和梦想，所有的一切都相互关联。但长期且稳定的关系则取决于人们是否有可分享的、共同的故事。最重要的是，你生活在自己的故事里。所以，你是谁？

自从有了语言，人们就开始讲述，从幼儿入睡前小白兔的故事，到总统暮年的回忆录。通过故事，我们可以逗乐，可以吓唬，可以激起厌恶，当然更能够引发希望与梦想。故事的上下文解释了是什么导致了什么，主题出现在哪里，就像舞台上的表演。背后隐藏着的是复杂的文化背景。一个相对标准的版本是：你在某个地方的某个家庭中长大，有一群自己的朋友，变化迟早出现在某个时刻，你离开家，开始自己的生活，接受教育，开始工作，渐渐地，一切都要靠自己，从依赖到独立。在被照顾了近20年后，突然间你应该照顾自己了，“为自己考虑”并发表意见。故事应该如何继续？如果你40岁还和妈妈一起生活，故事一定不会错，但你不会孤单太久，生活的伴侣注定要出现，试水这一危险的领域，即使是皇室公主也无法确保成功，没有神奇的公式。就这样，你所处的社会文化有强制性要求，你无法摆脱。但是文化会发生变化，因此，故事也会发生变化。

这本书关乎故事与领导力。需要特别强调的是：对于任何组织和社团，叙述的艺术与人的努力同等重要，任何组织、机构和社会都需要依赖故事。不要以为组织就不需要故事。自认为靠简单的词语即可催生意义的领导者可能会彻底丧失机会，当他们在某个地方秘密商议时，组织的其他人则通过谣言、部分事实、添油加醋的解释，甚至是其他的蛛丝马迹营造出一幅完全不同的场景。而管理层最终设定的愿景很可能被看作是虚无缥缈的海市蜃楼。因为交流是社交性的、开放的，而不是正式的、封闭的。意义始终是持续的、由社会决定的、通过故事创造的。低估这一点非常愚蠢。不同的叙事方式实质上映射出不同的解读，即同一现实可以有不同的解读。组织常常会经历这样的噩梦：突然之间，一切都处于危险之中，领导者会发现自己以自己不认同的方式被描述，特别是当故事被媒体或其他人主导时。就是这样，这是你自己掌控的领域，你每天都在这里努力，到底是为了故事还是为了故事背后的事实？！

故事将单个事件串联起来，将信息碎片拼接成一个整体，结合了过去、现在和未来。意义是故事的主旨，而信息的准确性则退居其次。修辞作为一门管理学科重新回归，总统和政治家们的演讲被分析、评估和讨论。这是一门古老的学科，属于上古的领导者。在古罗马，他们知道修辞学有多么强大，知道如何通过言语来感动人们，因为令人着迷的故事必然会创造意义。那些故事决定了我们如何看待自己以及我们与周围环境的关系，也为我们的经历提供了场景。这也是领导力，它非常重要！

所谓领导力，可以看作是提供一个故事，就是框定发生了什么。否则，你将如何证明你的立场？建构一个叙述以注入意义，昭示你是谁，你可以给予什么，以及其他人可以从你身上得到什么。领导力也意味着一只脚站在过去，一只脚站在未来。我们都在建构自己的故事，领导者也是一样。但是如果需要故事，我们应当去哪里寻找？去买还是靠公关顾问或广告公司来创造？在商界，故事已成为一种商品。但很抱歉，这不好，也是徒劳的。因为如果你的故事是买来的，或是抄袭来的，人们很快就会揭穿你。一旦你信口开河主张那些自己都不知所云的教条时，你的信誉就会如同落石跌落深渊。你的故事不应如此。

那也不能仅仅是你自己的故事，它还必须为社团所共有。只有这样，你才能创造意义，你的故事才能比他人的故事更强大。据此，领导力承载着社团的价值观与希望，因此也就产生了权力、授权以及共同信念。讲述者与听众是故事共同的拥有者，每个故事都类似一个社团项目。故事不仅是有着美好结局的甜蜜童话，也不仅是关于蓝色仙女、小飞象或跑掉的煎饼，更包含着社团与文明进程的过去、现在和未来。马库斯·图利乌斯·西塞罗清楚地表达了这一点："你如果对自己出生前发生的事情一无所知，就永远只是个孩子。"必须利用过去，必须在不稳定的现在建构未来。这就是领导力。如果想了解某事，你必须向后看，因为你总是站在别人的肩膀上；如果想成就某事，你必须向前看，以决定放弃什么，保留什么。这两方面都需要技巧。领导者的选择在于我们是什么以及我们将要成为什么。就像是什么都没说，但该说的也都说了。修辞的核心依赖于一个重要的原则：使"或许""可能"与事实同等重要。现实存在于那些定义现实的人身上，没有什么方法比叙事的艺术更强大。权力的授予总是建立在过去的阴影和未来的希望之间。罗马的领导者知道他们自己在做什么。

这本书关乎罗马昔日的辉煌，关乎在战斗中相互对立的故事。昔日的罗马实际上是几个争夺统治权的故事，场景是忙碌的 50 年，即从公元前 80 年到公元前 30 年，从共和国过渡到帝国的过渡期。故事持续发生着，领导者授权自己为时代变迁代言。人们寻找意义，而那些给予意义的人变成了领导者。这里，重要的不是发生了什么，而是如何理解所发生的一切。这些领导者与他们的故事永远地改变了罗马。在此期间，你会发现罗马历史上最响亮的名字：恺撒大帝、西塞罗、布鲁图斯和奥古斯都。这些罗马的领导者明白，领导力就是在存在的基础上创造意义，同时，将一只脚迈向未来。在这里，领导者相互对抗，并代表着不同的罗马的故事，也代表着不同的真相、战略选择，特别是不同的价值观。

你可以像读故事书那样来阅读这本书，因为这里确实包含了许多故事，就像那个时期的罗马。本书的每个章节都有故事，但讲故事不是本书的目的，我们的目的是通过故事来诠释领导力，不同的故事诠释了领导力的不同侧面。这些章节之间没有必然的关联，不仅如此，通常是上一章的观点触发了下一章的反证。解读与理解反复碰撞，为了真相与意义，必须从多个角度来解读同一个故事。不然，你会被误导！

本书各章节的形式也不尽相同，对于故事而言，不同的形式会产生不同的解读。领导者的一生被解读为悲剧还是不经意间的喜剧，意义重大。这就是为什么我们会使用不同的体裁。埃涅阿斯（Aeneas）的故事保留了原型体裁；西塞罗与喀提林（Catiline）的摊牌就如同一部批判性纪录片的脚本；恺撒在高卢的战争遵循了先驱者们的描述，那是在外国领土上对抗野蛮的战争；恺撒被谋杀当然是个犯罪故事；而庞培则是个悲剧历程。当然，所有的解读都是我们给出的，很可能是歪曲的、不真实的，但是，是有意义的。我们授予自己时空交错的许可，将过去与现在，这里与那里搭配在一起。于是，罗马元老院议员布鲁图斯的演讲与莎士比亚的戏剧相结合；美国前总统巴拉克·奥巴马（Barack Obama）的著名演讲被重写；古罗马诗人卡图卢斯（Catullus）多次引用了现代挪威作家阿里·贝恩（Ari Behn）的言辞，就像他接受报刊采访时表达的那样；罗马共和国晚期保守的参议员卡托（Cato）经常引用罗马帝国皇帝奥勒留的思想；而马克·安东尼则风格粗俗，颇具后现代气息。所有这些，当然不正确，但对于作者，是有意义的。

本书各章节都包含有特别需要关注的主题说明或是背景介绍，这些独立的段落旨在拓展管理理论与罗马历史等方面的知识，提供更广泛的阅读视野，更有助于关键信息的表达。在排版中，这些独立的段落被置于相关的位置，尽管如此，他们可以独立于各章节存在，可以在阅读完各章节后另行阅读。

罗马的故事充满了吸引力，仿佛有非常奇妙的东西等待着我们去发掘。“终于，我可以畅所欲言，以幽默的方式问候朋友们了。”诗人歌德（Goethe）在抵达罗马首日时说道。他感叹罗马是自己一直向往的地方，是为了与自己相会而必须去的地方。许多人都有过自己的罗马朝圣之旅。挪威作家拥抱过这座城市，亨利克·易卜生（Henrik Ibsen）和斯堪的纳维亚的精英们在那里高谈阔论，在古希腊咖啡馆（Caffè Greco）讨论生、死和爱；英国浪漫主义者约翰·济慈（John Keats）选择了西班牙广场作为结束自己生命的地方；在科尔索大道上的一座教堂里，甚至有挪威国王圣奥拉夫（Saint Olaf）的祭坛画。好像所有的灵魂都聚集在罗马。正如歌德所说：“……去寻找那个让我被一种不可抗拒的冲动所吸引的中心。”这些故事吸引着我们。

在“永恒之城”的中心，故事还在继续。在科尔索大道的中部，科隆纳广场的中央，奥勒留大理石石柱的顶部，另一个故事已经建立。因为当罗马沦陷，另一个故事征服了这座城市时，人们认为有必要保留旧故事中最精彩的部分。事实上，罗马这座圣殿，人们心中的永恒之城，建构于古罗马帝国的废墟之上。因此，还有什么能比所有帝王中影响深远且公认的好皇帝奥勒留更好呢？“在未来的岁月里，他们将如何念及我的名字？”在奥勒留大理石石柱的顶部，古罗马皇帝马库斯·奥勒留的雕像已不复存在，圣徒保罗的雕像取而代之，但圣徒的手势模仿了奥勒留谦卑、宽容的姿态。今天，圣徒站在罗马中心最高的位子上，高高在上，他的目光向西，朝向梵蒂冈。未来总是有召唤的力量，并以过去为起点。

无尽的感谢给予我的朋友、出版商希尔德·贝里特·克里斯托佛森（Hilde Berit Kristoffersen），同样的感谢给予你——我们生活中的故事：劳拉（Laura）、塞西莉（Cecilie）、拉格纳（Ragna）、马蒂斯（Mattias），以及菲利普（Filip）、李（Lea）、奥古斯特（August），还有维克特（Viktor）、英格博格（Ingeborg）、西蒙（Simen）和西格德（Sigurd）。

乔纳森的天使
2012 年于罗马

第一章　众神之城

一、劫后余生

那是一个月黑风高的夜晚，奥林匹斯山上的众神分列两侧，注视着他们各自的阵营。就在那个夜晚，持续十年的战争——特洛伊之战决出了胜负。奥德修斯（Odysseus）将自己及同伴藏在一匹巨大的木马里，骗过敌人，打开了特洛伊的城门，随即，愤怒的阿喀琉斯（Achilles）击杀了特洛伊第一勇士赫克托耳（Hector）。众神目睹了最后的杀戮。希腊人的守护神欣喜若狂，而特洛伊的守护神却无比悲痛。也就在那个夜晚，另一座城市的种子被播下，被播在了特洛伊的灰烬中。那将是一座更大、更强的城市，一座所有城市的城市，一座不受时间与空间限制的帝国的中心。那是天空之神朱庇特（Jupiter）的意志。事实上，特洛伊人和希腊人都不是最终的胜利者。于是，一个身影挣扎着走了出来，肩负着几乎无法承担的未来。他的背上背着的是年迈的父亲，手中牵着的是年幼的儿子，身后是化为灰烬的特洛伊城。他的妻子躺在那里，无数的同胞倒在那里。而他的面前，是无法预知的未来、无尽的危险与可怕的噩梦。

埃涅阿斯逃离特洛伊
By Federico Barocci, Galleria Borghese, Roma. Public Domain

事实上，埃涅阿斯本人最希望的就是死在这里，死在他挚爱的家乡特洛伊。但诸神另有打算，朱庇特亲自挑选了他，命他越过大海，去发现新的疆土，去建立一座新的城市，那里将成为最强大的帝国的中心。

> 我为那人与他的盾徽歌唱。他，遵命运指引，从特洛伊到意大利，到拉维尼亚的海岸——无尽的陆地与海洋。无情的朱庇特以及众神的意志驱使着他，饱受战争之苦，直到建立起一座新的城市，并将他的众神迎请带到拉提姆（Latium）：拉丁人的祖居地，阿尔巴隆加（Alba Longa）的领主，高贵的罗马的城墙。
>
> ——《埃涅阿斯纪》（*The Aeneid*）

二、旅程

整整七年，埃涅阿斯漂泊在无边的大海上，历经了无数的苦难。那是朱诺（Juno）——朱庇特的妻子，也是他的姐姐受仇恨的驱使而降下的灾难。故事的背景是这样的：一天，奥林匹斯山上的女神们争论谁才是最美女神，朱诺、维纳斯（Venus）和密涅瓦（Minerva）互不相让。问题被带到了朱庇特面前，但朱庇特绝不会去惹这个麻烦，因为朱诺既是他的姐姐，又是他的妻子，而另外两位中，一位是他的女儿，另一位也不是省油的灯。于是，明智的朱庇特要三位女神去找出地球上最英俊的男子，并由他来做出决定。事实证明，这并不特别困难。很快，最英俊的男子被找到了，他叫帕里斯（Paris），是特洛伊国王普里阿摩（Priam）的儿子。三位女神去见他，并出示各自的礼物：朱诺许诺给帕里斯不受限制的权力，让他做所有人的国王；密涅瓦是战争女神，也是雅典的神圣守护神，她许诺帕里斯在所有的战争中都可以取胜；而爱情女神维纳斯许诺帕里斯可以享有最美丽的女人，即斯巴达的美女海伦娜。在雄性荷尔蒙的驱使下，帕里斯毫不犹豫地宣布维纳斯获胜，并急切地要求维纳斯兑现诺言。

事到如今，维纳斯不得不坦白实情："你一定会得到海伦娜，因为我可以保证，我那胖乎乎的小儿子丘比特（Cupid）的爱之箭一定会准确地射中她。但可能会有一点点小问题，那就是，海伦娜已经结婚了，嫁给了特洛伊人的宿敌希腊人，现任丈夫是希腊强大的斯巴达国王墨涅劳斯（Menelaus）。"神魂颠倒的帕里斯昏了头，他不顾一切地漂洋过海领回了自己的奖品。于是，特洛伊战争爆发了。我们有充分的理由推论，愤怒的朱诺一定会站在希腊人一边，一定会竭尽全力使特洛伊化为灰烬。她成功了。现在，埃涅阿斯作为硕果仅存的特洛伊人，他明白，在自己被毁灭之前，朱诺的怒火不会熄灭。

不故事，无生活

近年来，在学术心理学中，叙事视角受到高度重视。美国心理学家杰罗姆·布鲁纳（Jerome Bruner）宣称，叙事解读使我们能够反复感悟意义。因此，我们得以以新的方式了解自己与社会。叙事的形式反映了为过往的体验恢复秩序、找寻意义的尝试。叙事是澄清经历、解读事件、创造意义以及梳理因果的一种手段。布鲁纳认为，基于意义的辩证法是人类最重要的进步之一。

什么时候需要出现故事？根据布鲁纳的说法，当出现意外时，故事就会出现。事务需要得到解释，而故事则掌控着意外产生的后果。因此，故事告诉我们什么是可预期的，什么是预期错误以及该如何去把控。故事有结局、有感悟、有教诲。而感悟可能孕育出新的矛盾、新的模式或新的方法。这使得我们能够理解不期而遇并把控不可预测的生活。通过叙述，我们可以创造、重塑自己与社区。故事可以被看作是现实的模型。

传播学教授约翰·肖特（John Shotter）、心理学家肯尼斯·格根（Kenneth J. Gergen）等学者以布鲁纳的思想为基础，提出论述是赋予生活意义的决定因子：它永远不会一成不变，总是要与他人分享。当论述发生时，意义就会产生，不是在脑海中，而是在与之相关的社会背景下。你怎么知道自己的记忆不是别人灌输给你的故事？我们互相讲故事，以证实我们活着。告诉对方你是谁，这样你才能为自己也为他人而存在。如果再也没有人相信你，那对于他们，你就不再是你自己，而是别的什么东西。在最好或者是最坏的情况下，对于别人而言，我什么都不是，或是我不想成为的人。这可是一场斗争。布鲁纳就是将生活视为在自治权与共同体之间建立平衡的斗争故事，关键之处不是去适应某种形式的隐形现实或真实的自我，而是要建立相互适应的内外关联机制。故事被创造出来，以使我们活在其中并与之共存。依赖于关联、依赖于我们与他人共同的理解，我们自己的身份得以被确认，同时，我们每一个人也都是独一无二的。但这也可能产生多种结果，如果你所处的周围环境否认、重写或讲述另一个你，那么，你的人生故事就将被置于危险之中。存在主义者让－保罗·萨特（Jean-Paul Sartre）相信他可以证明地狱的存在。地狱就如同他人，当他人告诉你，你完全不是你心目中的自己，当你被剥夺了你对自己的真实感受时，对萨特来说，那就是地狱。争斗关乎接纳，关乎身在其中的生活，而非和解。生活不是发生过什么，而是你记得什么以及你如何记得。这是我和你的争斗，我们作为作者，我变成了我自己的故事，无论怎样，我的故事又变成了我。我们讲述了自己，所讲述的自己变成了真实的自己。请放弃去参照客观以及对现实的“真实”的理解，因为世界是被解读的。地图永远不是领地。但如果他人相信你的故事，那么它就存在。

在这个新的理论框架内，叙事是赋予经历以意义的首要手段。但就讲故事而言，并不是什么新手段。数千年来，故事将群体、人以及文明联结在一起，并创造了身份认同。在这个意义上，一个重要的观点是，无论故事是“虚构的”还是“真实的”，都不影响它的实际作用，故事的意义与其参照物之间的关系是任意的。布鲁纳强调，决定故事整体意义、力量与悬念的是排序，包括事件的排序与语句的排序。为什么事实与虚构会采用相同的形式？因为那比我们可能愿意相信的更加逼真。事实与虚构之间的区别并不清晰，因为这两个概念需要相互理解。罗马也是如此。

AENEAE TROIA=
NI NAVIGATIO
Ad Virgilij sex priores Aeneidos.
EVROPAE PARS.
Liburni.
Heneti.
Agathyrsi.
HADRIATICVS SINVS.
HESPERIA SATVR=
NIA et ITALIA.
Illyrici.
MACEDONIA,
cuius populi Pelasgi,
Achiui, Argiui,
Danai, Myrmi=
dones, Dolopes,
Dores, et
Iones.
Gens inimica mihi TYR=
RHENVM navigat
AEQVOR.
MARE
AVSONIVM.
OCCIDENS.
Aeoli insula.
Cyclopes.
TRINA CRIA
Geloi campi.
IONIVM
MARE.
PELOPON
NESVS
Dryopes.
Septima post Troiae excidium iam vertitur aestas:
Cum freta, cum terras omnes, tot inhospita saxa,
Syderaq; emensae ferimur: dum per MARE MAGNVM
Italiam sequimur fugientem, & volvimur undis.
Tyrij, et
Poeni.
PVNICA
REGNA.
Syrtis in
hospita.
Maurisij.
Getulae.
Barcaei.
Masyli.
Breuia, et Syrtes.
LIBYAE, SIVE AFRI= CAE
MERIDIES.

埃涅阿斯航行图

https://luna.folger.edu

埃涅阿斯对自己的命运感到绝望。他从未想过要成为英雄，也不明白为什么奥林匹斯山上强大的力量要折磨他、摧毁他。他毫无办法，逃出来的船队只剩下了七艘船，漂泊在陌生的海域，任凭疾风暴雨的吹打。那是女神的嫉恨！但是，在朱诺的身后，有一个更大的计划，其中，埃涅阿斯是最重要的一环。埃涅阿斯，代表着最后的特洛伊人，他们也将成为首批罗马人，并将意大利的达耳达诺斯（Dardanus）和强大的特洛伊联系在一起。新的家族将会出现，优良的血统将会延续，人丁将会渐渐兴旺。进而，他们将征服、教化全世界。那就是罗马！这是众神之神——朱庇特的计划。

英雄旅程

所有的宗教与神话故事是否有共性的东西，将欧洲、亚洲、美洲和非洲等不同文化背景下产生的神话故事联系在一起？是否可以认为旧约、东方的圣典、民间故事、希腊神话以及好莱坞剧本等都是基于类似的表达形式？比较神话研究领域的美国教授约瑟夫·坎贝尔（Joseph Campbell）给出的答案是肯定的。他的研究专著《千面英雄》（*The Hero with a Thousand Faces*）于1949年出版。他发现，所有的英雄都会经历一系列的磨难与痛苦，最终修成正果，成长为具有反思能力、成熟的、可以把控自己命运的英雄，进而在更高、更广阔的领域中找到自己的位置。为了有助于描述、理解这一进程，我们有通用的“公式”，不仅可以用来描述英雄们的成长过程，同样也可以用于展示他们所有的磨难与痛苦。这就是神话，是所有故事的载体，也就是坎贝尔所称的英雄旅程。神话与礼仪有助于青年人理解成年的意义，理解自己。所有的故事都是危险的旅程，都是与怪物的战斗，或是拯救王子、公主以及发掘宝藏，内在的含义都指向一点：即成为一个独立的个体。本质上，怪物就是你自己，是人性中不负责任、自私、贪婪的一面。因此，怪物必须被彻底摧毁，我们所要寻找的宝藏不是外在的，而是内在的，找寻宝藏的过程就是找寻自我、赢得自我的过程，其视野恢宏远在众神之上。那么，为什么是埃涅阿斯呢？大多数人都希望永生，只有埃涅阿斯希望去死，因为他失去了一切——爱人、朋友，还有挚爱的城市。但朱庇特知道，埃涅阿斯不是一个普通的凡人，他具有神圣的血统，其父亲安喀塞斯（Anchises）受到维纳斯引诱，生下了他。也就是说，埃涅阿斯是维纳斯在凡间的儿子，他的身上，流淌着朱庇特的血液！这就是命运的安排，也是为什么维纳斯一直将埃涅阿斯置于自己的羽翼之下。维纳斯是希腊复仇之火中幸存者的母亲，是最后的特洛伊人的希望之母。当然，还有那顶最美女神的桂冠。

因此，英雄的旅程永远是通往自我的旅程。以此为基础，坎贝尔重新审视了全球所有已知民族文化领域中典型的故事与视角，首先出版了《千面英雄》，后来又出版了四卷本的《上帝的面具》（*The Masks of God*）（1959—1968 年）。坎贝尔的研究结果无可辩驳，但却出乎人们的意料：所有的故事所要表达的都是同一个主题，故事所包含的元素惊人地相似，叙事主线一成不变，结论当然也就大同小异。当然，故事的内容千变万化。这样的“公式”可以简单地应用于某个传统故事，例如，脍炙人口的故事，神灵感应，耶稣的十字架、受难与复活，是独一无二的故事吗？不。将坎贝尔的研究结果应用于此，我们可以在此勾勒出所有故事都遵循的基本结构，那就是史诗般的叙事公式。其简化的形式如下：启程——旅途——战斗——启动——回归。这就是蜕变过程的基本要素，与著名美国社会心理学家库尔特·勒温（Kurt Lewin）的心理变化公式惊人地契合：解冻——变化——再凝结。当然，这些元素中包含着许多子元素，那些都是故事的驱动因素，虽然可能不会同时出现在单一的故事中，但万变不离其宗，所有的基本要素都是相同的。

于是，埃涅阿斯开始了逃亡，尽管未来一片茫然。首先，他逃往比亚细亚海岸线更南边的弗里吉亚（Phrygia），那里聚集着少数幸存的特洛伊人：有母亲，有丈夫，也有年轻人。他们是幸运的，有些人当时不在特洛伊城内，也有些是逃出来的人。现在，他们聚集在埃涅阿斯周围，希望跟随他去寻找新的家园。他们建造了船只，准备启程。但去往哪里呢？埃涅阿斯的父亲安喀塞斯指示他的儿子带领大家前往色雷斯（Thrace），因为那里一直与特洛伊保持着友好的关系。他们希望能在那里建立一座城市，并称之为埃涅阿达（Aeneadae）。

他们抵达色雷斯后，埃涅阿斯希望通过向维纳斯和朱庇特献祭，得到神的启示。当他挖开草地建立祭坛时，地面涌出了鲜血，泥土中传出一个声音，那是波吕多罗斯（Polydorus）的声音。波吕多罗斯受特洛伊国王的派遣，携带大批财宝来到此地，以备特洛伊人的不时之需，但在希腊人得胜后，色雷斯人却背信弃义杀死了他。埃涅阿斯明白了，色雷斯并非久留之地。

于是，他们继续前行，抵达了小岛提洛斯（Delos），那是阿波罗的出生地。在提洛斯的神殿里，埃涅阿斯得到启示，知道了自己的终极使命：不同于所有的特洛伊人，他注定要建立一座新的特洛伊城，那将发生在特洛伊人最终找到他们的家园之后。年迈的安喀塞斯记起了图瑟（Teucer）的故事，那是特洛伊的第一批定居者，他们来自克里特岛（Crete）。于是，他们再次启程，前往自己祖先的聚居地克里特岛。抵达之后，埃涅阿斯建立了一座城市——帕加马（Pergamum）。他们相信，这座城市就是新的特洛伊城。但不幸的是，停留在此地的他们受到了饥荒与瘟疫的折磨。睡梦中，可怜的埃涅阿斯看到神圣的盾牌上描绘的众神复活了。“阿波罗亲自派我们前来，”他们说，“你选错了地方，不是图瑟，应当是达耳达诺斯，那里才是特洛伊的发源地。你们不应再定居于此，我们将陪伴你前往你的最终目的地赫斯珀里亚（Hesperia）。那是西部的一片土地，现在的居民将之称为意大利，你的祖先就在那里，你要寻找的海岸也在那里。伊卢斯（Ilus）在创建特洛伊时就接受了奥林匹斯山的盾牌。现在，我们将陪伴你前往你将建立新特洛伊的地方，我们将看到你的孙子变得强大，并为那座新的城市带来力量。”埃涅阿斯明白了，他必须继续前进。

他们打点行装，再次启程。虽远离了瘟疫和饥荒，却迎来了暴风雨。海面上，巨浪滔天，雾气茫茫，挑战着埃涅阿斯的意志。朱诺明白，这仅存的特洛伊人已经感受到了神的召唤。埃涅阿斯现在必须经历杰森（Jason）和奥德修斯等大英雄经历过的磨难。鹰身女妖哈耳庇厄（Harpy）是一种可怕的鸟，长着女人的脸，曾经用恶臭的排泄物来折磨杰森和阿耳戈英雄（Argonauts）。现在，在斯特罗法兹（Strofades），她们又偷走了特洛伊人的食物。

刻莱诺（Celaeno）是鹰身女妖中最大的一只，栖息在树枝上，她告诉埃涅阿斯，她知道埃涅阿斯将前往意大利营造自己的城市，但预言他们将遭受难以忍受的饥饿，在没有任何食物的极端情况下，餐桌都会被他们吃掉。一路前行，在途经西西里外海时，船队遇到了怪兽卡律布狄斯（Charybdis），他搅起的巨大漩涡可以粉碎途经的船只并将其吸入地狱。埃涅阿斯的船队三次被吸入漩涡，三次艰难地划了出来，特洛伊人精疲力尽，最终还是脱离了危险。但维纳斯的情人、埃涅阿斯的父亲安喀塞斯却因劳累过度，长眠在了西西里的海边。劫后余生，船队又漂向了独眼巨人居住的小岛。被奥德修斯弄瞎眼睛的波吕斐摩斯（Polyphemus）住在那里。这一次，靠着侥幸，埃涅阿斯的船队逃脱了他愤怒的攻击。

前往应许之地的危险旅程继续进行。朱诺再次试图阻止埃涅阿斯，她

以故事把控主线

1991年，哈佛大学心理学教授霍华德·加德纳（Howard Gardner）写了一本书，题目是《未启蒙的心灵：儿童如何思考，学校如何施教》（*The Unschooled Mind: How Children Think, and How Schools Should Teach*）。其主要目的是试图为一个不可否认的神奇现象找到答案，即处于生命早期的儿童特别容易吸收新知识，而且可以将获得的知识加以归纳分类。更令人不可思议的是，仅仅在长大几岁之后，这样的能力反而会迅速消失殆尽。经过几年的研究，霍华德教授得出的结论令人震惊：人类是极其灵活的生物，能够吸收大量信息，并能够改变和发展出有关外部世界的复杂概念。我们基本上就是一部学习机器，一直到五岁。然后大脑告诉我们："就这样了！"五岁时，我们的大脑已经产生了外部世界的轮廓与模型，这些轮廓与模型足够简单，可以一目了然，但同时又足够复杂，以至于我们不会对持续涌现的新现象感到惊奇。或许我们都有过这样的有趣观察，年幼的孩子怎么会热情地对着一条狗"喵、喵、喵"！不，然后我们会告诉他们应当是"汪、汪、汪"。到了一定年龄，孩子们都会快速接纳新事物，他们不仅扩大词汇量，而且还毫不费力地归纳新类别。就好像他们在告诉自己："好吧，不是所有能自己移动的东西，所有长着四条腿和一条尾巴的东西都叫'喵、喵、喵'，这里有细微差别。"很快，他们就发展出区分这些细微差别的能力，于是，他们就能够区分出牛、马、狮子以及老虎。

令风神埃俄罗斯（Aeolus）释放出可怕的风暴，致使许多船只沉没。关键时刻，海神尼普顿（Neptune）表现出了对特洛伊人的怜悯，平息了风暴。终于，船队幸存了下来，并在北非海岸一座名叫迦太基（Carthage）的城市登陆。

因为担心朱诺会挑逗迦太基对抗特洛伊人，使埃涅阿斯继续遭受磨难，为外部世界分类的欲望源自理解世界并赋予其意义的基本需求。当然，这对于天生“不完整”的生物至关重要。完全不依赖于外部指令，仅仅根据自己的观察与接收到的外部信息，似乎蹒跚学步的孩子都可以创造出自己对外部世界的认知理论。例如，其中的一条理论是这样的：“自行移动的东西是有生命的。”另一条或许是：“重的物体比轻的物体下落得快。”到五岁时，这个理论构建阶段似乎就结束了，孩子们基本上已经为他们可能遇到的每一种情况都创建了一个脚本。当然，在以后的生活中，这些“理论”或“脚本”会发生变化，但难度要大得多，而且，首要条件是我们必须要真正投入大量时间与精力去真正理解那些领域。当然，你也完全有可能成为一名高级核物理学家，或是创立一个十维数学模型，但同时又相信神的存在。那么，对于领导者，这一切又意味着什么呢？以上论述的关键词是“脚本”。想要成为成功的领导者，你必须让追随者以新的方式去思考，至少在组织议程方面。如果组织够大，且成员的背景多样化，那么，你讲话的时候就应当想想五岁的儿童，语言所传递的细微差别是无法被有效接收的。你必须以最简单的方式谈论尽可能多的人感兴趣的事情。五岁孩子在乎的是什么？对，是童话故事。因为童话故事为孩子们提供了一个清晰的外部世界，那里所有的东西一目了然，美好与邪恶、正确与错误、黑色与白色。所以，作为一个领导者，你必须建构自己的故事。

维纳斯令她的儿子丘比特向迦太基统治者狄多（Dido）射出了致命的一箭。爱之箭引发了预期的效果，狄多无可救药地爱上了埃涅阿斯，她以最高礼仪欢迎远道而来的特洛伊人：“我认识了不幸的人，我学会了安慰受苦的人。”特洛伊人终于可以休息了。

三、诱惑

很快，埃涅阿斯就了解了狄多的经历。在盛大的欢迎仪式与宴会中，狄多和埃涅阿斯相互讲述了他们各自的故事。在自己的家乡提尔（Tyre），狄多曾经与西凯乌斯（Sichaeus）结婚，但为了财富，她自己的兄弟皮格马利翁（Pygmalion）却谋杀了她的丈夫。于是，狄多与她的朋友们一起逃离了家乡，来到了迦太基。那时，这里还没有城市，狄多向当地居民索要一块土地，不必太大，一张牛皮能够包住就好。这个不过分的要求被愉快地满足了。但精明的狄多将牛皮切成非常细的长条，并以此围拢了一大片土地。迦太基就此建立，而狄多就是女王，就是君主。由于初次婚姻的伤害，狄多发誓永远不会再婚。但现在，埃涅阿斯来了，丘比特甜蜜毒药的功效无法抵挡，女王情不自禁地再次坠入了爱情的深渊。埃涅阿斯的故事同样具有传奇色彩，其发端是特洛伊战争，十年对峙之后，他们败给了奥德修斯的诡计，然后就是漫长的逃亡与漂泊，以及为寻找新特洛伊而遭受的失败与折磨。埃涅阿斯坦诚地讲述了自己的故事，但却有意淡化了这次远航的神圣目的。第一次，埃涅阿斯感到轻松自在，他的人民受到欢迎，生活有了着落，狄多的家对他敞开了大门。

> 女王啊，你命令我重燃难以言喻的悲痛，希腊人如何摧毁特洛伊的财富，悲伤的王国，我亲眼见证的苦难，身在其中，难以回首，米尔米顿（Myrmidon）、多洛皮安（Dolopian）或是凶猛的战士尤利西斯（Ulysses），讲述这样的故事，岂能忍住悲伤？
>
> ——《埃涅阿斯纪》

朱诺很快发现了这一切，她的愤怒还远没有平息，维纳斯的暗中保护更是火上浇油。于是，一个计谋应运而生。在一次狩猎途中，朱诺招来一场冰雹，特洛伊人与迦太基人纷纷寻找藏身之地，埃涅阿斯与狄多躲进了一个狭小的山洞，他们浑身湿透，拥在一起。朱诺是朱庇特的姐姐与妻子，是复仇女神，也是婚姻女神。在她的操纵下，维纳斯在凡间的儿子埃涅阿斯与迦太基的统治者找到了彼此，狄多充满爱意，而埃涅阿斯也已丧妻多年。但这并不符合最高权力者的意志，天空随即发生雷电，预示着苦难与死亡。但从那时起，狄多就将埃涅阿斯视为自己的丈夫，不再掩饰对他的痴迷。这就是朱诺的计划，以爱的方式来阻止埃涅阿斯的脚步，使他永远无法抵达意大利的海岸。

就此，特洛伊最后的幸存者停留在了迦太基。这完全可以理解，他们再也没有了无休止的纷争，没有了疲惫的航程，留下的只有对过往的模糊记忆。在这里，埃涅阿斯不仅拥有了和平与安宁，更有了一位忠贞美丽的妻子。但是，有人不高兴了。在奥林匹斯山上，维纳斯与朱诺的争斗并没有停止，而众神则幸灾乐祸地观赏着美丽女神之间的妒忌大战，只有众神之神朱庇特对发生的一切感到不安。他明白，如果再不实施干预，他的计划将永远无法实现。于是，他派遣信使（Mercury）去警示埃涅阿斯，必须完成神赋予他的神圣使命。埃涅阿斯感到非常羞愧，他明白，神圣使命在身，自己不应安于凡人的生活。于是，他下达指示，开始暗中准备再次启程。但作为男人，他从来都不擅长隐藏对爱恋的女人的背叛。狄多很快就发现了埃涅阿斯的计划并苦苦恳求他留下，

> 你要逃离的是我吗？我祈求你，以我的眼泪、以你的右手（因为我无处存放我的苦涩）、以我们的联盟、以我们的婚约，如果我曾经值得你拥有，如果你曾经拥有过甜蜜，毁掉这一切是多么遗憾，假如还有任何祈求的空间，请改变你的主意，好吗？！
>
> ——《埃涅阿斯纪》

但却遭到了残酷的拒绝。因为埃涅阿斯明白，自己使命在身，必须为之牺牲个人的幸福。但这却使狄多受到了莫大的伤害，她非常痛苦，她发誓，埃涅阿斯未来的帝国将是迦太基永远的敌人。至少，朱诺高兴了，她在两个民族之间播下了永久的仇恨。

埃涅阿斯离开了，许多东西因匆忙启程而未能携带。在曾经共同的居所里，狄多找到了埃涅阿斯的佩剑。狄多命令将客人留下的所有东西都堆在一起，所有与特洛伊人有关的一切都必须付之一炬。面对熊熊大火，狄多万念俱灰，亲手将埃涅阿斯的佩剑投入其中，自己则扑向了烈火中的佩剑，结束了自己的生命。从那一刻开始，直到几个世纪后迦太基帝国覆灭之前，罗马都被迦太基视为不共戴天的仇敌。火净化了特洛伊人的记忆，也吞噬了悲情女王狄多。埃涅阿斯的舰队渐渐消失在了地平线上，前方是未知的世界，身后是熊熊大火，不祥的烟雾直冲云天。

四、冥府

埃涅阿斯船队掉头北上，驶向意大利。途中，他们再次抵达西西里。在安喀塞斯长眠的地方，埃涅阿斯举行了庄严的葬礼。仪式上，安喀塞斯的灵魂告诉埃涅阿斯，他应当前往意大利海岸的库迈（Cumae），在那里，他将找到通往冥府的道路，进而他们父子可以相见。届时，安喀塞斯将告诉埃涅阿斯哪里才是他最终的目的地。满怀新的希望，船队一路向北，抵达了靠近那不勒斯的希腊领地。阿波罗神庙的女祭司西比尔（Sybil）为他们提供了必要的帮助。

这里的海岸悬崖耸立，悬崖边有一个很深的火山口，无数条隧道分布在周围。西比尔的声音正是通过这些隧道释放出来：“揭示你命运的时候

> 然后，是下一个位置，那里是阴郁的灵魂，无辜地死于自己的手，他们憎恨光明，放弃了生命。而现在，他们是多么怀念生前的贫穷与苦难！
>
> ——《埃涅阿斯纪》

到了！”埃涅阿斯与阿波罗开始对话。“安全地避开了所有海上危险的你，在陆地上，将遭遇到更大的危险。如果无所畏惧，你将抵达你的拉提姆，但另一场战争最终将在那里爆发。台伯（Tiber）河水将会被鲜血染红，特洛伊战争将在意大利重演。但那时，注定毁灭阿喀琉斯的将是你。”船上的埃涅阿斯大声说：“女先知，我不会有什么危险，因为我已经仔细考虑过了。但现在请你指引我去往阿刻戎河（Acheron）的路，请帮助我让我再次面见我的父亲。”埃涅阿斯得到的答案非常恐怖，冰冷得可以凝结惊恐万状的船员们的血液：“冥府的大门总是敞开着，进去容易出来难，几乎没有人能够平安返回。只有极少数幸运儿，诸如众神之子、盖世英豪，凭借着朱庇特的垂青或是自己的超凡胆识才能得以全身而退。除此之外，所有其余的人都要被留在大门的背后，也就是斯泰克斯河（Styx）的另一边。要到达那里，你必须首先找到隐藏在树荫下的金色树枝，如果选对了，树枝很容易复原，而一旦选错了，你的愿望则无法实现。把树枝给我，我会陪你。”接下来，悬崖上一片寂静。埃涅阿斯和同伴们登上了陆地。

到哪里去寻找那根神秘的树枝？埃涅阿斯凝视着这片茂密的森林，不知所措。突然，两只鸽子不期而至，埃涅阿斯立即认出了它们，那是他母亲喂养的鸽子，没错，它们是来引路的。埃涅阿斯进入了森林，在鸽子的带领下，一路披荆斩棘，来到了阿弗纳斯湖（Avernus）。鸽子停了下来，埃涅阿斯随即看到湖边的树林中隐约闪烁着金属的光泽，他冲过去，找到了那根长着金色叶子的树枝。万事俱备，只等女祭司西比尔现身了，疲惫的埃涅阿斯和同伴们在不知不觉中进入了梦乡。

黎明时分，大地微微震动，随着隆隆的声响，形似一群野狗状的浓雾升腾在空中。埃涅阿斯醒了，他知道她来了。只听一个声音从浓雾中传来："你们这群凡人，远离这里！但你，埃涅阿斯，鼓起你的勇气，跟我来。"一个女性的身影飘然出现，随即进入了湖边巨大的洞穴。埃涅阿斯紧随其后，进入了黑暗的世界。他们穿过了没有月光的森林，又穿过了既无颜色也无形状的空间，终于来到了冥府的门前。那里笼罩着遗憾与悲伤，里面是人类灵魂恐惧的所有东西：疾病、恐惧、衰老、死亡、贫困、痛苦等。而邪恶的顾问，饥饿、死亡的使者与战争就是冥府的大门。从这里继续向前，即可抵达阿刻戎河，船夫卡戎（Charon）负责协助死者渡河。埃涅阿斯踏入了暗无天日的冥府，这里污秽不堪，令人窒息，到处充斥着亡者的灵魂。

卡戎的形象非常丑陋。他目露凶光，是个邋遢、肮脏、令人厌恶的老头。这里的每个亡魂都想尽快渡河，因为当生命的火花最终熄灭时，会有一种紧迫感驱使着亡魂奔向其最终的归宿。当卡戎的渡船抵达，亡魂们会争先恐后地涌向渡船，而卡戎则非常粗暴，他只容许那些已预留了墓地的亡魂上船，而其他亡魂则注定要在岸边等待一百年。的确如此，埃涅阿斯认出了岸边的几个亡魂，他们都是在海上淹死的船员，因未能享有一个体面的葬礼而驻留于此。

西比尔带领埃涅阿斯一路来到渡口，但卡戎不容许他登船，因为船上没有活人的位置，直到女祭司出示那根金色的树枝。渡船很快抵达了对岸，那里充斥着更嘈杂的尖叫与呻吟，新登陆的亡魂既没有生命，也还未找到归宿，他们要么是死于非命的亡魂，要么是无辜的亡魂，甚至还有死于自己之手的亡魂。

突然，埃涅阿斯发现了狄多的身影，她不安地在森林中徘徊，深深的剑伤仍然清晰可见。狄多殉情的传言被证实了，埃涅阿斯非常悲痛，他试图靠近她：“我真的是你的死因吗？我发誓，并不是我自己的意志将我带离了你的海岸，陛下，有更高的权力主宰着我的命运，也是那同样的权力驱使着我来到这里！能否允许我最后一次向你告白？”狄多没有回答，她带着仇恨的目光，转身进入了黑暗的森林。面对挚爱的人，面对她遭受到的如此不公的命运以及那无尽的怨恨，埃涅阿斯泪流满面。西比尔一言不发，继续引领埃涅阿斯前行。

穿越了平原与森林，越过了征战中牺牲的亡魂，包括许多来自特洛伊的亡魂，终于，埃涅阿斯来到了一个岔口。“右边通向极乐世界（Elysium），”女祭司说，“那是英雄与荣耀的安息之地。左边通向塔尔塔罗斯（Tartarus），邪恶的灵魂在那里遭受永远的惩罚。”的确，在左边，埃涅阿斯看到了三重墙围绕着的火舌，他明白，那就是地狱中的火焰之河弗莱格桑（Phlegethon）。但即便是火焰河，也无法隔绝那绝望的呼喊与呻吟，无法免除那狂野的皮鞭与沉重的镣铐。埃涅阿斯不由得毛骨悚然，他靠近女祭司西比尔，走向岔口的右边。

极乐世界大不相同，星辰总是在天边闪耀，空气清新温和，欢乐的灵魂游戏其中。他们看到正在弹唱的英雄、音乐家俄耳甫斯（Orpheus），还有特洛伊的创始人达耳达诺斯。这里的灵魂将得到进一步净化，一千年后，他们将被带到莱斯河（Lethe），即遗忘之河，河水将使他们忘却一切，为奔赴地球投向新生命做好准备。埃涅阿斯徜徉其中，终于找到了自己的父亲安喀塞斯，他在一座山脊上漫步，欣慰地注视着未来的年轻人，关注着他们的气质与秉性，以及他们尚未取得的成就。

埃涅阿斯急切地冲向前去，张开双臂抱住他的父亲：“我来了！是对你的思念将我带到了这片土地的海岸，我的同伴等在外面。父亲，让当看到埃涅阿斯越过草地走过来时，安喀塞斯热切地伸出双手，满脸泪水，泣不成声："你终于来了，你父亲所期望的忠诚战胜了路途的艰辛，我的儿子，让我看看你的脸，听听你那熟悉的声音。"

——《埃涅阿斯纪》

我拥抱你吧！让我再也不要失去你！"他几度试图拥抱他的父亲，但几度落空，安喀塞斯现在只是一个没有身体的灵魂，他们可以相互看到，可以对话，但没有触觉。埃涅阿斯非常失望，但安喀塞斯热情地注视着他的儿子："不要难过，来吧，我将解读命运，为你，为我，为所有达耳达诺斯的子孙，那些远行并繁衍生息了特洛伊的意大利人。眺望这片平原，你会看到那些将要追随我们的人，我们的意大利后裔，等待转世的灵魂，他们将以我们的名义，完成特洛伊人的神圣使命。"他指了指埃涅阿斯："看到了吗？那个依靠着长矛的年轻战士，他叫西尔维乌斯（Silvius），是你的儿子，现在尚未出生，你也不会见到他，因为你会在他出生前死去，但你应该知道，你的未婚妻，拉维尼娅（Lavinia）王后将会生下他，他将成为我们家族的国王——阿尔隆加王国的缔造者、国王。"

"西尔维乌斯将会有儿子，我们的血统将会延续，直到伊利亚（Ilia）的降生。她是个高贵的处女，继承着祖先的血脉。但战神马尔斯（Mars）使她怀孕，诞生了罗穆卢斯（Romulus）。记住这个名字，尽管现在距他的时代还有很多年。一匹母狼会将他与他的孪生兄弟抚养长大，他将毁灭所有对手并建立一座城市，那座城市将以他的名字命名，被称为罗马。罗马将发源于七座小山环绕的地方，最终将拓展至整个地球。那将是一座从未有过的城市，即使是特洛伊的荣耀也相形见绌。再往那边看，你会看到努马（Numa），他将为罗马制定第一部法律。也会看到图卢斯（Tullus），他会打破王国的和平，直到布鲁图斯出现，就是那边的战场上的那个。国王将会被他驱逐并建立起人民的统治，尽管这将使他失去自己的儿子。如果你再往前看，你会看到年轻的罗马人，那还是你的后裔吗？”

“那是恺撒，属于卢鲁斯（Lulus，即阿斯卡尼乌斯 Ascanius，是埃涅阿斯与第一个妻子所孕育的孩子。——译者注）家族，一个注定要进入极乐世界的家族。看到他身后的那个年轻女人了吗？她将使罗马产生新的秩序。两个人将争夺罗马城，其中之一是她的父亲恺撒，而另一位是她的丈夫庞培。我的孩子，不到万不得已，千万不要唤醒好战精神，永远不要使国家的力量分裂而导致自我对抗。幸运的是，这个家族中将会出现一位救世主，他将为罗马赢得更大的荣誉，并将扩大拉提姆的边界，直抵印度，是的，直抵太阳的光芒可以照耀的地方。除此之外，即是阿特拉斯（Atlas）的领地。

罗马早期的大事件 —— 时间表

公元前 1193—公元前 1183 年，特洛伊战争，数年后，埃涅阿斯抵达意大利并建造了港口小城拉维尼乌姆（Lavinium）。

公元前 753 年，罗穆卢斯建立了罗马城。

公元前 509 年，布鲁图斯驱逐了罗马的最后一位国王塔奎尼乌斯（Tarquinius），罗马共和国成立。

公元前 458 年，辛辛那图斯（Cincinnatus）基本征服埃魁（Aequi）部落。

公元前 396—290 年，罗马基本征服意大利半岛。

公元前 218—201 年，迦太基战争，赢得西班牙。汉尼拔（Hannibal）为迦太基统帅。

公元前 146 年，摧毁科林斯，征服希腊。

公元前 146 年，迦太基被摧毁，征服北非。

公元前 133 年，帕加马并入罗马。

即便是令人叹服的大力神赫拉克勒斯（Hercules），也从没有征服过如此广袤的疆域。亲爱的儿子，时间与空间都不能限制你和你的家族。”

安喀塞斯谈论的远景荡魂摄魄，埃涅阿斯震惊不已，只能木然地默默跟随着父亲在山脊上徘徊。最后，安喀塞斯告诉埃涅阿斯近期的未来。埃涅阿斯必须首先征服拉提姆，有什么样的危险在等着他，他应当做些什么，以及如何做才能化解这些危险与挑战。最后，安喀塞斯将儿子带回到女祭司西比尔面前。西比尔一言不发，带领埃涅阿斯回到了海边。沉默的埃涅阿斯登上自己的战船，毅然决然地拔锚启航，航向正北，驶向最终目的地。船队随即进入了陌生的水域，但此时的埃涅阿斯却从容淡定，仿佛是走在熟悉的归乡之路上。经历了无数的艰辛与磨难，埃涅阿斯终于确定了航行

希腊名字 = 罗马名字

在本章中，奥林匹斯山上诸神名字遵从了罗马神话，与维吉尔的《埃涅阿斯纪》保持一致。罗马征服希腊之后，罗马神话取代了希腊神话，诸神的希腊名字也随之改为罗马名字。为便于读者理解，此处列出重要诸神的希腊与罗马名称对照：

宙斯（Zeus）= 朱庇特，奥林匹斯山的众神之神。

赫拉（Hera）= 朱诺，宙斯的妻子和姐姐。

阿佛洛狄忒（Aphrodite）= 维纳斯，宙斯的女儿，爱与美的女神。

波塞冬（Poseidon）= 尼普顿，宙斯的兄弟、海神。

雅典娜（Athena）= 密涅瓦，宙斯的女儿（没有母亲！），智慧与文明之神，雅典的守护神。

阿瑞斯（Ares）= 玛尔斯，宙斯和赫拉之子、战神。

赫斯提亚（Hestia）= 维斯塔（Vesta），宙斯的处女妹妹，家庭女神、女灶神，在罗马神话及随后的故事中作为女灶神具有重要意义。

的目的地，终于明白了自己的使命与家族的未来。无上荣光！他将在异国的海岸上建立起一座全新的特洛伊城，那座城市甚至会比因恐惧而放弃的城市更加耀眼夺目。当然，危险依然存在，战斗就在前面，甚至也还有其他神祇的干扰，但没有力量能够否定朱庇特的意志。埃涅阿斯对此深信不疑。太阳正在升起，风鼓着帆，埃涅阿斯航行在回家的路上。

五、返乡

甚至在使者开口说话之前，拉提努斯（Latinus）就已知悉他的来历。拉提努斯老了，他的女儿拉维尼娅已经出落成为一位美丽的姑娘，待字闺中。坊间流传着关于她的美丽的传言，众多的追求者环绕在城堡周围。其中最优秀的非图努斯（Turnus）莫属，他来自拉提姆最强大的部落之一。作为部落的首领，双方已经就结婚条件和日期进行了多轮商讨。但这几天以来，一个奇怪的预兆出现了：在城堡庭院里，一群蜜蜂突然落在月桂树上，紧接着，拉维尼娅的头发以及她最漂亮的衣服莫名其妙地着火了。一位神谕被唤进城堡，他解释说：一位外国战士带领着他的军队正在向这里进发，他将成为此地的统治者。拉提努斯与拉维尼娅都会有一个光荣的未来，因为通过婚姻，他们的血统将会与外来者的血统融合在一起。他们的后代将享有与星辰相媲美的荣光。但是，在他的王国，将会有一场可怕的战争。所以，拉提努斯已经做好了准备，欢迎使者的到来。使者带来的消息非常令人振奋：他的主人来自遥远的大洋彼岸，并从家乡带来了神圣的手工祭品，希望能在此地安顿下来，得到一块足够大的土地以建造一座城市，并与国王和平相处。拉提努斯毫不犹豫地同意了这些请求，并将女儿许配给了这位外国战士。所有的一切出乎预料的顺利，就这样了？埃涅阿斯隐隐感到不安。

这一切，当然瞒不过奥林匹斯山上的朱诺。她曾经想尽一切办法阻止特洛伊人的前行，而现在，他们已经抵达了应许之地，并即将在台伯河边建立起新的家园。不，不能就此罢休！愤怒的朱诺召来了阿莱克托（Alecto），一个以满头毒蛇为发卷的女妖，非常狡猾、毫无诚信，以至于她的父亲冥王（Pluto）也避之不及。受朱诺的指派，阿莱克托前去制

造冲突，且满心欢喜地完成了任务。首先，拉提努斯的妻子被阿莱克托头上的一条蛇毒死。之后，她对受到冷落的图努斯做了同样的事情。仇恨的种子同时播撒在两人身上：埃涅阿斯，这位前来迎娶拉维尼娅为妻的年轻家伙到底是谁？凭什么？最后，阿莱克托又为埃涅阿斯现已成年的儿子阿斯卡尼乌斯设下陷阱，使他无意中射杀了国王最喜爱的一头美丽的雄鹿。

动乱一旦发生，无辜的人就会受到牵连。特洛伊人知道，真诚的解释

埃涅阿斯抵达拉提姆

By Johann Andreas Herrlein. https://sammlung.staedelmuseum.de/de/werk/aeneas-kommt-nach-latium

与严肃的外交辞令已无济于事，事态超出了他们可控的范围，神谕所预言的战争已不可避免。这次是图努斯对阵埃涅阿斯，双方都在集结军队。图努斯组成了拉提姆联盟，其中包括强大的伊特鲁里亚人（Etruscans），埃涅阿斯则得到了阿卡迪亚（Arcadia）国王伊万德（Evander）的支持。奥林匹斯山上的诸神再次齐聚一堂，为各自的阵营摇旗呐喊，如同特洛伊战

某些东西远在你自己之上

就像荷马史诗《伊利亚特》（*Iliad*），愤怒的情绪开启并驱动着《埃涅阿斯纪》的进程、情节以及埃涅阿斯戏剧性的旅程。但《伊利亚特》是人类的愤怒，以阿喀琉斯的个性为驱动因素，而驱动《埃涅阿斯纪》的是神的愤怒，即朱诺的愤怒造就了这个故事。希腊人、特洛伊人以及最终的意大利人遭受的所有苦难与死亡都可以追溯到这位嫉妒女神。但更为奇特的是，这些痛苦与死亡总是从属于某些高高在上的东西。《埃涅阿斯纪》中的“英雄”不是埃涅阿斯，而是一座城市。

是故事也是命运决定了主人公的遭遇。在这里，个人几乎没有发言权。典型的希腊英雄都有其独特的行为特征，如阿喀琉斯，他知道自己的使命就是死在特洛伊以赢得无上的荣耀。于是，当有人诱拐他的女人时，他选择了独自坐在帐篷里生闷气，完全漠视众神对他的看法。而当他决定与特洛伊最伟大的英雄赫克托耳对决并最终杀死他时，这也是他自己的选择。奥德修斯则凭借他的狡诈取胜，木马计帮助他欺骗了特洛伊人。在归途中，他以同样狡诈解决了大部分问题。奥德修斯与阿喀琉斯展示了人类的全部情感：愤怒、恐惧、怀疑与喜悦等。我们眼里的他们就是当下的他们，真实的他们。但埃涅阿斯不同，他更像是游戏中的棋子。他被差遣去完成一项自己既不理解也不喜欢的工作，一项违背其本性的使命：“病态的关注，表面充满希望，内心的痛苦被深深地压抑着。”（《埃涅阿斯纪》，第一册：208–209）。

争的重现。最后关头到来了，世界的历史将翻开新的一页。

埃涅阿斯厌倦了无休止的杀戮与征战，对再次受阻于应许之地之外感到绝望。大战的前夜，他远离了自己的军队，独自一人来到河岸祈求和平。就在他万般无奈的时候，台伯河的河神提伯里努斯（Tiberinus）从水中现身："不要绝望，你具有神圣的血统，你将带领特洛伊人回到他们祖先的

因此，从表面上看，《埃涅阿斯纪》类似于《伊利亚特》与《奥德赛》（*Odyssey*），描述的都是艰难的旅途、可怕的怪物、超自然力量与危险的敌人等，但它们之间始终存在巨大的差异。奥德修斯要回家，而埃涅阿斯则必须永远背井离乡，去建立一座全新的城市；奥德修斯的命运掌握在自己的手中，尤其是他诡计多端，有自己解决问题的能力，而埃涅阿斯则必须服从上天的意志，且屡屡受制于嫉妒女神，每到关键时刻，总是要被动地接受指示；阿喀琉斯傲慢、喜怒无常、任性，而埃涅阿斯总是被一种伟大的责任感所驱使；奥德修斯结束了他的旅程，赶走了自己妻子的追求者，并收回了本属于自己的一切，而埃涅阿斯不仅在特洛伊失去了自己的妻子克瑞萨（Creusa），还必须在迦太基背弃挚爱他的狄多，甚至他们在冥界再次相遇时，这种爱也不被容许，即便得知最终他将在意大利找到新妻子时，其基础也不是爱情，而是历史性使命使然，是神的意志的执行者，而非英雄行为。只有理解了这一切，才能真正理解埃涅阿斯的结局。对于现代读者而言，埃涅阿斯最终杀死图努斯似乎是一种残忍的、不必要的行为。因为作为失败的一方，图努斯已经投降并请求埃涅阿斯的宽恕。但是，图努斯代表着在建立新事物时必须铲除的一切：原始的意大利，包括其道德和习俗。在全新的时代，没有它们存在的空间，因此，必须就此彻底让它们消亡，新的帝国必须建立在荷马英雄主义的遗产之上。在新的时代，个人必须服从于共同体——罗马的理念高于一切，卓然于众。随着那最后的一击，一个想找到自己、拥有自己的英雄梦想破灭了。埃涅阿斯失去了最后的希望。最终，埃涅阿斯将自己奉献给了一个高高在上的理念：在所有罗马故事中，只有一位英雄，那就是罗马本身。这是许多后来的罗马人需要学习的一课。

努米修斯河中埃涅阿斯的净化

By Pier Leone Ghezzi - 1000 Museums. Public Domain

家园，你是大家的希望，放心，你的家就在这里。不要害怕即将到来的战争，因为众神的愤怒正在消退。听着，你会得到一个征兆——沿河搜索，你会找到一棵橡树，在它的枝叶下面，你会发现一头母猪和三十只小猪，无论是母猪还是小猪，都有着耀眼的白色皮毛，那就是你的应许之地。”

“三十年后，你的儿子阿斯卡尼乌斯将建立起一座城市，并将其命名为阿尔巴隆加，成就新特洛伊的家族将出自这座城市。现在，听仔细，必须要做些什么才能在即将到来的冲突中获胜：当星星出现在天际时，建立一个小小的祭坛，将母猪和小猪全部宰杀，作为祭品献给朱诺。记住，只献给朱诺一人！如此，她的怒气就会平息，胜利就会属于你。”埃涅阿斯默默地听完大河之神的告诫，随即顺流而下，很快就发现了一棵橡树，枝叶的下面，果真有一头母猪与三十头新生的小猪。此刻，夜幕降临，群星渐渐闪烁在天际。埃涅阿斯毫不犹豫地建造起一座祭坛，遵照提伯里努斯的指示，祭杀了母猪与小猪，并郑重地献祭给了朱诺。片刻之后，台伯河水就变得如同镜子般光滑闪亮，这使埃涅阿斯的军队得以非常顺利地渡河前进。

破晓时分，战斗的号角在拉提姆的原野上响起，图努斯和埃涅阿斯率领的两支强大的军队展开了殊死搏杀，双方势均力敌，不分伯仲。随着时间的推移，特洛伊人渐渐占据主动，但图努斯一方依然非常顽强。为避免更大的伤亡，在拉提努斯国王的提议下，各方将领一致同意停止这场两败俱伤的杀戮，图努斯个人受到的伤害不应波及无辜的战士。于是，群殴改成两个人的决斗，埃涅阿斯对图努斯，就如同特洛伊城的阿喀琉斯与赫克托耳的对决。两位伟大的战士面对面站到了一起，他们同样强大。在之前的战斗中，图努斯展现出非凡的勇气与力量，杀死了埃文德的儿子帕拉斯（Pallas），并占有了他的盾牌与腰带。而埃涅阿斯则拥有众神的支持，没有人，即使是强大的图努斯也不能阻止他。

在奥林匹斯山上，朱庇特对朱诺说：“夫人、姐姐，现在，你希望如何结束这一切？你还有什么筹码？埃涅阿斯必将成为意大利人自己的神，跻身于群星之列。继续这场争斗，你又能得到什么？”朱诺谦逊地答道：“朱庇特，现在，我知晓了你的意志，退出争斗，不再卷入凡人的纷争，因为你已经决定了他们的未来。但我想请求你一件事，即不要破坏既有的运程，不要让拉丁人更改他们的名字，因为他们不应成为另一个特洛伊木马的受害者，请让他们保有自己的语言、自己的服饰，让这里成为拉丁人的世界，让未来的罗马人称自己为拉丁人。既然特洛伊已经陨落了，那就让这个名字成为过去吧。”朱庇特微笑着同意了。于是，他们再次将目光投向凡间，看到被打败的图努斯跪在埃涅阿斯面前，乞求他的宽恕。经历了片刻的犹豫，埃涅阿斯注意到了帕拉斯的腰带，愤怒瞬间战胜了理智，他一剑刺穿了图努斯的身体。没有人能阻挡神的旨意。他突破了所有传统习俗。多纳泰罗的大卫不仅散发着自由和抗争精神，也流露出性感与愉悦，他的脚趾踩踏着巨人歌利亚的胡须，而歌利亚头盔上的羽毛触碰着大卫大腿的内侧。这不是周日礼拜堂里标准版的大卫，但却是佛罗伦萨称赞的大卫。

这座城市充满了开拓性和创造力。他们知道自己与众不同，他们感觉到新的黄金时代的脉动，希腊和罗马的昔日辉煌是他们的目标。他们在街头巷尾议论着，“我们是新雅典”。

朱庇特致维纳斯

这是个无限荣光的起点，一位特洛伊的恺撒将诞生于此，他的帝国将与海洋融为一体，他的名字将与星辰同辉。尤利乌斯、奥古斯都，都是伟大的卢鲁斯家族的后裔。你不必焦虑，总有一天，你将会在天堂迎接他的到来。他会带来东方的战利品，他将接受召唤前来祈祷，战争将会平息，和平温润的时代将会到来。

——《埃涅阿斯纪》

他们将自己的时代洗礼为“rinascita”，即复兴、重生。“一旦开始认识自己，谁还能怀疑罗马的再次崛起？”佩特拉卡说。佛罗伦萨人坚信人的潜力无穷，他们也对自己的颠覆力充满信心，全方位的发展和各领域的大发现被推崇备至。佛罗伦萨机场以韦斯普奇命名，那韦斯普奇又是谁？那是文艺复兴时期的著名探险家和制图师，他的兄弟是马基雅维利最亲密的同事之一。但如果告诉你韦斯普奇是他的姓，而他的名则是“Amerigo”，即英语的“America”，或许你会恍然大悟。阿梅里戈·韦斯普奇一再宣称，哥伦布发现的不是印度（India）的一部分，而是一块新大陆。事实证明他是对的，新大陆遂以他的名字命名。美洲（America），这个名字源自佛罗伦萨。随着愈加了解佛罗伦萨，就会发现愈多的名字和伟大成就与这座城市相关联。

是什么让那个时代、那座城市的人们如此特别？乔治·瓦萨里总结了激发佛罗伦萨创造力的三要素：首先，有一套明晰、苛刻、拒绝平庸的评估体系；其次，是辛勤、有效的工作，这里所指的“工作”非一般意义上打卡计时式的“打工”；再次，是对光荣和名誉的渴望，佛罗伦萨的空气中弥漫着的东西驱动着每个人都想超越其他人。也有些人认为该市的共和党传统至关重要，在其他意大利城市发展成为公国体制的同时，佛罗伦萨仍然忠实于代议制政府和平等的理想。就像此时意大利的另一大共和国威尼斯一样，创造力也在这里绽放。但最重要的是，他们的禀赋相信一切皆有可能，他们鄙视漂亮的广告语和华丽俗气的口号。作为人，他们对人的理解是：如果愿意，人可以成就任何事！没有什么能比国际象棋规则的改变更能体现什么是文艺复兴：文艺复兴前，王后像国王一样一次只能移动一格，但文艺复兴消除了对王后的所有限制，她可以随心所欲地移动，从而变成了游戏中最重要的角色。这，就是文艺复兴。

推荐读物

1.Vergil(1983-89).*Aeneiden*.7 bd.,overs.Egil Kraggerud. Sutting Forlag.

2.Campbell,Joseph(1949).*The Hero with A Thousand Faces*. Princeton: Princeton University Press.

3.Van Nortwick,Thomas(1992).*Somewhere I have never travelled.The second self and the hero's journey in ancient epic*. Oxford:Oxford University Press.

罗马全景

By Louis Le Masson. Public Domain

第二章　那个说“不”的男孩

松弛的腰带，随意搭在身上的外衣，是粗心傲慢，衣冠不整？不，这是年轻叛逆的罗马人的着装风格，是城里贵族子弟展示自己的方式，以标榜自己不屑于正统与规范。

在罗马共和体制的末期，有一个18岁的男孩，终日无所事事，尽管他来自罗马最古老的家族。这个家族的祖先可以追溯到埃涅阿斯的儿子阿斯卡尼乌斯（依据古罗马诗人维吉尔的《埃涅阿斯纪》，阿斯卡尼乌斯又被称为卢

盖乌斯·尤利乌斯·恺撒

Roma Musei Vaticani. Public Domain

鲁斯或尤利乌斯。——译者注），即埃涅阿斯与第一任妻子的儿子，也是跟随埃涅阿斯一起逃离的最后的特洛伊人之一。尤利乌斯家族（即阿斯卡尼乌斯家族，下同。——译者注）血统纯正，身世显赫，无奈家道中落，入不敷出，他们被迫居住在那个时候下层百姓聚居的苏布拉（Subura）区，即靠近埃斯奎利诺（Esquiline）山丘的边上，大致位于今天的罗马火车站附近。

共和体制时期的苏布拉是罗马的贫民窟，帕拉蒂尼（Palatine）、圣道（Via Sacra）等富人区所呈现出的罗马的辉煌与此地毫无关系。尤利乌斯家族在风云变幻诡秘莫测的罗马政坛中几乎没有建树，在过去的几个世纪里，这个家族在政坛上占据过的重要位置屈指可数。此时，罗马政坛上的执牛耳者是无可争议的贵族派首领苏拉（Sulla）。面对这位共和末期的独裁体制首创者，18 岁的叛逆男孩——盖乌斯·尤利乌斯·恺撒，政治地位呈螺旋式下降的尤利乌斯家族的最新一代，看似毫无前途可言。

但就在不久之前，幸运之神似乎对尤利乌斯家族送上了一瞥微笑。恺撒的姑姑，即他父亲的妹妹，嫁给了罗马名声显赫的野心家盖乌斯·马里乌斯（Gaius Marius）。马里乌斯出身于平民阶层，但军事才能出众。在数次战争中，他东征西伐，成功保护了共和国免遭外敌侵扰。凭借着卓越的功勋，马里乌斯破例被选为执政官，且达七次之多。马里乌斯虽没有显赫的家族背景，不属于长期统治罗马的贵族阶层，出身于平民，但却受到了广泛拥戴。作为一名政治家，马里乌斯并不具备高超的政治手腕，但他知道什么能赢得人心，也知道如何把握这座城市的脉搏。他被看作是一个新的派系——平民派（the populares）的领导者。平民派想改变罗马，打破自古以来治理这座城市的习俗与规则，破除贵族对权力的垄断，征收土地分配给穷人，以及授予农民及外邦人罗马公民身份。平民派的主张威胁到了罗马的根基，而马里乌斯则是平民派的最高要员。对于一个有抱负的年轻人来说，马里乌斯当然是一位难得的好姑夫。

恺撒的好运开始了。马里乌斯非常器重他的侄子，并为恺撒物色了一位极具潜力的妻子。共同的理念与政治抱负自然极易形成联姻关系，马里乌斯不太需要考虑副手，即女孩父亲的意见。科妮莉亚（Cornelia）亭亭玉立，她的父亲辛纳（Cinna）更是期待着能与高贵的家族形成血缘

成功导致成功

永远不要试图徒劳地去改变一个成功的团队！他们不会轻易接受，直到进入坟墓。那不是因为其成功，而是因为他们深陷其中无法做出改变。

系统论研究表明，所有系统的演进都可归结为三种形态——再生、蜕变与没落。对于多数系统而言，在整个生命周期中，在某些节点上，系统需要进行战略性改变，再生是必要的。如果无法做到这一点，则系统将会走向没落。这就是有趣的系统演进困境。每个系统都倾向于延续其现有形态，即使该系统已经落伍，应当做出改变。“我们对现有的状态非常满意，并对未来的前景充满信心。”所有的变革都是与这种保守趋势的争斗。在新的流程图、组织架构甚至办公室布局的背后，你总会发现旧有的组织印记。尽管战略重组高效推进，咨询顾问精力充沛，但似乎总有一种潜在的力量主宰着变革的进程：与过去的流程一样吗？每年的程序都应当一样！组织并不喜欢重塑自己。

罗马恰恰就陷入了这种困境。公元前509年，罗马人抛弃了独裁统治（自从罗穆卢斯时期开始的王权遗产），并建立了一个新兴的共和国。这个共和体制由罗马公民组成，服务于罗马公民。从那时起的四百多年里，他们遵循着这样一个法则：自由公民组成的代议制政府不屈服于张牙舞爪的邻国。这个法则让一个小村落渐渐发展成了一个强大的国家。也正因如此，罗马一直处于战争状态，总要面对一个又一个危险的敌人，但罗马总

纽带。处于权力顶峰的人“拉郎配”的成功率往往高于最出色的媒婆，尤其是当被选中的人与自己的老板存在特定关系时，顺从其意自然被看作是一种忠诚的表现。

或许可能不是？恺撒的仕途突然停滞了。罗马古老的家族开始反击并击败了平民派。事实上，那些古老的贵族家族一直掌握着权力，其派系的

能将他们一个个吞噬消化，使其变成自己的一部分。但是，小村落发明的这个成功的解决方案并不适合全球性治理。正如市议会与欧盟的差别。一旦将地中海变成了小镇的内陆湖泊，遛狗带来的扰民问题就不再能摆上镇议会的议事日程。问题越来越多，过往的成功经验不再奏效。

罗马必须做出改变。曾几何时，受人尊敬的罗马公民变了，城市的利益不再被置于首位，相反，为自己的巢穴添砖加瓦才是他们的兴趣所在。私欲开始膨胀，所有的财富与土地都是他们的目标，永无止境。罗马最终陷入了恶性循环。失去土地、没有工作的农民被迫涌向城市。新的地主则更加依赖奴隶们提供的廉价劳动力。与此同时，罗马的版图仍然在不断扩张，但是代价也越来越沉重。罗马公民提供的义务兵役已无法维持国家的安全，必须要引入职业军人。但在职业生涯结束后，这些军人会有怎样的社会地位呢？还有那些被征服的领土，那里的人民是罗马的奴隶、仆人还是公民？成功不仅孕育了成功，但更需要蜕变，可罗马不想蜕变。议会依然坚持原则，镇里的琐事依然占据着议会的议事日程，每一次变革的尝试都以重复过往的成功经验而告终。以那样的方式，过往的成功能为未来指引成功的道路吗？

盖乌斯·马里乌斯
Vatican Museums, CC BY 3.0
https://creativecommons.org/licenses/by/3.0

称呼更彰显了他们的优越感——贵族派（the optimates）。但是，或许因为他们过分注重某些虚幻的尊严与高贵，导致家族之间矛盾重重，阴谋得以在罗马最奢华的府邸之间潜行。因此，城市常常会陷入管理不善甚至瘫痪状态。但是现在，面对共同的威胁，贵族阶层将家族之间的内讧与恩怨暂时放在一边，他们聚集在了一个人——苏拉的周围。这是一个狡诈凶残的人，曾经是马里乌斯的下属。马里乌斯不喜欢苏拉，因为他行为下作，特别喜爱炫耀。在讨伐北非的朱古达（Jugurtha）战争中，苏拉背着马里乌斯为自己捞取功名。他不顾罗马的尊严与荣耀，以下作的手段行贿朱古达的岳父，设下陷阱，诱捕了朱古达。马里乌斯非常愤怒，尽管朱古达是罗马的死敌，但对手也应当得到相应的尊重并享有应得的荣誉。而现在，朱古达被当作牲畜一样，遭到残酷的殴打、虐待，这一切仅仅是因为一个下属想要为自己的履历添彩。苏拉抓住一切机会炫耀自己，他将套上锁链的朱古达带到罗马，侮辱性地游街示众，然后投入一间狭窄的地牢，任其悲惨地死去。更有甚者，苏拉竟然打制了一枚刻有朱古达投降的戒指，以纪念自己的“功绩”。马里乌斯愈加气愤。

苏拉极度自我，只关心自己的仕途与声望。不久之后，马里乌斯不再理睬苏拉。而苏拉则一路攀爬，为自己赢得了更多的美誉。当罗马的贵族阶层发现自己落入了平民派的控制之下时，苏拉则被看成是贵族派的救世主。他调动军队进军罗马，那是前所未有的反叛。随着军队的进入，半个罗马城被焚毁，平民派遭到驱逐。马里乌斯侥幸得以逃脱。曾经的手下变成了他的死敌，苏拉丝毫不念旧情，为马里乌斯的人头标上了价签。马里乌斯逃到了罗马最偏远的角落，得以喘息。当苏拉击溃了所有政治对手，确信自己已站稳脚跟之后，即挥师向东以捞取更多的黄金与更大的荣耀。他要驯服黑海之滨本都王国（the Kingdom of Pontus）的米特里达梯六世（Mithridates VI）。在苏拉远征期间，民众奋力反击夺回了政权，马里乌斯也随之回到了罗马。但岁月耗尽了他的风采，连年的征战使得他精疲力尽，不久之后就去世了。辛纳，马里乌斯的副手，也是尤利乌斯·恺撒的岳父，继承了马里乌斯的遗志，带领年轻一代平民派继续抗争，直至苏拉带领大军返回罗马。

这一次，苏拉要彻底清理门户。经过激烈的战斗，所有的抵抗都被粉碎，流放也不再是一种选择，每一个敌人都要被消灭。只有这样，才能将一切置于自己的控制之下。于是，苏拉任命自己为独裁者，毕竟，必须有人拯救这个民主制度下的共和国！不得不说，这的确是一个逻辑谬误，在整个人类历史中不断重复的逻辑谬误。但嗜血的苏拉已顾不上什么逻辑，不仅杀害了辛纳与其他几位知名的平民派领导者，并且要斩草除根。一份长长的通缉名单被发布，且不断地添加新的名字。任何人，只要将被通缉者的人头献上，即可得到当局相应的奖励。荒唐的政策将罗马的街道变成了屠宰场，昔日繁华的都城被恐怖所笼罩。没有人感到安全，你可能会被同僚、朋友或家人所出卖，更有的人趁机报复，平息宿怨。而苏拉的手下更是抓住了这个千载难逢的机会，很快，有产者，尤其是富有的有产者的名字纷纷被列入名单，不是因为政治立场，而是因为财富。“我会为了我

总有人高人一等

勇敢的市民们推翻了暴君，建立起一个共和国——为所有人服务的共和国。多么动人的童话！那只能是理想主义者心目中的浪漫故事而已。而现实的场景是，市政广场挤满了躁动不安的市民，必须有人承担责任。从长远来看，市政厅会议并不是特别有效。罗马自称是一个共和国，但实际上却是寡头政治——由精英阶层组成的少数人占据着国家的重要岗位。近五百年来，他们坚守着自己的堡垒。

即使是最激进的革命，最终不仅不能撼动其基础，自身也将会融入寡头政治体系。德国社会学家罗伯特·米契尔斯（Robert Michels）曾经的研究表明，即使是反对威权主义的劳工运动，最后也终将落入等级制度与官僚体系。某些人总会变得比其他人更重要；某些人善于与他人合作；当然也有某些人决策能力出众。这些人以友谊、能力与冒险精神为基础，交织组成为一个既掌控一切又相对孤立的群体，即精英统治阶层。而其他人则被排除在外。所有热情的投怀送抱都会被那个保守的核心纳入冷酷的控制之下。这是寡头统治的铁律。他们往往会变成他们自己鞭挞的对象。

在现实社会，我们可以清晰地看到这一点，环境保护主义者与自由主义者的论坛被小团体所主导；公司的经营与政党的活动同样被置于小团体或是政治同盟之下。裙带关系与友谊通常是团体与同盟的基础。克林顿（Clinton）或布什（Bush）、范德比尔特（Vanderbilt）或洛克菲勒（Rockefeller）式的人物总会适时出现，友谊总能得到回报。作为精英阶层的成员，他们承当一切，也享有一切。挪威的情况也是一样，团体组成的网络有自己的运作形式，或是像北方的黑手党，或是像女权组织。极度腐败，但永远忠诚，且一成不变。罗马也是如此，利益群体与家族裙带组成的忠诚的体系错综复杂。年度选举的执政官既无可能颠覆罗马，也无可能损害元老院。不，青年一代议员只会从老一辈那里接过接力棒，继续维护既有阶层与阶层利益。他们通常来自罗马有声望的家族，并经历过中下层管理职位的历练，他们才是共和国真正的王子！

事实上，这个群体更像是一个宗族而并非各家族成员，他们中许多人的祖先甚至可以追溯到罗马的起源，而那些在迦太基战争中奋勇杀敌的英雄先辈们也只能勉强算作是新贵，每个大家族都有着显赫的历史。他们有钱，有土地，还有公主可以出嫁以形成新的联盟。数百年来，这些历史悠久的家族官海沉浮，轮番登场。渐渐地，甚至贵族们的名字也形成一定的规范，以便于彰显其家族的声望与历史。贵族的名字通常由三个部分组成，即名字、氏族名、姓氏。中间的氏族名通常是最重要的。以盖乌斯·尤利乌斯·恺撒为例，名字是盖乌斯，尤利乌斯是氏族的名字，恺撒则是姓氏。如果你的名字中间那个字是尤利乌斯，那么说明你的身上流淌着埃涅阿斯的血液！也当然意味你高贵的血统以及在顶级贵族俱乐部中的地位。

苏拉掌权时，他得到了许多贵族的支持，这些氏族构成了占主导地位的政治派系，重要成员包括：

· 凯基利亚氏族（the Caecilia gens）的梅特利（Metelli）家族是那个时代最强大的家族，以盛产共和国执政官而闻名，就执政官的数量而言，没有任何一个家族可以与之匹敌。梅特卢斯·皮乌斯（Metellus Pius）是苏拉最依赖的将军之一，其家族成员、将军卢威卢斯（Luvius）和马库斯·卢库勒斯（Marcus Lucullus）甚至取得了更大的战功。

· 克劳迪娅氏族（the Claudia gens）是罗马所有权贵家族中最傲慢、最趋炎附势的家族。他们将自己置于约束罗马公民的法律与行为规范之上，要求授予家族长子永久的特权待遇。家族的两个孩子克劳狄乌斯（Clodius）和克劳迪娅（Clodia）声名狼藉。

其他成员还包括：霍滕修斯（Hortensius），即西塞罗的对手，也是那个时代伟大的律师；卡图卢斯（Catulus），见风使舵的政治家；卡托，即该派系后来的代言人。

罗马的政治基本上被这个派系所左右，即便在苏拉死后，他们仍然牢牢把持着手中的权力。他们正是恺撒所要面对的政敌。

卢修斯·科尔内利乌斯·苏拉
Glyptothek, Public Domain

在阿尔巴的避暑别墅而被杀。”一名被判刑的人在名单上读到他的名字时哭了。而他没有走出几步，即被杀害了。

作为恺撒未来的敌人，苏拉不能被看作是正常的男人。事实上，他是个令人恐惧的怪物，是恺撒的叔叔的死敌。苏拉的长相有些可怕，他的脸看上去很硬，布满皱纹；他的眼睛是浅蓝色的，目光却像冰锥一样冷淡；他的头上覆盖着一层金色的短发，看起来更像日耳曼人而不是罗马人；他的身上隐藏着某些病态的、令人不安的东西；他的皮肤苍白，分布着不少血红色的胎记，甚至脸上也是。桑果脸——背地里人们对他的称呼。可以说，这个人的面相非常凶残。在私下场合，他常常沉湎于葡萄酒和狂野的派对，罗马的美德与节制让位于颓废的盛宴和狂欢，女演员与轻浮的美丽女郎是他最亲密的朋友，罗马公民的光辉形象荡然无存。但在公共场合，他却像钉子一样坚硬，没有人可以威胁到他的地位，因为苏拉拯救了共和国。

苏拉想维持其政权的稳定。为此，他不仅开始限制公民的权利，也逐步压缩下层社会的话语权。同时，他非常清楚培养贵族阶层人才与社会精英的重要性。年轻人是社会的未来，从来都是如此。苏拉特别留意才华出众的年轻人，那些年富力强、雄心勃勃的青年一代，特别能吸引苏拉挑剔的目光。其中，年轻的庞培将军很快就进入了苏拉的视野。庞培很早就显示出自己的潜力，当苏拉宣泄自己的怒火时，庞培满怀热情地组建出自己的军队，紧跟在苏拉身边。苏拉喜欢他的进取精神，但这远远不够。庞培不明智的婚姻有些麻烦，其妻子的家人被怀疑同情平民派。于是，苏拉提出了一个庞培无法拒绝的提议："和你的妻子离婚，然后，我会为你安排一个妥当的婚姻。我的继女是来自梅特利家族的罗马宝贝，虽然已经嫁人了，并即将做妈妈，但没关系，这都不是问题。你看如何？"庞培想了一会儿，然后回答："太好了，拜托。"就这样，爱的使者、玫瑰色的媒人，一只铁手握着的订婚戒指，没有人可以说"不"。庞培上了苏拉的船。那个时代，每个人都会争相入列，除了一个人。

或早或晚，总应当能轮到恺撒，因为这个家族的血统与声望不容漠视。虽然与马里乌斯和辛纳的关系是个麻烦，但苏拉还是召见了恺撒。18岁的年轻人来到了罗马至高无上的当权者的面前，着装风格依旧非常叛逆。

苏拉毫不掩饰，他希望将恺撒置于自己的阵营，因为他来自一个历史悠久、血统纯正的家庭，一个值得保护的家庭。事实上，苏拉以贵族阶层的保护者自居，保护罗马贵族是他的使命。他曾经听闻过对恺撒的赞美之词，那似乎是个前途无量的年轻人，一个可以恢复家族昔日崇高地位的人。在内战中，这个家庭与错误的盟友建立了联系，并形成了婚姻纽带，这将使他们永久地被绑在不幸的婚床上。可是，年轻人不应当为此承担责任，他被家族的阴谋所利用，是不幸的牺牲品。但是现在，年轻人应当认清形势，且有责任解决家庭失误造成的问题。于是，苏拉提出了一个直截了当、简单易行的解决方案：离婚！

这是来自罗马权贵阶层最隐秘的小圈子里的关怀与指导，救生圈计划清晰且明确，你不再需要求助于神谕的预言与指引，最高当局已提供了确切的答案。那么，如何处理来自至高权力的善意劝告呢？相信所有人都会感恩戴德，检视自己的失败，为自己的过失感到耻辱并悔过自新，因为你无法僭越罗马的主宰者。但是，恺撒说："不！"他不要和科妮莉亚离婚。很多人都惊诧于这个反应，为什么？是为了捍卫已故叔叔的荣誉吗？还是厌倦了被当作棋子推来推去的感觉？或是与科妮莉亚真心相爱？不管怎样，恺撒拒绝了苏拉的善意。应当说，苏拉已仁至义尽，你要么支持我，要么反对我；要么遵从我的意愿，要么接受可怕的后果。但眼前的这位年轻人却非常傲慢，甚至带着挑衅的意味。他怎么敢违抗罗马的独裁者？怎敢在人生最重要的面试中表现得如此轻率？！

既然如此，剧情的发展也就毫无悬念了。很快，恺撒的名字出现在了被通缉者的名单上。家里待不下去了，恺撒只能东躲西藏，开始了躲避追杀的日子。罗马的士兵到处搜捕，恺撒每天晚上都要寻找不同的藏身之处。成功躲避了几次危险之后，恺撒还是被抓住了，但他通过贿赂得以逃脱。与此同时，家人与朋友也在努力为他游说。虽然恺撒的姑姑朱莉娅（Julia）一族属于平民派，但在内战中，恺撒母亲家族中的许多亲戚都站在苏拉一

马里乌斯与苏拉——时间表

公元前 88 年，苏拉进军罗马，马里乌斯逃亡。

公元前 87 年，马里乌斯和辛纳夺回罗马政权，苏拉在东方征战。

公元前 86 年，马里乌斯去世。

公元前 83 年，苏拉回归并赢得支持。

公元前 82 年，苏拉被宣布为独裁者，通缉平民派。

公元前 78 年，苏拉去世。

公元前 73 年，恺撒回到罗马。

边。他们恭敬且谨慎地接近苏拉，为恺撒说情。起初，苏拉拒绝，因为那是恺撒自己的选择，他理应自己承担后果。此外，恺撒的特质清楚地表明他是个体制的叛逆者、麻烦的制造者。但朋友们并没有放弃：一个人畜无害的毛头小子无关紧要，他只是少不更事而已，真是个被惯坏了的小混蛋！最终，无奈的苏拉放弃了，但撂下令人震惊的预言：“那好吧，你们要管教好！否则，这个小混蛋总有一天会毁了你我为之奋斗的一切。在他的身上，我可以清晰地看到马里乌斯的影子，莫要悔之晚矣！”

尽管如此，恺撒终究还是不相信自己能被赦免。他很清楚，他必须远离苏拉及其手下。于是，他逃亡到遥远的东方避难，尽可能远离独裁者的魔爪。在那里，他要努力学习如何才能成为优秀的领导者。在对付苏拉之前，他需要自我修炼。在古代，谈到领导力，有两种技能缺一不可，即军事技能与口才。第一种技能毋庸置疑，直到今天依然如此。许多国家的领导者都出身行伍。在军队中，他们学到组织管理、危机管理以及是什么令士兵为你赴汤蹈火。延斯·克里斯蒂安·豪格（Jens Christian Hauge）是二战期间挪威森林抵抗运动的领导者，他与政治家艾纳尔·格哈德森（Einar Gerhardsen）一起重建了挪威；成功领导了海湾战争的科林·鲍威尔（Colin Powell）将军则直接加入了布什内阁。苏拉的宠儿、离婚将军庞培就是那个时代最典型的例子。在踏上政治仕途之前，庞培已通过赫赫军功证明了自己。但口才是什么？不要误解，我们谈论的不是在晚宴上插科打诨的能力，而是说服与影响他人的能力。在那个时代，西塞罗是当之无愧的雄辩家。西塞罗的家族并无特别高贵的血统，他投身法律与政治，完全凭借自己的努力，一步一个脚印，练就了超越常人的思辨与修辞能力。若是在战场上或是肢体冲突中，他一定是个弱者，但他的舌头锋利无比，在法庭辩论中无往而不胜。

庞培作为一位伟大的军事将领，令人称道。而西塞罗则在政坛辩论中屡屡得胜，声名鹊起。二人一武一文，交相辉映在罗马的政坛。但从某种意义上讲，西塞罗被看成是一位政坛新秀，是少数几个能够渗透、把控老牌精英圈子的人之一。而他的武器就是修辞。对于当代的我们，这似乎很难理解，因为现代领导力课程早已淘汰这一学科。但幸运的是，事情正在发生变化，我们已经认识到，在古代的领导力学校里，一些非常有价值的东西被我们忽视了。恺撒了解西塞罗与庞培，他想要集他们二人的才干于一身，熟练掌握两种形式的专业技能——军事技能和修辞能力。不止于此，恺撒要同时超越他们二者！在遥远的东方，恺撒发奋努力，为自己登上政坛做好准备。

首先，恺撒要使自己真正成为一名战士。他奔赴小亚细亚，投奔苏拉手下一位较为友善的将军，担任副官。凭借着自己的军事才干和勇气，恺撒很快就取得了傲人的战功。在米蒂利尼（Mytilene）攻城战中，他一马当先，奋勇杀敌，斩获了罗马最高军事荣誉——橡树叶冠，又被称为公民的王冠。荣誉的拥有者享有极大的尊重，当他们走进角斗场或其他竞技场所时，所有的观众，包括元老院议员，都必须起立向他们致敬。当然，这样的桂冠也意味着为持有者提供了仕途上的捷径，而这正是恺撒期盼的。这一荣誉的获得，使恺撒脱颖而出，成了另一颗闪亮的新星。因为橡树叶冠不仅意味着持有者的英勇无畏，更意味着持有者曾挺身而出拯救战友于危难。作为贵族子弟，从军通常只是装裱履历的一种手段，绝少有人会真正冲锋于阵前，更不用说获得军中至高无上的橡树叶冠。这意味着，虽出身贵族，但恺撒的功名不是依靠出身赢得，而是自己搏命得来的。这也意味着，恺撒既是贵族阶层的骄傲，也赢得了平民阶层的尊重。后来，恺撒常常嘲笑那些贵族爸爸们：“你们的孩子在军旅生涯中成绩斐然，但森林中毛茸茸的高卢人的影子会吓得他们魂飞胆破。”

开局不错。但显而易见，仅靠军功是不够的，展示肌肉并不能确保在共和国领导人的行列中占有一席之地，话语的力量更强大。恺撒从小就明白这一点。他那个时代伟大的修辞学家们集中于希腊的雅典与罗德岛（Rhodes）。恺撒下定决心要好好学习修辞学，在罗德岛，他找到了那个时代最伟大的修辞学大师阿波罗尼乌斯·莫隆（Apollonius Molon），西塞罗曾经的导师。恺撒想超越所有人。

但大英雄有时也会受制于小毛贼。在前往罗德岛的途中，恺撒遭到了海盗的袭击。那时，地中海的海盗非常猖獗，他们事实上控制着整个地中海东部的大部分地区，而且形成了一个强悍的海盗联盟，共同与周边的城邦和王国讨价还价，滋扰海上贸易，祸害周边民众。即便是强大的罗马也感到无奈。海盗们发现，绑架带来的赎金是一种不错的收入来源。于是，每次俘获载有罗马富豪的商船时，他们都会为“客人”安排一个不错的“假期”，同时等待赎金的到来。

恺撒也遇到了同样的麻烦。他的船被劫掠了，并且海盗们很快发现其中一名乘客身价不菲，他们非常得意：“像你这样的人，我们可以要求 20 个金币。”恺撒惊讶地看着他们：“你们不知道我是谁吗？告诉你们，我至少值 50 个金币！”“啊？！”海盗们傻眼了。但在商言商，价值不容低估。恺撒在想什么？难道他不知道这是在自找麻烦吗？不，恺撒的反抗才刚刚开始。

一路被押解着来到了海盗们的藏身之处，恺撒依旧是一副无所顾忌的样子。既来之则安之，就当是一次生存大冒险吧。荒凉的小岛位于大海的深处，个人绝无逃脱的可能，所以，来到这里的人质相对自由，除了食宿安排不尽如人意，真就像是个完美的“假期”。恺撒可以自由地游荡，并参加海盗们的剑术练习和比赛。恺撒将这看作是难得的机会，非常认真，全身心投入到海盗的训练中，以至于被怀疑他是否真的要加入海盗的行列。训练之余，恺撒还兴致勃勃地为“主人们”朗诵诗歌，一双双迷茫的眼睛与张大的嘴巴面对着这位罗马的年轻人。应当说，此时，卡图卢斯的宏伟诗篇如同优美的琴声灌入牛耳，世界不会发生太大的变化。但恺撒并不气馁，他试图在卡图卢斯失败的地方找回诗歌的尊严。于是，他回到自己的小屋里奋力创作，并以他的激情与贵族的自信将海盗们排成适当的行列，让其来聆听自己的大作。无奈，天堂般的“度假岛屿”远离精英文化——无论是海盗还是“包租游客”。最终，面对这样一位小怪物，大家终于不愿意继续配合了，他们忍俊不禁。就在此时，恺撒缓缓地转身看向他们，冷静中透着杀气，平静地，几乎像在教堂中忏悔那样，回应了他们的笑声：“你们认为我被赎回后就去罗德岛学习吗？不，我将召集一支舰队，然后追捕你们每一个人，直到我亲眼看到你们所有人一个一个地被钉死在十字架上。”一边说着，他一边指着每一个人。海盗们又笑了，而且笑得前仰后合。

恺撒没有食言。在缴付赎金结束“假期”之后，他立即前往最近的罗马领地，雇佣船只，招募士兵，组成了一支不错的舰队。在“度假”期间，恺撒早已夜观星象，准确地定位了小岛的位置。此时，恺撒率领舰队直扑海盗的老巢。短暂的战斗没有任何悬念，海盗的船队除个别逃脱外，几乎全军覆没，“度假村”昔日的“主人们”悉数缴械投降。很快，罗马发来了死亡判决，作为罪大恶极的底层罪犯，他们将被钉死在十字架上。这就是海盗应得的下场。

但是，在行刑之前，恺撒动了恻隐之心。在海盗巢穴里度过的时光绝不是简单的密室逃脱游戏，更不是现代情景喜剧。那是一个真实的历史事

苏拉时代的罗马帝国

苏拉时代的罗马版图
By *Roma Victrix*, Fagbokforlaget

罗马最初是罗穆卢斯于公元前 753 年建立的一座小城市。在公元前 509 年改制为共和国，随后，这座城市迅速崛起，发展成为一个世界性帝国。公元前 3 世纪初，罗马控制了整个意大利半岛。从那里开始，罗马逐渐扩张，不断征服。但绝少纯粹的侵略，更多的是反击暴躁的邻居。这样，周边的地区一个又一个地变成了罗马的行省，所选举的省长通常也都是前朝有威望的官员。但自苏拉时代开始，腐败渐渐蔓延，省长们经常为了个人利益而滋扰其他省份。

以下是苏拉时代先后并入罗马版图的行省：

· 公元前 241 年，西西里岛。

· 公元前 238 年，科西嘉和撒丁岛。

· 公元前 197 年，伊比利亚半岛东岸。

· 公元前 197 年，伊比利亚半岛中西部。

· 公元前 191 年，阿尔卑斯山东南地区。

· 公元前 168 年，伊利里亚（Illyricum，大致位于现今的科索沃、黑山、塞尔维亚、波斯尼亚、克罗地亚和斯洛文尼亚）。

· 公元前 146 年，马其顿。

· 公元前 146 年，北非。

· 公元前 133 年，小亚细亚。

· 公元前 121 年，阿尔卑斯山西北地区。

在随后的几年中，庞培将继续罗马的扩张，以占领东部的新省份。尤利乌斯·恺撒后来征服了高卢，并将其作为一个行省并入罗马版图。

件，是使恺撒有深刻感悟的一次生死体验，并对他的成长产生了深远的影响。恺撒在海盗岛上学到的东西与军事行动或修辞训练具有同样的意义。38 天的“小岛度假”可以洞察人性，海盗是匪徒、寄生虫，也是反叛者。但盗亦有道，他们有自己的荣誉准则、社会秩序以及相应规则下的自由。或许可以看作是一个相互教育的项目，以卡图卢斯的诗歌来交换另一种视野。被“度假”之后，恺撒得到了什么、感悟了什么？相信一定有某些重要的东西。许多迹象表明，海盗们赢得了他的尊重。在某种意义上，他们的命运唤醒了恺撒内心的某些东西。因此，在行刑之前，恺撒犹豫了。判决无法更改，但形式可以变通。恺撒命令，在钉上十字架之前，首先用剑割断海盗们的喉咙，也就是说，海盗们死于剑下，而不是作为叛乱者被钉死在十字架上。在那个时代，这是一种尊重。之后，恺撒启程前往罗德岛。

几年时间过去了，恺撒修完了三门功课——军事、修辞及海盗实习课程，羽毛已渐渐丰满。这时，滞留在罗德岛的恺撒收到了来自罗马的消息：该回家了！此时，苏拉的派系已显露颓势。几年前，苏拉去世了。在他最后的岁月里，罗马的暴君退出了政坛，沉迷于奢靡放荡的生活，所有的华丽誓言、高尚情操、罗马美德等都被抛之于脑后。当他的妻子病重时，苏拉将其赶出家门，因为他不想让垂死的人毁了他的运气。随即，一位年轻、漂亮、充满活力的女演员取代了妻子的地位。但苏拉的堕落已开始侵蚀他的肌体，他受到寄生虫的猛烈攻击，他的肉体开始崩解，由内而外，不管仆人们清除多少，总会涌现出更多的虫子。最后，他的衣服、浴缸，以及吃过的食品上都是虫子。沐浴和清洁不起任何作用，苏拉是被从里到外吃掉的。对于一个摧毁了罗马的人来说，还有什么其他的死亡方式更为合适呢？！苏拉死后，恺撒曾试图返回，但苏拉派系的成员继续把持着政坛，时机尚未成熟。又经过了几年的高压统治，贵族派渐渐失去了对罗马的控制，恐怖政权开始动摇，新思想、新言论日渐强盛，愈加冲击着贵族派的阵营。在这样的情形下，消息传到了罗德岛：该回家了！暴君已经被自己的邪恶所吞噬，其派系已基本无力掌控全局。漂泊在外的时光终于结束了，恺撒回到了罗马。

海盗与产业集群

瘸腿加黑眼罩是海盗的标配，但那不是我们的主题。海盗导致的经济现象才是我们要探讨的东西。海盗现象实际上是一个产业集群：即供应商与客户、生产能力与创新能力的地理集中化。当然，我们这里所说的海盗不是好莱坞创作的加勒比海盗，而是历史上大名鼎鼎的地中海海盗。地中海东部小岛众多，土地贫瘠，自古以来盛产海盗。特别是克罗地亚海岸的伊利里亚（Illyria）和土耳其南部的西里西亚（Cilicia）。那些地方不适合农业耕种，也没有大规模的定居点，却非常适合于流寇活动。能够在那里生存的人属于大海，是以海为家的流寇。那里，海上贸易路线近在咫尺，奴隶市场触手可及，从“生产基地”到“供应商”，再到“客户”，距离很短，构成了一个堪称完美的产业集群。

看看当今的索马里海盗，几乎如出一辙，就是历史的翻版。他们行动迅速，手段灵活，常常突然出击，降伏受害者。其收入基本可分为两类：战利品与赎金。海盗都是当地社会的“英雄”，常常得到地方当局的暗中支持，因为所有试图阻止海盗的本地官员基本都会莫名其妙地丧生大海。从来都是如此。

甚至强大的罗马也深受其害，海盗不仅威胁到几乎所有的贸易航路，而且还常常洗劫城市与港口，绑架罗马公民，并将他们贩卖为奴，甚至连恺撒、克劳狄乌斯这样的精英人物也曾被海盗所俘获。直到苏拉委派他年轻的爱将庞培负责清剿，罗马人才得以控制局势。庞培组建了一支由270艘战舰组成的舰队，并将这些战舰按海域划分为若干个独立的突击队，既联合又独立，全方位覆盖。这一招非常奏效，在短短的三个月时间里，庞培几乎剿灭了所有的海盗。但事情并没有简单结束，年轻的庞培展示了深刻的洞察力与高超的政治智慧。庞培明白，海盗问题绝不是简单的流寇抢劫，它的存在有其深刻的社会背景，简单地杀伐无助于从根本上解决问题。于是，庞培并未大规模处决海盗，而是将他们安置在了废弃的希腊城堡中，使他们可以靠自己的劳动过上体面的生活，从而基本上灭绝了海盗。“伟大的庞培”并非徒有其名。

今天，如果留意，仍然可以找到昔日海盗们留下的痕迹。土耳其西里西亚美丽的海岸是中产阶级的旅游胜地，那里的海盗城堡被改造成了迪斯科舞厅，海盗的洞穴被改造成旅游景点，当地人仍然穿着海盗的服装，带着恶作剧的笑容，收取五倍于实际价格的服务费。从某种意义上讲，他们保持了传统的活力。

可惜，在罗马，根本没有人注意这位无名小卒，即便他当年因无惧苏拉的淫威而声名远扬。人们早已忘记了过去，看到他，没有人会说：“快看，他就是当年顶撞苏拉的恺撒！”社会迅速恢复了平静，并缓慢地忘记过去的伤痛，罗马接受了自己的命运。盖乌斯·马里乌斯及其平民派也已渐渐成为了历史。罗马进入了一种麻木导致的愉悦状态，这是恺撒看到的罗马。时至今日，恺撒已经度过了最艰难的日子，但是，真正考验他的最大的危险就在眼前，即舒适与懒惰的诱惑。经过七年的奔波流浪，安定从容的生活是无法抵御的诱惑。现在，恺撒再也无须东躲西藏，日夜担心家人与自己的安全，可以从容回归本来就属于他的生活，属于他的贵族社会。因为他原本就是其中之一，况且他的家族更是首屈一指。苏拉死了，战斗结束了，现在唯一要做的就是放松身心，享受生活。

苏拉的几位忠实追随者均事业有成。克劳迪娅氏族与梅特利家族在政坛上占据着不错的位置。庞培正在东方建立自己的功勋，他已经被比作亚历山大大帝。而西塞罗则在各种障碍中蜿蜒前行，平滑地进入了政坛高层。但最狡猾的非马库斯·利西尼乌斯·克拉苏(Marcus Licinius Crassus)莫属。应当说，克拉苏是苏拉最大的功臣。曾经，贵族派与平民派最激烈的战斗发生在罗马城门前。当时，苏拉摇摆不定，但右翼指挥官克拉苏意志坚定，指挥部队突破重重防御，为贵族派带来了决定性胜利。难怪后来苏拉给了他特殊的待遇：克拉苏被允许为所欲为！毫不谦让，克拉苏充分利用这一特权。当苏拉要卖掉受害者的财产时，克拉苏便以极低的价格尽力收购；如果克拉苏觊觎某处房产，他便将业主的名字添加到被通缉者名单中；更有甚者，他甚至派人去纵火，之后便以低价收购被烧过的房子，因为惊慌失措的房主总是愿意以更低价抛售。经过短短的几年，克拉苏便成了罗马的房地产大鳄、城市首富。克拉苏过火的行为引起了贵族派的反感，甚至苏拉本人也皱起了眉头。但贪婪是个无底洞，况且克拉苏从来都不是苏拉派系的正式成员，因此他也不在乎什么，他只服从于自己的贪欲。战争与苏拉的恐怖政权使他成了富人。

那么，为什么恺撒没能得到命运之神的垂青呢？所有苏拉的追随者都得到了自己的那一份，为什么恺撒没有？那是因为恺撒代表着某种东西，因此也就牺牲了某些东西，也就要承担更多的痛苦。现在，战争已经结束了，生活恢复常态。对于有才华的年轻人，总是有机会的。但恺撒犹豫了；他并没有直接挑起事端，跟苏拉的贵族派摊牌，也不想强化自己作为马里乌斯的侄子的身份。相反，他悄然回归贵族阶层，与精英们交往，开始攀爬罗马的政坛阶梯。橡树叶冠，即平民王冠，为他提供了不错的捷径，而尤利乌斯这个名字也会令他占有先机。恺撒投身罗马政坛特有的晋升体系，也被称为荣耀之路（the Cursus Honorum），那是罗马精英拼杀的战场，人人都渴望能在那里获得越来越高的职位，那是通向财富、权力、派对以及获得肆无忌惮的奉承的通行证。

恺撒似乎已迷失了自我。他的故事是多样性的，也是有说服力的，但毕竟，为了能在强者的餐桌上占有一席之地，恺撒出卖了一切。他成为众多竞聘者中的一员，竞选总务官办公室的职务。这是罗马政坛体系中的第一级，即最低一级官员。每年录取 20 名，不仅本人要非常优秀，而且必须是名门之后。为了成功当选，恺撒动用了所有能动用的关系，上下打点。当然，恺撒本身条件过硬，被普遍看好，但无论如何，要在激烈的竞争中赢得胜利，必须全力以赴，为此，恺撒赌上了一切，竞选的花费几乎使他破产。好在最后他如愿当选。这个管理机构服务于罗马的各行省，就如同当今被外派的年轻官员一样，恺撒被派往西班牙，担任总督助理。

抵达西班牙后，恺撒很快就适应了环境，全身心地投入了自己的工作。

他频繁地出巡，检视各地的秩序，强化罗马的号令与法律。但渐渐地，他似乎感到越来越无聊乏味。日子一天天过去，恺撒越发变得焦躁不安。年纪轻轻的他已经历了很多，那都是为了什么呢？苏拉死了，战斗结束了。难道他的对手不是苏拉本人吗？敌人不存在了，目的不是达到了吗？但是现在，他依旧是那么微不足道，漫步于美丽的西班牙原来是那么无聊。恺撒是谁？是那个对苏拉说“不”的男孩，是那个 20 岁就获得了平民王冠的勇敢青年，是那个无惧海盗并赢得尊重的青年将领。从此，他是将在公务员的独木桥上一条道走到黑，还是要和苏拉身后的多头怪兽们斗一斗？在一次旅行途中，恺撒来到大西洋岸边的小城加德斯（Gades）。春暖花开的时候，加德斯就像是海边的一颗闪亮的明珠，但在暴风雨的冬夜，你会在这里感受到海洋的愤怒与恐怖。在加德斯南部不远的地方，就是连接地中海与大西洋的狭窄的海峡。大力神赫拉克勒斯在海峡的两岸矗立起两座小山，即直布罗陀（Gibraltar）和杰贝穆萨（Jebel Musa），它们一北

罗马政坛的晋升体系

罗马的晋升体系就是通往元老院的阶梯。也就是说，只有经过资格预审，符合元老院成员最低资质的人才有可能被纳入这个体系；一旦进入这个体系，最终目标就是元老院。正式的晋升体系包括五级阶梯，每个阶梯每年选举一次，当选者任期一年。以下是由低到高的五级阶梯：

- 总务官：行政财务管理，通常被派作各省总督助理。
- 市政官：市政与娱乐管理，包括娱乐、水、道路、食品、马戏团等。
- 裁判官：法律的代言人，任职于不同的法庭。
- 执政官：负责罗马政治议程，指挥军队，管理各行省。
- 监察官：监察所有公共事务与财务，管理元老院与骑士团。

亚历山大大帝

一南守护在这里，警示着地中海的船只，到此为止，不可僭越。海峡之外就是无边的大洋，那是希腊神话中所说的地狱，大自然的力量与众神的魔力在那里交汇，是凡界的边缘，非凡人可以涉足。恺撒一行人来到加德斯的赫拉克勒斯神庙参拜，向这位半人半神的力量之王表达敬意。神庙的门口有一座亚历山大大帝的半身像，朋友们走了过去，恺撒却停了下来，在这位33岁就征服了整个世界的青年大帝的雕像前停了下来。朋友们并没有真正意识到发生了什么，直到他们注意到恺撒落后了。他们发现，恺撒好像被亚历山大的雕像迷住了，眼泪从他的脸颊上流落下来。他们既惊讶又担心，怎么回事？对此，恺撒深深地叹了口气，回应道："在我这个年纪，亚历山大已征服了整个世界，而我却碌碌无为，这难道不令人感到悲哀吗？"

亚历山大是所有罗马男孩崇拜的英雄，追随他的脚步，征服遥远的帝国是他们心中的梦想。亚历山大也是一个叛逆的少年，他曾经与自己的父亲作对，但他相信自己的判断，忠于自己的信念。他率领帝国的军队东征西讨，建立了庞大的马其顿帝国。为了自身的生存，曾经有敌国的首领向他行贿并许诺优厚的和平条件，亚历山大的将军帕门尼翁（Parmenion）说，如果他是亚历山大，他一定会接受。但亚历山大却回应说："如果我是帕门尼翁，我也会这样做，但我不是，我是亚历山大！”亚历山大的故事吸引着罗马的青年，即使是300年后的恺撒。亚历山大的雕像唤醒了恺撒：“我都在做些什么？！”恺撒设法缩短了他在西班牙的任期并返回罗马。他不希望自己在舒适的环境中消磨生命，领导者要创造领导者自己的故事。

领导者的故事

广义上，领导力与职业生涯的成功与否并没有严格意义上的对应关系。领导力基于某些核心的、复杂的东西。它涉及个人以及个人想要赋予这个世界什么。

哈佛大学心理学教授霍华德·加德纳强调：领导力就是创造意义的能力。它唤醒某种取向认同，即领导者传达一种意图，而这种意图反衬出其所处环境及其组织的取向。领导者赋予组织以地位，赋予组织中的个人以身份认同。巴拉克·奥巴马的竞选口号简洁而有力：“是的，我们可以。”那不仅是说他自己，也是在说美国，更是在说每一位美国人。他借此传递希望给每一位美国人，也反衬出每一张选票拥有者的美国公民身份。

领导者培植意义，无论其个人经历多么独特、多么苦涩或是多么奇幻，那些都是构成意义的基础。个人的调色板绘就了其主观世界，领导者的个人生活赋予领导者生活以意义，也孕育了领导者的领导力。加德纳用叙事理论来解释这一点：领导者必须有一个故事，即一个能创造意义的叙述。既然是故事，就不能是简洁的口号或是要点总结。故事里不仅要有愿景，要有价值观，更要随着时间的推移而展开一幅全景画卷，将过去、现在和未来联系在一起。更重要的是，这个故事要具有超越凡尘的持久力。秋风扫落叶，但你的故事要经得起酷暑寒冬。

最后这一点至关重要！你可以聘请顾问投资广告来营造你的故事，但要小心，不要被脸书[①]所揭穿。为团队与个人的身份认同，领导者需要

① 美国 Meta 公司旗下的社交网络服务网站。

有故事，但那绝无可能是成功学大师催生的结果。故事只能基于领导者自己的、真实的生活。的确，这使很多人望而却步：必须从自己的经历中提炼出能够打动人的东西。我能有什么，平凡的我也有能打动别人的东西？！加德纳展示了20世纪几位最著名的领导人，看看他们是如何从自己生活中提炼故事，培植意义的：甘地（Gandhi）、撒切尔（Thatcher）、马丁·路德·金（Markin Luther King）等，这些著名的领导者不一定有多少新意，也不一定独享版权，有许多也是基于他人的故事，但重要的是，故事都基于其自身的体验，是生活在他们自己身上的写照，反过来，他们又留给了身后的世界。否则，怎么理解“我有一个梦想”这句话呢？他们被自己的故事深深地吸引着，因而也就牢牢地掌控了领导力，从而产生了不可遏制的冲动，以至于必然导向实际行动。

给我们讲个故事！

领导者必须要为大家提供一个故事，这个故事当然不能基于童话般的幻想，而是要基于大家身在其中的现实。在所有的组织中，一定会有一个核心叙述，它为自己的组织提供存在的意义，为组织的成员创造身份。显然，这样的核心叙述并不是凭空产生的。简单地讲，仔细倾听人们在议论什么、看重什么、期待什么、鄙视什么，这些都为你提炼自己的故事提供了丰富的素材，你所要做的工作就是提笔写下故事的下一个章节。霍华德·加德纳着重强调了以下要素：

· 旧有的故事必须保留，但重要的是赋予其全新的取向。这意味着新的生命必须植根于既有的土壤，否则，人们可能会不知所措。

· 新篇章必须完全属于你，必须基于你的体验与你所带来的意义，且必须是真实而非编造的。

· 好的故事提供组织认同，也提供个人身份认同。这样的故事讲述了我们是谁，来自哪里，又将去往哪里。

· 追随者群体的体量越大、越多样化，你的故事就必须要愈加简单明了。复杂的推理与严谨的注释并不具有特别的感染力。

· 你必须活出自己的故事，而不是活在童话中。当然，最好的故事不会出现在战略规划中，更不会出现在茶余饭后的天马行空中，而只能出现在现实生活中。

尽管以上要素非常重要，不可或缺，但只有这些是远远不够的。市场上总会有不同的故事相互竞争。你可以提供新的蓝图，当然其他人也会提供他们的版本，甚至他们可以更加有机地与原有组织联成一体。那么，谁的版本才会是最后的赢家呢？那就看谁最能承上启下，谁最能因势利导，谁最能撑起通向未来的风帆。只有最强有力的故事才可以继往开来。

推荐读物

1.Canfora,L.(1999).*Julius Caesar.The People's Dictator*. Edinburgh:Edinburgh University Press.

2.Gardner.H.(1995).*Leading Minds.An Anatomy of Leadership*.New York:Basic Books.

3.Syme,R.(1939).*The Roman Revolution*.Oxford:Oxford University Press.

古罗马广场

第三章　西塞罗：共和国的拯救者

01　特写镜头：罗马古城遗址，现今的样子，当年的露天广场（the Comitium）。空无一人。背景音乐，主题曲：万里无云。显然是炎热的一天。镜头缓慢移动，捕捉到维特先生（本章虚拟主持人。——译者注）从圣道走来，登上讲坛（the Rostra）。音乐减弱，镜头拉近。

02　维特先生手握麦克风，面对镜头：沿着墙慢慢向前走。古城遗址在迅速复原，建筑物从石头废墟还原出来，重现了昔日的罗马。背景中，可以看到很多人，拍摄角度改变，镜头跟在他身后。慢慢拉近，聚焦他的上半身，随后是面部，不要太近！

03　维特先生：开弓没有回头箭，他的声音承载了一切。西塞罗没有什么锦囊妙计，也没有什么特别的消息。现在，只有唯一的一件事：以一个清晰的、有力的声音发出一个毋庸置疑的断言，宣告整个共和国的命运已岌岌可危。在大理石的映衬下，听众产生了强烈的共鸣。要么现在，要么永远都不再妄想，逮捕政变的领导者。西塞罗尽其所能，发出了鼓动人心的号召。面对严峻的局势，西塞罗再次全力以赴，力求再次打动人心，敦促人们奋起反抗罗马的堕落，阻止共和国变为

马库斯·图利乌斯·西塞罗

角逐权力的冷血机器，驱逐豪强们的暴力威胁。又一次，西塞罗不得不直面他的敌人，他没有剑，甚至手无缚鸡之力，更谈不上以军事威胁为后盾。与所有人不同，西塞罗谨遵文明规则，言辞与法律是他唯一的武器。这需要勇气，需要不亚于投身于枪林弹雨的勇气。他站着，双脚站在地面上，行使自己的权利，为大众的利益，发出自己雄辩的声音——这是一位众人之上的人。

04　镜头切换：从朱庇特神殿鸟瞰的罗马城。

05　维特先生继续，画外音：讲坛就是战场，而整个老城中心区域足有两个足球场那么大，那是罗马政治、商业、宗教与法律的中心。

06　镜头切换：罗马原点（Umbilicus Urbis Roma）。特写，镜头拉远，在背景中捕捉塔尔皮亚岩石（Tarpeian Rock）。维特先生进入镜头，看着罗马原点。

07　画外音：罗马原点，即罗马时代公认的世界的中心，字面上的意思就是世界的肚脐（Umbilicus Urbis），地面上的一个点，以这里为原点，标记世界各地与罗马帝国的距离。

08　镜头回到讲坛以及周围的观众看台：座无虚席。可以听到低沉的杂音，一名法官坐了下来，与两名穿着长袍的男子低声讨论，官员们来来去去。

09　维特先生画外音：在这里，修辞学家可以展现他们的魔力，展现他们在政治艺术领域的才能。也正是在这里，伟大的演说家以自己的智慧与说服力将人们团结在一起，并为他们指明方向。每个广场都是一样，无论是非洲村头的广场，还是雅典的集市，都是营造故事与创造奇迹的地方。过去所发生的一切当然要使其发挥应有的价值，未来的不确定性必须要在这里被消除。在世界的中心，在权力的舞台上，任何事情都可以尝试。在这样的舞台上，不论多么强大的领导者，都可能被嘲讽、被剥夺一切乃至生命。在这里，西塞罗曾经以自己的言辞毁灭过自己的对手。作为执政官，作为共和国的最高领导，他有责任再做一次。

10 镜头推进：其中一名官员，后退了两步，抬头看向观众席，然后向外看向广场中央，沉思状。

11 画外音：喀提林必须被击败。当然，尤利乌斯·恺撒拒绝合作，但毒蛇的卵总是隐藏在阴影之中。

12 切换镜头：罗马的一条街道。街道那头，有两个男人在轻声交谈，他们的肩膀反复出现。

13 画外音：西塞罗知道恺撒、克拉苏和其他一些人躲在喀提林身后。危险时期，叛逆的青年战略家，与新贵冒险家以及房地产投机者携手并进。初出茅庐雄心勃勃的人将自己视为未来的统治者，并相信自己将得到想要的一切。

14 切换镜头：一位年轻人骑着马由远而近，在他身后，可以看到罗马，当他经过时，摄影机保持静止，画外音仍在继续。镜头跟随，直到他消失在拐弯处。

15 画外音：城里已发现了不少武器，打着友好往来的旗帜，高卢地区的部族开始向罗马周边迁徙，事情正在发生变化。

16 切换镜头：外景，元老院，手持摄影机，镜头由外向内，门打开，连贯镜头，通过入口。维特先生站在显眼的位置，严肃地注视着镜头。

17 元老院内部，响亮的声音来自大厅，西塞罗站在那里，身体动作配合着声音，声音逐渐减弱。

18 画外音：但是他们忽略了西塞罗在元老院的演讲天赋。

19　切入专家评论镜头：办公室，屏幕下方打出：托马斯·伯格·汉森（Thomas Berg Hansen），古罗马研究学者、教授。假如喀提林生活在 1900 多年后的挪威，相信他也会痴迷于年少轻狂的亨利克·易卜生及其直击心灵的文字，那是挪威人的骄傲。少年的轻狂大抵相似，但并非所有故事都能打动人心。同样，仅有华丽的辞藻也是不够的。海盗们不会因为你优美的诗歌而拥戴你为领导者，当然也不会因为你古铜色的肤色就认你为老大，更不会因为你出手阔绰就对你心服口服。故事必须要有内涵，要有重要的东西，特别是要有可以唤醒他人去创造、去把握现实的东西。就像易卜生描写过的喀提林那样，你不可能通过大声疾呼“我的生活毫无意义”来赢得领导力。恰恰相反，那更像是 20 世纪 50 年代英年早逝的叛逆影星詹姆斯·迪恩（James Dean），狂野的目光中表达出一种渴望：“我必须，我必须，一个声音在向我哭泣，它来自我的灵魂深处，我必须去追随。”领导力就是有勇气去倾听自己内心的声音，但事实上，领导力并不完全等同于自我实现。

20　切换镜头：西塞罗漫步穿过讲坛，背景是元老院大厦。他与两个男人交谈着，西塞罗的身体语言显示出他的热情，另外两人听着，神情凝重。

21　维特先生画外音：这场争斗的实质意义是什么呢？无外乎就是罗马的身份认同、生活的意义以及人类的价值观。数百年来，罗马一直不停地吐故纳新，以使自己适应新环境，战胜新挑战。对于领导力的发展与演进，也不断有新的观点与思潮融入其中，其核心就是不停地妥协与交融。新的变化、新的形势、新的法令与规则使得罗马社会变成了一个务实的、不断演进的体系。政治的本质本应如此。但可惜的是，大部分文字记录都已遗失。在某种意义上，苏拉和马里乌斯争斗也为领导力的演进翻开了新的一页，特别是将军事扩张战略应用于罗马境内时。这是前所未有的，新的故事出现了。

22 切换镜头：元老院，自信满满的议员们三三两两地聚在一起，摄像机镜头从一组人移到另一组人。可以注意到不同小组的人都在相互关注，低声交谈，有些人指指点点，也有人发出轻轻的笑声。

23 维特先生画外音：如今，某些人似乎认为服务于共和国已不再是公民义务，而是保障自己财富与地位的手段。当领导者将职业生涯的高度本身作为目标时，危机即会出现，因为那意味着组织的目标将不再被置于首要位置。对于现代企业尤其如此，那意味着其职业经理人未能正确地看待自己的位置。

24 镜头掠过人群，再转向大厅中央：画面变化，男人们身着现代西装，大厅变换为绅士俱乐部：深扶手椅，制服笔挺的服务员，男人们一手插兜，一手握着酒杯，纵情声色。镜头再次掠过人群。

25 画外音：激励领导的只能是超越自身利益的使命感，这是千年不变的领导力哲学，如同一束明亮的光射向无尽的黑暗。高阶位置附带的福利与特权不应成为领导者孜孜以求的目标，否则，一旦身居高位，保卫自己的权力与地位则必然会成为首要目标，其结果必然导致各级管理岗位被不想交权的流氓们所占据。

26 镜头切换，同样一群人，但身着军服，大声谈论着，显然还是同一个主题。

27 镜头切换到汉森教授：罗马正处于十字路口，法律与规则是长期实践的结晶，那些不理解的人恰恰可能是最需要它们的人。

28 镜头回到西塞罗及两个同伴身上：他们三人正在热烈地交谈。

29　维特先生画外音：必须要有人能代表公众的声音，客观地讲，西塞罗很沮丧。但可能为时已晚，如果事态升级，一切都将化为乌有。假如有人想拯救共和国，那就应当立即行动。

30　镜头转向讲坛上的维特先生：背景是一群愤怒的乌合之众，他们正在阅读墙上的通告，大声讨论其内容。人们来回奔跑着，有些人显然感到害怕。

31　维特先生：政治的凋零很久以前就开始了，自从苏拉主导了话语权，一些事情就开始酝酿发酵，就像贵族阶层的清洗，打击清单是非常有效的措施，真是一个恶魔般的发明，罗马共和国。

32　两个半身像渐入镜头并占据屏幕：苏拉和马里乌斯（他们名字的大写字母出现在半身像下面）。

33　汉森教授：苏拉与前任领导及曾经的同僚为敌，他渴望权力，左倾激进，贪恋荣誉与民众的喝彩。而马里乌斯则将其权力置于民意之下且获得了民众的真心拥护！现实的叛逆者、妒火中烧者以及无须承担责任的匿名者可以带来巨大的破坏力量，一旦时机成熟并加以诱导，就会像是爆发的火山，摧毁一切。苏拉与马里乌斯，罗马历史上的两位巨人，同一列亡命列车上的两位乘客，无论你是谁，那无关紧要。就像惊悚动作片《烈火悍将》（*Heat*）中的罗伯特·德·尼罗（Robert de Niro）和艾尔·帕西诺（Al Pacino），无论你是警察还是匪徒，都对重型武器、火爆场面有着强烈的热情。战斗本身就是一切，可惜只能有一个赢家。苏拉和马里乌斯不能共存，因为他们都将目光投向了首席执政官的席位。

34　镜头由马里乌斯与苏拉的半身像切换至恺撒与西塞罗，清晰地传递出一个信息：马里乌斯与恺撒是同一阵营，苏拉与西塞罗是另一阵营。

35　汉森教授：这是恺撒大帝与西塞罗共同酿造的罗马内战，他们是对手，最终代表着相互冲突的双方。那是一场关乎价值观与人生观的争斗，也是一个故事与另一个故事的对抗。他们是对手，但彼此都非常了解，他们接受同样的传统教育，同样精于操纵民情，拥有同样的政治野心，相互尊重也相互蔑视。现在，从西班牙归来的恺撒略胜一筹，他是新一代领导者候选人中的代表人物。

36　一座新的庞培的半身雕像出现在西塞罗身边，随即渐弱并缓缓移动至恺撒身旁，与西塞罗明显保持距离。克拉苏的半身像从另一侧进入镜头，靠近恺撒。

37　维特先生画外音：这一代年轻人毫无顾忌地拿起武器要得到他们想要的东西。他们看似精力过剩、轻佻叛逆、胸无大志，但实则并不是头脑简单四肢发达的纨绔子弟。他们内心涌动着欲望，血液里流淌着对天下的渴望。苏拉与马里乌斯的身后英雄辈出，他们追随着内在的自我，如同强烈的自恋者最终将欲望构筑于自己的梦境。对于他们，成功就是一切，盛宴不可能终结于碌碌无为者。苏拉和马里乌斯的童子军已经由狼崽成长为足以统治荒原的群狼，而渴望成为群狼之首的竞争者是队伍最前面的尤利西斯·恺撒、利西尼乌斯·克拉苏（Licinius Crassus）以及庞培·马格努斯（Pompeius Magnus）。苏拉和马里乌斯有各自的追随者，共同的抱负使他们找到了彼此，曾经满嘴血腥味的狼崽，如今都想成为狼群的领导者。计划是隐秘的，竞争已经开始，如果说有人可以对此施加影响，那一定是西塞罗。

38　镜头切入小镇阿尔皮诺（Arpino）：似乎就是西塞罗的时代，小镇一片祥和，普通的一天。

39　维特先生画外音：以其出身背景，马库斯·图利乌斯·西塞罗似乎并不可能登上这个伟大帝国的权力顶峰。但西塞罗是 Homo Novus——一个新人——一个活生生的例子，他的成功表明，即便是普通人也可以在共和国获得很好的发展，这证明了共和国的体制，只要努力，就一定能有所作为。西塞罗不是贵族，也并非来自根深叶茂的大家族，恰恰相反，他只是来自罗马近郊的小山村阿尔皮诺。但对于他和他的功绩，我们却非常了解，为什么？

40　镜头渐进：穿过一扇窗，一个男人在口述，另一个男人在速记。画外音继续：因为历史是胜利者书写的，西塞罗非常明白这一点，因而他非常注重留下自己的记录。通过书籍、信件以及助手提洛（Tiro），西塞罗的大部分生平活动得以保存。事实上，提洛是速记的发明者，主人滔滔不绝的话语迫使他开发出了一套简单的快速记录符号。因为每次演讲过后，西塞罗都要求有书面记录、要求发表他的演说词。正因如此，历史记住了西塞罗。

41　镜头切回罗马市政广场：年轻、消瘦、神情紧张的西塞罗独自穿过广场，走向背景中聚集的人群。画外音继续：他的家族并不知道一位伟大的罗马政治家即将登上历史舞台。西塞罗的家族虽然富足，但也只是地方大户，最多能涉足一些区域性议题。如果想要在罗马出人头地，只有两种可能：要么走军旅仕途，要么从事职业法律事务。无论是军旅仕途还是法律事务，都必须寻求支持者并构筑同盟。鉴于西塞罗瘦弱的体质，只有法律事务一条路可行。尽管如此，世界政治的中心距离他童年时代的舞台并不遥远。我们唯一知晓的是，人们争相出现在西塞罗的学校，观看这位巧舌如簧的年轻学生如何与他的老师辩论。故事渐渐变为逸事，或许只有作家西塞罗本人才知道究竟发生过什么。

古罗马世界原点
高波 摄影

42 镜头从罗马市政广场转向帕拉蒂尼高地（the Palatine Hill）：全景，重现出历史上的高档住宅区。画外音继续着：西塞罗的父亲是一位文学爱好者，在罗马有强大的朋友圈，当时伟大的修辞学家、演说家如安东尼和克拉苏等都住在帕拉蒂尼高地。借此，西塞罗的父亲为儿子做出了最好的安排：确保其得到最好的教育。于是，西塞罗和他

的兄弟昆图斯（Quintus），得以和其他贵族阶层的年轻人一样，师从当时最伟大的演讲艺术家与政治学学者。

43　镜头切入：五个人正在一起讨论问题，一位长者在说话，年轻的西塞罗在前面，正在偷偷地观察另一个人，当西塞罗看向其他方向时，那个人转过头来看了看。画外音继续：就在那时，西塞罗遇到了一位同龄人，尤利西斯·恺撒。随着时间的推移，他们成了最大的竞争对手。从来没有一个学习小组有如此强大的成员。正因如此，这两位政坛上强大的对手都非常了解对方，完全知晓对方的号召力与说服力。虽然他们时常夸奖对方的言辞技巧，但他们之间更多的是相互竞争，由此带来的紧张关系始终笼罩在他们周围，也体现在他们的言论中。他们从小就互为榜样，互为对手，相互激励，相互促进。那时，不会有人知道，这两人都将为罗马的未来而牺牲自己的生命，尽管他们相互对立。

44 镜头切换：罗马的一条街道，可以看到年轻的西塞罗正穿过街道，背景在不断地变化。画外音：由于体质关系，我不可能从事军旅生涯。西塞罗说，政坛才是他的疆域，从他可以穿上长袍去法庭的那一刻起，他的职业生涯就已经定型了。

45 街拍：以西塞罗为中心，背景不断变化着，一位老者出现在西塞罗旁边。画外音：在这里，他被介绍给了那个时代伟大的法律学家斯凯沃拉（Scaevola），法学理论、法律程序以及法学修辞等西塞罗需要的一切，斯凯沃拉都可以给他。而事实证明，西塞罗也是一个好学生。

46 老者淡出镜头，一个身着军服的人策马走过。画外音：他在庞培·马格努斯的父亲庞培·斯特拉博（Pompeius Strabo）的庇护下，迅速而高效地完成了义务兵役。西塞罗还是个学徒，他的时代还没有到来。

47 骑手渐出，背景中出现一群暴徒，随机地攻击路人。西塞罗出现在前台，又走开了。画外音：对每一位罗马公民来说，苏拉和马里乌斯之间的内战都是一场考验。权力平衡被打破，暴力事件大幅增加，政治的野蛮表露无遗，西塞罗对此目瞪口呆。但每一朵乌云的背后都蕴藏着某种希望。

48 暴徒消失了，穿着希腊服装的老者出现了（注意观察，这里要传递的信息是希腊）。画外音：希腊哲学家涌入这座城市，因为罗马的大敌米特里达梯六世占领了雅典。希腊新柏拉图学院的伊壁鸠鲁派（Epicureans）和斯多葛派（Stoics）都来到了罗马，在大师们的影响下，西塞罗如饥似渴，只等机会到来。

49 镜头聚焦于西塞罗：他坚定地走向法庭，审判委员会的法官们坐在一侧，而控辩双方坐在另一侧。画外音：那一刻已经到来，他所有的努力都将得到回报。一场审判即将开始，此时的西塞罗已是一名律师。

50 镜头切换，访谈古代法律专家蒂滕·李哈斯（Titten Livhus）：任何律师都不会去碰西克图斯·罗修斯（Sextus Roscius）的案子。西克图斯来自阿美利亚（Armeria），有人指控他谋杀了自己的父亲。先不论事实如何，其指控本身就非常蹊跷。这个案子没有公诉人，起诉是通过私人资助的律师提起的，幕后的操控者是希腊人克里索戈努斯（Chrysogonus）。他曾经是独裁者苏拉的家奴，现在专门负责为苏拉打击政敌、攫取财富，手段下作。西克图斯的父亲是在罗马的一条街道上被杀的，之后，他的 13 处财产被转移给了克里索戈努斯及其代理人。现在，西克图斯又受到指控，为他辩护也意味着同苏拉政府作对。这就是为什么没有人愿意接手这个案子。而此时，年轻的西塞罗出手了。

51 镜头回到法庭：西塞罗在那里，听一位检察官在陈述，我们只能听到他的声音。镜头扫过听众席，可以看到大家不屑的表情。

52 维特先生画外音：要说服法官与陪审团，使他们明白眼前的东西是不真实的，这需要强大的修辞技巧。而那正是这位年仅 26 岁看似

古代修辞学

修辞学越来越受关注，大学及商学院也纷纷将其引入课程目录。西方文化中最古老的学科正在全面回归。奥巴马的成功当选充分显示了这一学科的力量。我们生活在一个公共领域亲密化的时代，领导者与政治家们必须能够熟练掌控新媒体、新渠道，必须能够熟练地协调处理公众形象与个人隐私之间的交互关系，因为真实性被提升到了前所未有的高度。除此之外，随着信息可获取性的大幅提高，我们了解世界的方式也在不断地多元化。这意味着对现象的解读也更加多元化，换句话说，对同一事务的不同解读之间的竞争变得更加激烈，同时，也意味着一叶障目的可能性在增加。因此，那些不善修辞的人常常会居于下风。事实上，修辞学一直都是领导者、政治家及其权力拥有者们非常重视的一门学科。为什么？就因为它的实用性。修辞学关乎意义的建构，而意义是我们必须要拥有的。修辞学是一门战略性学科，其目标是影响与说服。比真理更为重要的是去证明那是可能的。文字就是武器，掌握它们的人，可以改变世界。

修辞学起源于希腊，是希腊公民文化的体现，与市民活动、政治集会以及开明严肃的辩论直接相关。亚里士多德著有《修辞学》一书，修辞被看作是一门独立的学科，直至今天，《修辞学》的大部分内容仍然适用，诸如结构论。基于亚里士多德的学说，有三种不同类型的辩论方法：一是逻格斯（Logos），依据事实与论证来进行说服听众。二是精神气质（Ethos），演讲者通过自己的鲜明个性与个人信誉来施加影响。根据亚里士多德的说法，演讲者本身就是最有力的辩论工具。你是否注意过，呆滞的目光会暴露出演说者们内心的惶恐与不安，有谁会相信一个自己都无法说服自己的人呢？这里的关键之处是可信度。三是情感认同（Pathos），通过唤醒听众的同理心来征服听众。这关乎情感，即是否能够在情感上打动听众，其最终目标是共同的行动。这是演讲的最高形态，常见于政坛辩论。不同类型的演讲适用于不同的场合：法律修辞的目的是指导、启发、教导、指控、捍卫以及促进理解；餐后演讲旨在取悦、建议、娱乐以及唤起信心和同情心；而政治演讲的目的则是触动、感召、劝进、号召，或是劝阻或是煽动人们采取行动。

无聊下作的卑鄙伎俩？远非如此，恰恰相反，这是非常智慧的体现。事实上，对于我们大多数人而言，修辞学都是欠缺的一课，其最重要的收获或者说逻格斯就是：你知道自己为什么要开口说话吗？你知道自己想说些什么吗？你知道自己演讲的目的是什么吗？亚里士多德以终极目的（Telos）来表达你希望与你的听众来共同达成的目标。如果不知道终极目的是什么，那只能是无的放矢。如同要召开一个会议，你应当清楚地知道会议的目的是什么，结论或是行动计划又是什么。会议之前，你应该对自己的发言即论点进行梳理。许多人吃惊地发现，当他们认真梳理呈现自己的思想时，其观点会发生变化。主张（Tese）涉及以下内容：你的主要论点是什么？对于议题，你有什么看法？简而言之，主张（Tese）或论述（Thesis）就是演讲文本。它类似一个声明，一个以完整的句子表达的声明，其中包括了明确的指向、完整的结构与清晰的描述。尝试一下，看看如何将自己的想法变得准确清晰完整。更简单地讲，就是把你的想法说出来。这看似简单，但实属不易。这样的声明值得认真准备。后来的希腊人沿用了西塞罗推崇的五角星法，即演讲者在其修辞情境中必须要考虑五件事：我是谁？我要说什么？我应该使用哪些词语和表达方式？我的听众是谁？我面临的境况如何？最后一点至关重要，必须提前准备。为了做到这一点，几乎所有的政治家，在出巡演讲之前都会提前派出自己的助手去了解民情以及当地风俗等。这既关乎有效性也关乎礼貌，更是修辞学的需要。这也意味着认真对待他人、尊重他人、把握分寸。对于每个演讲者，五角星法都非常重要。

作为一个整体，人类青睐智慧、愿望以及情感，而修辞学则以此取向为基础，关乎如何清晰地、简明地陈述，如何有效地辩论，如何透过情感来引起听众的共鸣，如何让听众追随你的声音、拥戴你的立场，最终且不限于赢得信任并建立信誉。作为演讲者，你必须知道你想说什么、如何说、对谁说以及为什么说，这需要修辞学。而很多人恰恰忽略了这一点。为了培养修辞技巧，必须对主题进行分析并使之系统化，不能简单地依靠直觉。在很多情况下，人们在不知道自己要说什么之前就张开了嘴，等意识到这一点时为时已晚。记住，讲台不是我们做准备的地方。

弱不禁风的律师所拥有的。有人建议他为这个案子辩护，但并没有告诉他这个案子复杂的背景。无论怎样，西塞罗有自己的辩护策略。

53　检方的陈述在掌声中结束了，西塞罗站了起来。镜头将后面的公共画廊拉近，同时可以听到克里索戈努斯的声音。画外音：辩护开始，西塞罗就点出克里索戈努斯的名字，并提请人们注意谁才是这场谋杀的受益者。

54　西塞罗凝视着人群：片刻之后，他大声问道："这对谁有好处？"

55　镜头转向听众席：人们纷纷交头接耳。画外音：对啊！谁从中获利，谁才有动机，这才是找出罪犯的方法。

56　镜头切回西塞罗：他的声音渐渐被淹没，镜头依次转向一脸懵懂的被告西克图斯，愤怒的检察官，期待中的公众，惊恐的克里索戈努斯。画外音：所有的控告者都因被告的父亲去世而发了财，而被告的儿子则既失去了父亲又失去了继承权，非常奇怪，相当可疑。作为演说家，西塞罗表现出了正直与勇气，进而，作为政治家，西塞罗也展现出了他的不凡气度，其总结辩护如下。

57　镜头切回到西塞罗：他的声音掷地有声。本案具有特别的意义，它危及的不仅仅是被告的生命。设想一下，假如犯罪分子可以随心所欲地杀人，并夺走他们的财产，那么，这对于在座的诸位意味着什么？下一个是否就轮到我们了？今天，感到害怕的应当不仅仅是西克图斯·罗修斯，而是在座的所有人。我们想要一个什么样的社会？一个虚荣的、前希腊式的社会吗？！在那里，某些人可以随意杀死他不喜欢的人，夺取他们的财产，再嫁祸于其继承人。

58　镜头切到：欢呼的听众，克里索戈努斯转身离开。

59　李哈斯教授：这是一个政治演讲，来自一位未来的政治家。西克图斯被无罪释放，西塞罗一战成名，而克里索戈努斯则消失了。

60　镜头切换到汉森教授办公室：当时的独裁统治者苏拉有何反应，坦率地说，我们并不知道。我们知道的是，在最后的辩论中，西塞罗强调，苏拉对此并不知情，因为他确信苏拉支持一个公正独立的司法体系。这的确是明智的做法，因为指责苏拉意味着必败无疑。此案之后，克里索戈努斯消失得无影无踪，如同触犯行规的黑手党成员，被穿上一双水泥鞋，丢进了河里。

61　镜头切换到雅典的斯托阿（Stoa）：这里是希腊德尔斐神庙的一个柱廊，男人们三三两两地闲逛，交谈。维特先生的画外音：审判结束后，西塞罗前往雅典。他在给友人的信中解释说，他健康状况不佳，需要旅行休整。希腊温和的气候非常宜人。西塞罗可能感觉到苏拉会使他窒息。前往南欧度假的确是明智之举，尤其是在你想逃避的情况下。

62　镜头转向雅典宁静的橄榄园：穿着希腊服装的男人们在悠闲地交谈。画外音继续：又一次，西塞罗遇到了哲学，他去了那个凡是有野心的政治家都渴望去朝圣的岛屿——罗德岛，那是一个以哲学氛围闻名于世的地方。在那里，西塞罗找到了古希腊著名学者、斯多葛学派哲学家波希多尼（Posidonius），当然还有在罗马时结交的著名演说家阿波罗尼乌斯·莫隆。西塞罗如饥似渴地汲取大师们的智慧。

63　镜头切换：维特先生在古典修辞学副教授哈尔多·斯文森（Halldor Svendsen）的办公室。斯文森：对于有政治抱负、渴望学习的年轻人，一定可以从那里得到某些启示。对于想要提升政治水准的人，那里也是理想的聚会场所。修辞学家、公共演讲专家是理想的形象，无论起点如何，通过说服听众，出色的修辞学家或是具有感召力的演说家都可以企及非凡的成就。此时的西塞罗已经是一名律师，是相当专业的负责立案的检察官。在罗德岛，他一定会意识到如何策略性地利用自己的优势。老练的辩论者在任何场合都能找到恰当的论点，不论是社交晚宴还是公众聚会，你都可能会遇到过这样的人，他们始终控制着谈话的节奏，进退有据，既有争论，也有妥协。他们浸淫其中，如鱼得水。事实上，修辞学家善于设定问题，再利用自己已掌握的东西抛出论点。这是一种政治技能。当感觉到在某个议题上，大多数人持相反的观点时，他们会有意引发一场争论以达成对某种意向的肯定。这些人有一个共同的哲学倾向，即怀疑论。在罗得岛，学派林立，既有专注于自然哲学、人类特质和人与自然关系的斯多葛派，又有被称为怀疑论的相对主义，他们假设：几件事情可以同时为真，或者同时为假。既然如此，试图揭示事物的本质即是徒劳的，也就意味着几乎任何观点都可以被认为是真实的。因此，如何赢得争论就成了训练政治家的重要内容。对此，亚里士多德有清晰的表述：修辞就是能在任何情形下找出潜在说服因素的能力。谁有能力这么做呢？这显然不是毫无经验的人可以驾驭的。因此，修辞不适合于小男孩的初级教育。修辞需要生活经验、实践以及心理上的准备。但修辞应当是通识教育的一部分，在你准备出征之前必须要有所了解。宽泛的知识储备是修辞的基础，但信息要以热情、可信以及富于情感的方式传递给听众。掌握高超的修辞技巧非常不易，但其四两拨千斤的功效赢得了所有政治家的青睐。

64 维特先生：如果有机会到罗德岛旅游，试着去感受一下修辞的魅力。

65 斯文森：西塞罗曾经亲口说过，在罗德岛，他学习掌握了如何系统地准备，如何精彩地演讲。他深谙语调的功效，有时候，低沉的声音会胜过高声的叫喊。他意识到自己挥动手臂的习惯会分散听众的注意力，演讲者应当专注，从而引导听众。他注重把控演讲的节奏，通过一段精心准备的开场白，引导听众进入主题。他也学习掌握了如何进行辩论：首先要使辩题清晰无误，接着抛出最强的论据，再从强到弱依次列出其余论点，在导出结论之前再附加一个强有力的证据。当然，在正面论述自己的观点的同时，一个好的辩手也提到了对手的观点并加以否定。作为结束，演讲者推出自己不容辩驳的结论。所有这一切，其目的都是说服听众。某种意义上，这重新定义了“演员”一词，它去除了“演员”一词中隐含的虚假、非学术的成分，而将艺术甚至律法的内涵加入其中。因为演员通过表演，传递了强大的信息。正如希腊人所说，修辞是一种风格、一种艺术形式，其不言而喻的目的就是赢得他人的灵魂。

66　镜头切换到一座现代图书馆：“古典文学”部分，管理员从书架上拉出一本书，观众可以辨认出书名。维特先生画外音：这种教育为西塞罗打下了坚实的基础，后来，他写了一本书——《论修辞》（*De Oratore*）。西塞罗以他青年时的导师克拉苏、斯凯沃拉以及其他人之间的对话与讨论的形式全面论述了修辞学。这是西塞罗对演讲艺术的贡献。

67　镜头切换：西塞罗正在和一位老人——阿波罗尼乌斯·莫隆闲谈，无法听到他们的声音。维特先生画外音：与此同时，有事发生了。苏拉死了。 对于西塞罗，这意味着必须要回家了。作为罗德岛上校长级的人物，阿波罗尼乌斯以自己的方式加持了西塞罗。

68　阿波罗尼乌斯的声音，音量渐强：我为希腊感到难过，因为我明白，我们唯一值得自豪的东西就是教育与学习，现在，多亏了你，罗马人也是一样。

69 维特先生画外音：的确如此！西塞罗打道回府，并开始全身心地投入罗马的政坛。随即，他被任命为负责西西里岛的两名财务主管之一。

70 镜头淡出西塞罗和阿波罗尼乌斯，切换到西西里熙熙攘攘的城市街道：西塞罗与其他公职人员，不时向左右两侧的路人致意，艳阳高照。维特先生画外音：西塞罗在西西里岛的时光远不及马里奥·普佐（Mario Puzo）的《教父》那样精彩。那时的西西里，裙带关系、腐败以及人情交易盛行，财务总管负责关税、贸易税收、行政开支以及监督等，很容易靠贿赂发财。但西塞罗洁身自好秉公行事，因此颇受西西里人的尊重，被认为是可以信赖的人。不仅如此，更重要的是，人们从西塞罗身上看到的是一个可靠的系统，而该系统正是共和国的最高目标，符合人民的最大利益。西塞罗在西西里的职业生涯取得了成功。但当任期结束，西塞罗被派往那不勒斯（Naples）附近的普泰奥利（Puteoli）（现在的波佐利 Pozzuoli）时，他非常失望，因为那里不仅没人能认出他，而且人们似乎对他的所作所为一点也不感兴趣。由于西西里充沛的阳光留下的印记，相识的人甚至问他是否曾经在非洲任职。后来，西塞罗曾多次评论道：“人们的听力远远不如他们的视力，如果你打算事业有成，你就应该设法与他人保持密切的联系，不要长时间远离他们，记得他们的名字，知道他们的动向，及时更新他们的社会关系，并确保大家都知道你。”现实教导了西塞罗：对于想要攀登政治高峰的人来说，偏远地区的外派任务或职位等同于仕途的自杀。

《论修辞》

如何进行一场精彩的演讲，西塞罗的总结非常具体实用：必须要考虑的不仅是演讲的目的、陈述的立场、演讲者的个人风格、听众以及演讲背景，还必须要遵循一个五角星原则，即内容与论点（Inventio）、内容的组织与结构（dispositio）、信息的存储与整合（memoria）、准确简洁与恰当的表达（elocutio）以及自信且富于激情的呈现（actio）。如果你确切地知道自己要说什么、知道如何准确清晰地说、知道以什么样的语气与节奏说，那么，演讲的效果一定不错，因为你无须时时查看讲稿，你的自信与投入自然会感染到听众。

毋庸置疑，内容与论点是演讲的核心，是一场演说的徽标，与你要达到的效果密切相关。因此，你必须要找出坚实的论点。在某种意义上，内容与论点令人兴奋，因为它代表着你的构思与创新！论据客观存在，但要恰当地呈现，你必须仔细组织发掘。如为某事辩护，那么你必须深入研究其背景并发掘出尽可能多的论据。这需要准备，以收集整理具有说服力的材料。如果尝试以下方法，你会发现构建论据的过程也就是创造与分析的过程：让大家围坐在一起，相反争论反驳自己笃信的观点，不知不觉中，你就已经开始发掘你从未意识到的论点。

在准备工作中，西塞罗不仅善于分析，同样也注重范例，这将使你的演讲更具说服力。除此之外，对比与类比也是很好的论据，听众会迫使自己证实这些想法，如果他们理解了，他们就会接受。西塞罗还指出，将人们不愿讨论的假设前提隐藏起来，让听众自己得出结论同样重要，也就是通常所说的简易三段论或省略三段论（Enthymeme），即一个不完整的论点，需要听众自己来完善其中有意忽略的部分。事实上，我们每天都在使用这种演绎推理，例如：如果你声称权力的有效执行促成了结果，人们自然会认为，权力得到执行是件好事，但这里隐藏了一个前提，即促成结果的所有手段都是不错的。这就是被隐藏的前提，或是有意无意地被我们忽略的前提。对比与类比手法相对容易理解，例如：你不能不打碎鸡蛋就做成一份煎蛋，即要得到一份煎蛋就必须要消耗几枚鸡蛋。当然，如果要使用这样的比喻，就一定要确认食谱是否适用于那种场合。一场精彩的演讲会起到事半功倍的效果，尽管我们并不确信所有的一切都合乎逻辑，为了理解他人所说的话，我们有时会略过前提，自己去填补某些论证中的空白，我们不可能时刻保持计算机般的分析处理能力。西塞罗证明了修辞之强大，甚至不一定时时严格遵循逻辑法则。

71 镜头切换：大型别墅的内部庭院，西塞罗在接待来自西西里岛的客人。可以看出，他们一脸严肃，其中一位客人递给西塞罗一卷莎草纸卷轴，他们交谈着，西塞罗看起来很担心。画外音：长期以来，希腊人形成了自己独有的特质，即政治家风度。他们认为，人是有德行的，人能够意识到自己与他人的关联并愿意为此承担责任。这是希腊人所谓的人性，基于此，他们将智慧、勇气、正义以及中庸四种特质称之为人的基本美德。这些美德，西塞罗身上多有体现。在罗修斯的案件中，他表现出了勇气；在西西里岛，他表现出正义与中庸。很快，西塞罗就会有机会继续践行这些美德。在古代罗马，有一种做法被称为保护人机制，即当某位派驻行省的官员任职结束后，他将作为那个行省的保护者与发言人，在元老院维护其利益。作为西西里人的保护者与发言人，西塞罗家中常有来自西西里的客人。现在，他们来告诉西塞罗，罗马上流社会的某个人正在西西里盘剥他们。西塞罗决心出面制止。

72 镜头切回西西里：一个人穿过街道，但没有与任何人交谈，他被许多的公职人员围着，路人经过时，眼神里流露出愤怒，可以辨认出他们其中一人就是造访西塞罗的人。画外音：西塞罗痛恨腐败与混乱的行政管理，如果当权者与政客们自己都不遵守自己制定的规则，那么共和国就无法运作。在苏拉统治期间，腐败迅速蔓延，甚至法庭也

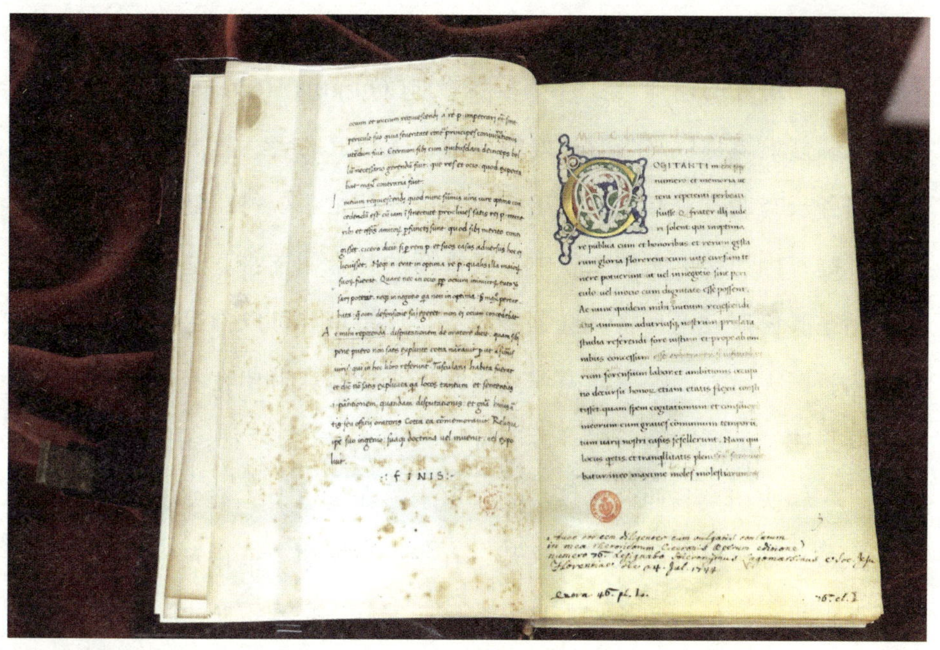

《论修辞》，1410 年佛罗伦萨出版，美第奇洛伦佐图书馆收藏

是如此。组成陪审团的成员都是经过精心挑选的、被收买的人，以保护被指控犯有犯罪活动的当权者，故法庭不具任何威慑力。盖乌斯·维雷斯（Gaius Verres）是苏拉富有的朋友，拥有贵族背景，在独裁者的保护下，他过得很好，强大的梅特鲁斯（Metellus）家族也是他的保护者。西塞罗离开后，维雷斯担任西西里总督、副摄政以及总财务官长达三年。苏拉死后，维雷斯依旧我行我素，毫不收敛，因此获得了巨额的财富以及顶级艺术收藏品，其中甚至包括几件希腊的稀世珍宝。

73　镜头切换至汉森教授办公室：西西里人受够了，他们请求西塞罗提出指控。西塞罗通常只做辩护律师，但这次，他破例做了控方律师，更要挑战的是“刑不上大夫”的传统，因为无法容忍统治阶层滥用权力谋取私利。维雷斯闻风而动，立即采取相应的预防措施。首先，聘请罗马最好的律师，昆图斯·霍滕修斯（Quintus Hortensius）为他辩护，霍滕修斯堪称罗马当时最好的律师，无出其右者；其次，指使其前任财务长与朋友对西塞罗提出指控，以使他忙于应付；最后，试图推迟开庭，因为接下来的一年中，维雷斯的几个朋友将竞选公职，其中包括霍滕修斯自己也将竞选领事职务。如果审判可以推迟一年，那么结果将毫无悬念。如果西塞罗要按时提交指控，就要在不到 4 个月的时间里收集证据并准备所有诉讼材料，时间会非常紧张，困难可想而知。

74 镜头切换到西西里岛：一名男子走在街道上，被突然出现的武装人员抓捕，周围的人四散逃开，有些也被抓捕。维特先生画外音：在西西里，新任行政长官来自梅特鲁斯家族，是维雷斯的私人密友。人们被恐吓、被收买，如同烈日下的露水，证人们蒸发了。维雷斯将其部分财产投资于西西里岛以换取豁免，即便西塞罗强力推动，相关公文也未能送达。

75 镜头切换：西塞罗正在与田间劳作的农民低声交谈，他们面色严峻，时刻观察着周围的情况。画外音：人们不敢公开接受询问，西塞罗不得不深入乡间原野调查取证，而且必须秘密进行。

76 镜头切换回到罗马：维雷斯正在与几个男人秘密交谈着，他面带微笑，自信满满。画外音：回到罗马，又遇到了新问题，审判被推迟到了 8 月。秋天来了，这是休假与节庆的季节。同时，元老院也在选举来年的领导人。梅特鲁斯家族的一名成员被选为次年的领事，另一名成员则被任命为专门处理腐败案件的法院院长，还有一位成员被选中接替他在西西里岛的兄弟，梅特鲁斯家族无处不在。西塞罗则被选为来年的艾迪尔（aedile）——负责公共服务与传统节假日庆典的官员，那是一个要带给大众欢乐的职务，也就是说，西塞罗很快就将扮演一个类似于马戏团小丑的角色。他必须抓紧时间，因为到了8月中旬，大家基本就无心工作了，而一旦拖到明年，这个案子基本也就没有什么意义了。

77　镜头切换：庭审现场，有非常多的听众，可以看到，西塞罗平静地走上前去，开始了控方陈述。维特先生画外音：8月4日，凭借着巨大的勇气与神圣的使命感，西塞罗终于突破层层障碍，收集到大量不利于维雷斯的证据，将案件推到了开庭审判阶段。他不失优雅地开场陈述，拉开了指控的序幕：作为罗马最富有的人之一，在担任常住地方监督官的几年里，怎么可能积累财富呢？事实上，这正是腐败的定义。

78　西塞罗转身面对陪审团，对他们说：在此，你们会看到一个人，其行为已经受到广泛的谴责，简言之，如果他希望表达的东西是正确的，那么，其巨大财富已揭示出他的虚伪。

79　镜头切入斯文森副教授：注意修辞，在公众面前，西塞罗将其论点置于对维雷斯的有罪推定之上，但问题是，这是否被允许。

80　镜头切回到西塞罗，面对陪审团：这是真的，但有你们这样可敬的人，有马尼乌斯·阿西利乌斯·格拉布里奥（Manius Acilius Glabrio）担任执政官，我无法理解维雷斯到底要做什么？！

81　斯文森：通过这一陈述，明确区分了被告与尊贵的审判者。

82　面对陪审团，西塞罗继续说：在祖国的这场危机中，你得到了一份礼物，一份意外的大礼，如同从天而降。因为这赋予你一个独特的机会，可以使这个法庭乃至国家不那么不受欢迎，解救我们名声狼藉的司法体系。

83 斯文森：假如你是陪审团成员并相信西塞罗，你会感到愧疚；假如反腐败委员会对此司空见惯，那么最好改变现状。腐败的存在毋庸置疑，以此为前提，西塞罗借助于修辞技巧，暗示了此案的差异性、相似性以及显而易见的结果。如果要制止腐败，结论是显而易见的。

84 镜头切换：画面显示维雷斯与霍滕修斯之间激烈的谈话。维特先生画外音：此次出击使维雷斯与他的朋友们陷入了困境，因为审判不再可能被推迟，霍滕修斯进退失据，再也没说什么，退出了，我们知道这意味着什么！随即，不等判决结果，维雷斯就带着他的大笔财产逃往了马萨利亚（Massalia），即现在的法国马赛，离开之前，他付给霍滕修斯一笔数目不详的代理费为他提出上诉。

85 镜头切回到法庭：西塞罗和霍滕修斯站在中间，轮流发言，他们不时面对陪审团，也相互交谈。维特先生画外音：霍滕修斯的表现令人十分不解，面对西塞罗的猛烈攻击，他未能组织有效的抵抗，在发表辩护词时，西塞罗插话并强烈暗示他与维雷斯的亲密关系，霍滕修斯无奈地说："西塞罗，我无法揭示所有的一切。"一个意味深长的回复："真是这样吗？"西塞罗说道："连你都不清楚，你家里到底有些什么吗？"

86 镜头切换：公众的欢呼、欢笑与鼓掌，霍滕修斯消失了，西塞罗只身一人站在那里。画外音：案情越来越清楚，维雷斯被判犯有腐败罪。霍滕修斯受到嘲讽，失去了罗马帝国最好律师的桂冠。现在，舞台属于西塞罗，他深知自己已赢得了元老院的尊重。

87 西塞罗仍然处于画面中央，不同的涉案人与陪审团成员不断地浮现又消失，提示观众西塞罗的律师仕途一帆风顺。维特先生画外音：随着时间的推移，西塞罗的成功使他有可能将目光投向执政官的位置。

维雷斯的案件表明，由于利益冲突的存在，元老院成员不应单独任命陪审团。于是，被苏拉逐出司法体系的罗马骑士团得以恢复，西塞罗获得了盟友。进而，故事的轮廓开始变得清晰。大家公认西塞罗是维护共和国最高利益的楷模。在一系列案件中，他代表着正义，与不公正、贪婪以及损害共和国利益的行为进行了不懈的斗争。在经办的数个典型案件中，西塞罗的思考方式是一致的：即将案件从简单的个人事务推广拓展至涉及全体公民乃至共和国未来的高度，以全体民众的视角为出发点。对罗修斯的案件是这样，对维尔雷的案件也是这样：这是一个案件，你们，作为陪审团成员，将对被告是否有罪做出裁决，同样，罗马人民也将对你们做出裁决。只要西塞罗参与其中，他都使现实的案件与每个未来罗马公民的利益联系在一起，并将责任置于裁决者的肩上。从法学权威与公众人物那里学到的东西，从哲学家那里学到的东西、从政治家以及修辞学家那里学到的东西，也包括在西西里及公共服务部门的工作经验，等等一切，都被西塞罗应用于使罗马整体利益最大化。西塞罗的言辞基于他高尚尊贵的价值观与信仰，尽管他主修法学修辞，但政治修辞是他真正的疆场。观念成于经历。

88 西塞罗仍然处于画面中央，一位高级官员装束的男子愤怒地从西塞罗身边走过，加入到一群同样装束同样表情的人中间。画外音：但西塞罗毕竟是个新人，饱受贵族们的诟病，他的外省背景不断被讥讽，但他的幽默刻薄反击总使对手陷入尴尬的境地。西塞罗的舌头以犀利而著称。有一次，当被问及父系血统，西塞罗尖酸刻薄地反击道：“我的血统很清楚，但你的母亲却会令你感到很困惑。”成功带来了一定的自由，其中包括言论的自由，但它也会带给你强大的敌人。现在开始，西塞罗就成了罗马政治的一部分。

时代精髓的传统维度

自身的生活体验与个人信誉是西塞罗的优势，他常常将作为普通公民的生活体验与作为律师的辩护经验运用于自己的演讲之中。个人信誉与修辞中所体现的时代精髓直接关乎你的陈述是否真实可信，简言之，你自己是否相信自己所说的话。所谓修辞的诚信就是避免有意误导他人。如果感觉到修辞中的虚伪与欺诈，人们自然不会去相信。同时，真实性也意味着不能自欺欺人，对于那些欺骗性的言辞，人们也只有听听作罢。演讲者可以精心构筑一套强大的说辞，但你的立场与观点取决于你自己。

在亚里士多德的修辞学中，我们根据三个维度来评估他人的可信度：

· 良好的理念与智慧

· 高贵的品质与美德

· 善良的意图与愿望

这三种评判维度一直沿用至今。良好的理念与智慧意味着你对于所谈论的内容是否有准确的认知以及切身的体验，如果谈论的内容在你的认知与理解范围之内，其可信度必然增加。高贵的品质与美德意味着说话的人在多大程度上是个好人，正直、公正以及尊重他人的观点会提升你的可信度，人们也更乐于接受。这也与第三种维度相关联，特别是当你对受众比较了解并乐于为他们提供服务时。亚里士多德特别注重这三个维度，时至今日，仍然有效。但毋庸置疑，社会的变化翻天覆地，搜索引擎既可以方便地查询你的信誉度，也可以方便地揭示你在某些领域的理念以及智慧，更进一步，通过互联网，我们甚至可以了解某人一生致力于什么、兴趣爱好是什么以及空闲时做些什么。这涉及某人是否具备高贵的品质与美德。但是，我们也不应低估最后一个维度，即善良的意图与愿望。许多政客们不仅并未表现出对对手的尊重，相反有太多的人身攻击与侮辱。亚里士多德认为，人身攻击与侮辱是危险的行为，因为攻击者会留给听众一个坏印象。西塞罗经常如此，也因此树敌颇多。他之所以这样做，那是因为其善良的意图与愿望针对的是他真正的听众，但无论如何，西塞罗有一条不可逾越的底线，即在演讲以及与他人互动中，总是尽力展示自己高贵的品质与美德。

89　镜头切换，汉森教授：公元前66年，西塞罗被任命为共和国最高共同执政官，负责监督指导行政及司法工作。此时，罗马共和国面临着一系列的危机与挑战，包括居住土地短缺、贫富差别加剧、债务沉重、小麦贸易陷入停顿，等等，整个社会充斥着不安的气氛。

90　镜头切换：一个身着东方服饰的男子，显然是一位统治者，宫廷侍从环绕在其左右。 维特先生画外音：二十多年来，本都国王（The King of Pontus）米特里达梯（Mithridates）是一位罕见的国王、将军，其狡诈与耐力无可匹敌，他一直在给罗马人制造麻烦，是罗马的克星。马里乌斯及苏拉都曾经与其交战，米特里达梯总能起死回生。他常常身披一件颇似亚历山大大帝风格的披风，其铸造的硬币上有半月和一颗星星，那是希腊风格，是剑的象征。他名字的意思是“由米特拉斯（Mithras）赐予”，而米特拉斯是海盗所崇拜的神。米特里达梯已变成了土匪、痞子、投机分子以及受压迫阶层的偶像。尽管米特里达梯不是希腊人，但他声称自己与曾经统治东西方的神祗珀尔修斯（Perseus）有血缘关系。对罗马来说，米特里达梯是个危险的野心家。

91　镜头切换：一名年轻的罗马军官，策马驰骋于疆场，面对强大的敌军，他转身口授命令，随即一马当先冲向敌军。画外音继续中：因此，西塞罗支持派遣军队征战东方，并认为应充分授权统军将领，包括签署和平条约的权力。此时，共和国内部的社会压力正在日益增大。作为罗马讨伐大军的统帅，庞培·马格努斯整装待发。这位苏拉的宠儿、青年军官中的佼佼者、战无不胜的年轻将领、地中海海盗的克星，正在成为一个新的军事超人，其风格颇似亚历山大大帝。马格努斯意思是“少年屠夫”，是苏拉嘲笑他的绰号，但庞培喜欢这个名字。庞培的表现一直都非常出色，特别是最近一次，他击败了斯巴达克斯，镇压了奴隶起义，广受赞誉。利器在手，拯救共和国已非庞培莫属。曾经的苏拉也面临同样的际遇，昨日的伤痛犹在！当强大的敌人被击败，谁可以约束伟大的将领？！尽管如此，西塞罗还是投了赞成票。全权授予庞培负责指挥对米特里达梯的战争，为期三年。结果出乎所有人的预料，仅仅三个月，庞培就结束了工作，甚至他还顺路征服了耶路撒冷。现在，唯一的问题是，如何安排班师回朝的庞培。

92 镜头切回到汉森教授：对此，很多人都有疑问，为什么西塞罗会同意赋予一个人以如此大的权力。是为了赢得一个强大的盟友？还是试图在弥合不同社会阶层的紧张关系？因为人们喜欢庞培，特别是他的军事才能，但同时，保守的元老院议员们鄙视他在职业生涯中的投机行为、他的军事冒险以及在他担任执政官时对公民否决权的推崇。西塞罗居于其中，他的一侧是元老院的保守派，另一侧是人民喜爱的新星。如果能在宪法的框架内、在不损害共和国整体利益的情况下实现不同阶层之间的和谐共处，那么，西塞罗就成功了。他以音乐来比喻阶级和谐（concordia ordinum），要说服社会的不同群体在宪法的框架内来共同演奏一部乐曲。虽然保守派不喜欢西塞罗对庞培的支持，但他尊重他们的利益。

93 镜头切到元老院大厅：讲坛两边都是人，一个人站在中间演讲，但显然没有得到希望的回应，到投票的环节，只有少数人举手。镜头聚焦到西塞罗，只见他双臂交叉站在那里。维特先生画外音：在他执政官的任期结束时，他与保守派一起对克拉苏掠夺埃及的提议投了反对票。罗马最富有的人，一位地产大亨，曾经是苏拉的心腹爱将，黑名单的监督者，他觊觎埃及的财富。如果庞培要去东方，他也想去，但被元老院所否决。西塞罗把自己变成了真正的敌人。

94　镜头继续，此时西塞罗站在中间，得到许多资深议员的掌声。但可以看到，一个身处前排低层座位上的年轻人，显然对西塞罗很不满意，他的身后是一排年轻男子，同样也表现出不满的神情。镜头将这个年轻人慢慢拉近。画外音：公元前63年的执政官选举并没有什么悬念，六名候选人，西塞罗是其中之一。西塞罗拥有几大阵营的支持，他真正的对手只有一个，即卢修斯·塞尔吉乌斯·喀提林（Lucius Sergius Catilina）。他是西塞罗的对手，与西塞罗年纪相仿，这是二人的唯一相似之处。喀提林出身贵族，其家族具有悠久的历史，但这个家族近三百年来未曾登顶罗马的政治顶峰。现在，喀提林试图为家族赢得荣誉。他推出激进的土地改革方案，包括将财产分配给人民，甚至提议取消所有的债务。当然，对于那些陷入债务困境的人来说，这非常具有吸引力，况且在人数上，他们并不是少数派。喀提林代表着许多人，涉及社会各阶层。但就其解决方案而言，只是个财产的重新分配问题。

95　镜头切换到汉森教授：他们的论点是，全面取消债务将是一项坚实的社会改革，将抵消所有随着时间的推移而变得愈加显著的巨大差距。毋庸置疑，喀提林本身就是这项改革的受益者，由于政治贿赂与奢华无度的生活，喀提林正面临迫在眉睫的财务灾难。在罗马，喀提林比任何人都更能代表放荡的生活方式，对于来自富裕家庭，衣着叛逆、行为粗鲁、挥霍无度的纨绔子弟，喀提林就是他们的代言人，是叛逆的年轻人的代表。某种意义上，喀提林就像是挪威作家亨利克·易卜生笔下的那个吹着诱人长笛的捕鼠者。

96　镜头切换到罗马街景：昏暗的街道被火把照亮，镜头跟随喀提林，随着画外音，场景在不断地变化，一群暴徒掠过，野蛮地抢劫，一条小巷里，喀提林与一个女人激情拥抱，继而在昏暗的角落，可疑的人与喀提林交谈。维特先生画外音：一时间，喀提林的名声大噪，进而妇孺皆知。内战期间，他支持苏拉，并参与谋杀了西塞罗的堂兄弟。嗜血的内战结束，喀提林并未被追究责任。坊间的流言蜚语从未使大家失去兴趣：据称，喀提林与一个贞洁修女发生了关系，那是西塞罗妻子同父异母的妹妹，因此，喀提林与西塞罗的厮杀包含着很大的个人恩怨。又据传言称，喀提林更加阴狠，他要杀了自己的儿子，因为儿子爱上了一个抛弃了前夫与孩子的女人。还有传闻，喀提林几乎无所不能，几年前，他被指控敲诈勒索，但又无罪释放，还担任了非洲总督。现在，喀提林投身于罗马的暗夜，在这里，他引诱着他的支持者，无论他们是罪犯、暴徒、赌徒还是反叛分子，也无论他们是年轻人、狂热分子、猎奇者还是夜总会的常客。他慷慨解囊，投资于年轻人。

97 罗马街景镜头继续：观众可以辨认出恺撒和克拉苏，他们两人慢慢地走向喀提林，相互点点头擦肩而过，没有对话。画外音：喀提林聪明、激进、下作。尤利乌斯·恺撒也蠢蠢欲动。他们两人有许多相似之处。喀提林激励着许多人，特别是上流社会的年轻人，他们曾在军队服役赢得过奖章与荣誉，他们想要的更多。同样，对于财富的拥有者，放荡的生活方式总是充满着诱惑。而尤利乌斯·恺撒则被称为所有女人中的男人或是所有男人中的女人，那暗示着活跃的夜生活，即便是罗马首富也为之着迷。这里的权力基于人民，但人们从未见过这样的人，人们见到的不是代表着士兵就是代表着财富。起初，克拉苏支持喀提林，但他是城里最大的高利贷者，对他来讲，取消所有债务绝对不是个好消息，很快，他就会清理门户。

98 罗马街景镜头继续：在光线昏暗的小街上，喀提林在与他人交谈，观众可以辨认出恺撒和克拉苏，他们二人处于外围，并未加入谈话。画外音还在继续：有传言称，喀提林授意谋杀了两年前参选的议员，也有人认为克拉苏和恺撒才是真正的谋杀者，但这一切都只是捕风捉影的猜疑与街头巷尾的八卦，并无实质意义。喀提林想要的到底是什么？通向权力顶峰的手段有很多，其中之一就是选举。

99　镜头切回到元老院：西塞罗站在讲坛上，大多数参议员鼓掌表示支持，喀提林及其一小群盟友坐在一起，显然非常失望。画外音：元老院杜绝了花钱购买选票的可能性，西塞罗的修辞能力得以发挥，最终高票当选，喀提林也失去了共同执政的机会。这使得喀提林及支持者非常失望。而西塞罗赢得了参议院的信任，登上了罗马政坛的最高层。他维护等级制度，抑制腐败，并将富裕的行省马其顿交由共同执政的盖乌斯·安东尼乌斯·亥博达（Gaius Antonius Hybrida）管理，巩固了自己的地位。现在的喀提林如同一只受到伤害的野兽，不久他将会揭示共和国的虚弱程度。

100　镜头切换到汉森教授：新年伊始，西塞罗走马上任，但开局并不顺利。1 月份，一位护民官提出一项激进的土地改革私有法案。许多人认为，克拉苏与恺撒是该项法案的背后支持者。西塞罗发现自己不得不拒绝该项提案，因为它不会被大家所接受。这是一个考验，也是一个征兆，它表明，在未来的日子里，执政官的位置不好坐。但现在真正引起元老院注意的却是喀提林，他将所有的赌注都押在了一张牌上，那就是下一届执政官选举。但西塞罗却在选举前推动了禁止贿赂的立法，对此，喀提林怒不可遏。

101　镜头切回元老院：站在中间的喀提林向坐在参议席前排的西塞罗提问。画外音：在元老院激烈的辩论中，喀提林看向西塞罗，上下打量一番。

102 喀提林：我看到两具躯体，一个瘦弱无力，但头大；而另一个结实强壮，但根本没有头。作为我，为我的头找个更好的躯体，这有什么错？

103 镜头聚焦在喀提林：随后，他转向元老院其他议员，大量的嘘声，几秒钟后，画外音继续：尽管比喻生动形象，但议员们的摇头与哄笑表明了态度。喀提林名誉扫地，元老院成为喀提林的敌人，其执政官竞选毫无胜算可言。而对于西塞罗，今后不得不在他的长袍下多穿一件铠甲。

104 镜头回到现代，维特先生站在元老院议事堂（Curia Julia）遗址的外面，面对镜头：渐渐地，事情开始变得捉摸不定，言辞也变得尖锐激烈，政治氛围日趋诡异，喀提林也更加肆无忌惮。对于一个资不抵债的人、一个叛逆的灵魂，他强调没有人比他更渴望发动一场革命。情况日趋严重，苏拉时期各地的退伍老兵一直期待着能拥有自己的土地，他们乐于看到目前的形势，并蠢蠢欲动。情报显示，某些事情即将发生。西塞罗出行开始有保镖陪同，一些元老院议员也变得焦躁不安。西塞罗害怕什么呢？他又为什么这么害怕？

105 镜头切回当时的罗马：非常暗淡的画面，喀提林的声音，几个男人的密会，用刀割破自己的手，会议结束。随后，一个小男孩被他们杀死，尸体被裹挟隐藏起来。维特先生画外音：有传言说，喀提林已经变成了昼伏夜出的猫头鹰，他召集秘密会议，发誓要谋杀议员，包括执政官。据称，一个男孩被谋杀用以献祭。

106 镜头切换：西塞罗的家，内院，夜晚，西塞罗先接待了一位女性客人，然后是三名男性。画外音：西塞罗接到密报，自己将被暗杀。

其中一名杀手向他的情人吹嘘喀提林的计划，但其情人未能保守秘密。富尔维娅（Fulvia）是西塞罗妻子的朋友，听到消息后晚上就来报信。作为政治家，西塞罗比以往任何时候都更加警惕，也更加害怕，这不足为奇。公元前 63 年 10 月 20 日午夜，罗马首富克拉苏在两位议员的陪同下出现在西塞罗的家门口，他声称自己的门人收到了许多封给知名人士的信，但没有回信地址，他打开写给自己的那封，信里说，喀提林正在组织一场大屠杀，克拉苏应该尽快离开罗马。

107　镜头切回到元老院遗址前的维特先生：我们永远也不会知道发件人是谁，是喀提林本人还是他的同谋？或是克拉苏本人在欲盖弥彰？不管怎样，信件促使西塞罗做出了反应，他带着这些信件去了参议院，并亲自将它们交给了收件人，使信件内容得以公开。元老院做出回应，授权西塞罗启动元老院终极议决（senatus consultum ultimum）。那是罗马元老院的一项特别法令，即宣布进入紧急状态，允许暂停普通法律规则，赋予执政官以绝对的权力。不久，普雷内斯特（Praeneste）叛乱的消息传到了罗马，证实了信件中的内容。而喀提林声称自己是无辜的，并提议说愿意被软禁在西塞罗的家中以自证清白。西塞罗自然不情愿天天面对喀提林，所以看守喀提林的任务被指派给了一位官员，一位梅特鲁斯家族的成员，其夫人是罗马的蛇蝎美人克劳迪娅，而克劳迪娅的兄弟是普布利乌斯・克劳狄乌斯・普尔喀 (Publius Clodius Pulcher），一个完全不可预测的角色。

108　镜头切回罗马街景：夜晚，可以看到喀提林偷偷从一扇门中溜出，与等在那里的几个人进行了简短的交谈。一个女人从阴影中走了出来，她听到了谈话，急忙朝另一个方向走去。画外音：回想起来，发生的事情也许并不令人惊讶，喀提林并未受到严格看管，他仍在指挥策划一场即将到来的灾难：不同的人会在城市的不同地方发动袭击，国家将被分裂为几个区域性政权，喀提林正在准备逃跑。但富尔维娅于 11 月 8 日向西塞罗通报了一切。当喀提林被传唤到元老院时，西塞罗已抓住了公牛的犄角。

109　镜头切换：元老院议事大厅，西塞罗站在中间，所有议员都聚集在另一边，喀提林独自坐在对面下边的长凳上。西塞罗：喀提林，你真打算要测试我们的底线吗？你疯子般的行为还想持续多久？你恣意妄为、胆大包天，到底想干什么？！你真以为你躲得过帕拉蒂尼高地夜间巡逻的哨兵吗？还有那些城里的守卫，那些深感恐惧的公民，那些厌恶你的真正的爱国者，甚至在这个戒备森严的会场，看看这里所有的人！你以为你的所作所为我们不知道吗？你以为我们拿你没办法吗？你以为我们不知道你昨晚、前一晚和谁在一起、干了些什么吗？

110　西塞罗切换到拉丁语（英文字幕）：O tempora，o mores！哦，这个时代，这样的文明！

111　画面继续：喀提林起身站立，与西塞罗激烈争吵，尽管我们听不到他们的声音。维特先生画外音：喀提林被孤立，就如同一个被遗弃的灵魂。而喀提林则指责西塞罗是外来者，是暴发户，他不接受未经审判的任何控罪。西塞罗提议元老院考虑驱逐喀提林，大厅陷入一片寂静，没有回应。见状，西塞罗高声提问道：元老院是否同意流放可敬的卡图卢斯，即议会里一位年长的政治家。顿时，大厅里爆发出一致的反对声音。而高声的反对赋予了沉默以同意的含义。

112　镜头切至亚壁大道（Via Appia）：画面中可以看到背景中的罗马，喀提林及大队随行人员，全都骑在马上，可以看出他们神情严肃，意志坚定，镜头保持静止，马队缓缓经过，直至消失。画外音：喀提林说他需要考虑一下，随即回家，收拾行李，带领300多名武装人员逃离了罗马。因为他知道西塞罗言论的后果，他明白坚持下去的危险。喀提林在随行行李中，装着一副象征执政官权力的细木手杖与斧头，那是他认为自己应有的地位的象征。他还带着马里乌斯的旗帜以及象征胜利的银鹰。元老院得知此事后，一致认为喀提林形同叛国，每个人都要为内战做好准备了，以西塞罗为首。

113　镜头切回元老院遗址前，维特先生：最终发现，喀提林离开后，罗马仍然有人在策划政变，并试图与前来冒犯罗马的高卢部落达成某种协议。整座城市就如同一个火药桶，哪怕是微小的火花也可能引起剧烈的爆炸。高卢部落被西塞罗置于包围圈内，并被要求充当双重间谍。于是，政变领导者的计划被发现了，躲在阴影中的反叛者陆续露出了真容，该怎么处置他们？

114　镜头中，维特先生结束了评论，走进元老院的大门。画面回到当时的罗马，首先看到西塞罗和恺撒在一个肃穆的会议上辩论着什么，一个第三者起身发言，一直不停地说，最后，愤怒的恺撒被卫兵拖走，西塞罗独自站在那里，很满意的样子。画外音：西塞罗提议无须审判，立即执行死刑，然后将最后的决定权交予了元老院，其理由是这个案件不证自明。而这引起了恺撒的强烈反对，他在元老院的议员面前大声质疑西塞罗。对于一个以文明与法治著称的共和国，不经审判就执行死刑无论如何是不对的。作为妥协，恺撒提议剥夺喀提林的公民权并实施流放。元老院迟疑不决，即使是在最富经验的前执政官卡图卢斯也支持西塞罗的情况下，元老院也未能做出决定。这时，卡托站了起来，房间里鸦雀无声，斯多葛派的卡托在元老院享有很高的威望。尽管他比西塞罗和恺撒都年轻，但他的身上有着某种独特的东西，那

政治修辞及其魅力

西塞罗首先是一位政治演说家。修辞学中充满着人们未曾意识到的魅力，政治修辞更是修辞学中的皇冠。魅力型领导者同时也是富有远见的领导者，他们将公开演讲作为其重要工具。在他们的演讲中，我们可以发现某些共通的东西。希腊语 charisma 一词的意思是恩典的神圣礼物，这使我们误以为它只是独特个体的先天特质。但研究表明，这个礼物是聆听者赠予的，文化的内涵蕴藏其中。行为、背景与受众至关重要。演讲者和听众之间的互动是最令人着迷的地方。对于魅力型领导者，危机意味着机会。社会前景的不确定性越大，魅力型领导者就越受欢迎，当然，他们也就越容易登上高位。社会学创始人之一马克斯·韦伯（Max Weber）声称，魅力型权威本身就可以构成权力的基础。结合最新的修辞学研究成果，可以说魅力型权威是由几个条件共同促成的。斯德哥尔摩经济学院（the Stockholm School of Economics）的莉娜·利德·安德森（Lena Lid Andersson）指出，以下要素的组合即可促成魅力型权威的出现：

- 一个有独特天赋的人
- 危机或困难的出现
- 可以解决危机 / 困难的想法
- 被这个人的想法所吸引的追随者
- 过往成功经验的加持

莉娜声称，黑人总统奥巴马的成功印证了前四个要素的重要性。很多研究都提到了归因理论（attribution theory）——即领导者的行为与构成魅

些代表着老式传统的东西。议员们普遍认为他是所有人中最诚实，也是最勤奋的共和派。据说，他善于透过纷乱的现象看到本质，比别人更能看穿迷雾。他也是一个勇于讲真话的人，尽管具有相当的权威，但他经常不修边幅，赤脚走来走去，他不惧怕任何人。如果别人不同

力型权威之间的关联。一个共同的发现是，富于魅力的领导者总会热情地谈论愿景，并以此来激发其追随者：他们讨论变革、分享愿景，建构共同的价值观；他们回顾过去、立足当下、展望未来；他们传递共同的理念、坚定的信仰与期许。这其中大部分内容都涉及修辞，甚至取决于修辞。不仅如此，魅力型领导者还很包容、很用心，并能及时表达自己的感恩与赞赏。他们有能力，可信赖，且愿意承担个人风险。这些特质有些是与生俱来的，有些可以通过学习得来。当然，所处环境的文化预期与受众的社会经验是外延。所以说，归因理论适用于解释魅力型领导者研究中的文化差异。例如，美国与北欧地区就有着明显的差异。许多人认为，在较为保守的斯堪的纳维亚文化中，感性的、情绪化的修辞易于被忽略。不同的地域往往有不同的文化偏好。在美国，政治修辞常常以共识、感受、希望、梦想以及求变为特征，魅力型领导者常常是个人英雄式人物。而在北欧地区，修辞常常与常识、道德以及呼吁有关，与社区、安全以及与社会福利相关的价值观有关，其魅力型领导者更"属于"人民，更注重榜样的力量。在北欧，一个内向的、缺乏吸引力的形象是完全可以接受的，只要他具有正直、诚实、坚韧以及谦卑等特质。诸如瑞典外交家、前联合国秘书长达格·哈马舍尔德（Dag Hammarskjöld），挪威政治家、前首相科勒·伊萨赫森·维洛克（Kåre Isaachsen Willoch），挪威著名体育评论员阿恩·谢伊（Arne Scheie），以及挪威天文协会领导者、著名天文学家努特·约根·罗德·德加德（Knut Jørgen Røed Ødegaard）等著名的北欧人物永远不可能在美国取得成功。当然，这并不代表他们的能力不足，而是北欧地区的情感取向与北美地区有很大的差别。

意他的提议，他就会占据讲坛，一直讲到太阳下山，讲到会议结束。他讲话的耐力令所有议员叹服。总之，卡托所向披靡。现在，卡托上场了，他支持西塞罗！在热烈的掌声中，恺撒被激怒了，警卫不得不将这位守卫议会精神的骑士抬出了元老院。提案获得通过。

西塞罗抨击喀提林
By Cesare Maccari
https://www.senato.it/4364?testo_generico=1098&documento=25

115 镜头切回到汉森教授：当天晚上，城里的叛乱被平息。在市政广场，西塞罗宣布了这一消息，人们称赞欢呼。虽然喀提林也率军攻击共和国的军队，但同样也被击退了。喀提林就像个魔鬼，直到最后被消灭。西塞罗拯救了共和国，罗马终于恢复了平静，而恺撒则遁入了阴影之中。卡托后来将西塞罗称为 Pater Patriae——国父，以表彰他的不朽贡献。终其一生，恺撒都非常厌恶卡托。西塞罗终于成了共和国的救世主。然而物极必反，一切终将毁于西塞罗。

116　镜头切回罗马，维特先生离开元老院议事大厅遗址，走向远处的斗兽场，镜头围绕着他转了一圈，他边走边说：但乌云并未彻底消散，阴影中，某些事情慢慢地开始发酵。西塞罗卸任执政官时，有人开始策划他的倒台，当然也有人认为，不应该轻易地放过他对喀提林所做的一切。

117　维特先生行至灶神维斯塔神庙（the Temple of Vesta），镜头对着他，背景是帕拉蒂尼高地和西塞罗家的遗址，他继续说道：西塞罗的舞台只能是公开的论坛，而不是隐秘的议程或是阴暗的角落。恺撒被任命为大法官，去了西班牙，但很快就回来了。城市上空的乌云变得愈加黑暗。一旦缺少了公开的争辩与讨论，修辞学家就会无用武之地，不仅如此，在幕后操纵者的指使下，他们更会受到街头暴徒的骚扰、侮辱甚至殴打。阶级之间的共识与政治的艺术充其量不过如此，罗马仍旧处于悲惨的境地。

118　画面静止，本章终。

动之以情

在针对喀提林的演讲中，很明显，西塞罗使用了政治化的修辞与感性化的表达方式。那被称为修辞的最高形式，非常依赖于演讲者的演说技巧与艺术表现力。在罗德岛，著名演说家莫隆就曾直言不讳地指出：表演就是一切。如果你要激励人们去行动，你必须触动他们的切身感受。亚里士多德也曾说过，感受会触动人们的灵魂，改变人们的认知。作为演讲者，应当能够捕捉人们的感受，能够触及并驱动人们的灵魂！这是演讲大师驰骋的疆域，它要求敏锐的感知力、高度得体的言行以及娴熟的修辞技巧。20 世纪 60 年代美国总统约翰·肯尼迪在柏林的演讲《我是柏林人》堪称精彩范例。一场精彩的演讲所能发挥的作用超乎你的想象。当然，一旦演讲者别有企图，所带来的后果也将是灾难性的。正是由于这种难以归化的可变性，即便是那些推崇正义、审慎、坚毅以及节制等古典理想的政治家也可能被自己的笨拙表现所摧毁。

西塞罗是当之无愧的演讲大师。他知道什么最能影响受众，也知道某些信息应当被反复强调。就演讲内容而言，伟大的演讲家们通常不会强调个体与群体之间的差别，而是善于将个体特征推广至群体；他们强调个人以赢得大家的认同；他们通过对比及一次次的重复，提出每个人都关心的问题，进而抛出解决方案；他们通过控制演讲的节奏，延缓透露每个人都认为呼之欲出的答案，并在此过程中，明确否认受众对事态的理解，且一遍遍地重复强调受众自己拥有解决方案；他们解决难题，正视现实；他们强调价值观，强调共同的未来；他们使用图像化语言，善于渲染情绪。约翰·肯尼迪（John F. Kennedy）、马丁·路德·金（Martin Luther King）和巴拉克·奥巴马都是如此，更不用说西塞罗。

研究表明，一场演讲是否成功，是否能打动受众，往往取决于演讲者的魅力与临场表现。也就是说，表现出高度的激情、善于使用富于表现力的肢体语言、旁征博引、善于与受众有大量的目光交融、把握恰当的音调与节奏以及面部表情的配合等，都是很好的演讲技巧。但西塞罗被教导说，不可以过度使用这些技术性的手段，那将使你变得僵硬造作，变得像是在扮演某个角色。而真正的核心所在是：演员不表演。在进入角色之前，无论是在存在感上，还是在情感上，优秀的演员都会进入角色，而不是去表演。电影《出租车司机》（*Taxi Driver*）中的罗伯特·德·尼罗、《闪灵》（*The Shining*）中的杰克·尼科尔森（Jack Nicholson）都是如此。明知那只是电影故事，但因其表演是如此令人着迷，以至于你乐于身陷其中。换句话说，他们的表演如此出色，以至于观众相信他们。同时，由于自身的投入，他们自己也相信自己所扮演的角色。在这个意义上，所有的虚假都成了真实。西塞罗直截了当地说："如果我自己没有切身的感受，我就根本无法去打动我的听众。"西塞罗将喀提林看作是真正的对手，因为喀提林同样遵循着他自己的感受，他们旗鼓相当！

没有经过严格的举证、审判，我们也就无法相信喀提林是否真的在策划一场政变，但我们知道，基于喀提林的所有表现，西塞罗确信他有罪。因此，喀提林在某个时候变成了西塞罗描述的喀提林。在元老院，在针对喀提林的最后陈述中，西塞罗以高度修辞化的语言开场，他一针见血地指出："无须考虑我的安危，但你们要替你们自己以及你们的孩子想想！如果担任执政官意味着我将承受深深的焦虑、悲伤与痛苦，那么我将勇敢而快乐地面对这一切，只要共和国的权威、你们以及罗马人民的安全得到保障，这就是我的工作！"我们没有理由质疑西塞罗，他视自己为救世主，肩负着尊贵的使命，庄严地宣告他的敌人即罗马的敌人，他与他们不共戴天。这是一种强大的、潜在的认同，认同自己的身份与社会地位。感性与激情的叠加可以产生强大的效果，成功的演讲一定是道之以诚（ethos）动之以情（pathos）。表演者的内心是真挚的，情感是炙热的，但你必须善于感知、敢于拥有那样的情感。这近似于情感世界的自我认知，且这种认知应当是显著的、可容忍的、可呈现的以及可表述的。只有处于这样的情感之中，你才可能打动他人。但需要注意的是，梦幻与现实之间的差别可能因此而变得模糊不清，因为情感同样也会作用于自己，产生自我激励的作用。这就是为什么说魅力型领导者特别善于打动受众，以至于使他们陷入自我欺骗、自我诱导的危险境地。最强大的演讲者是最诚实、最真诚同时也是最富于激情的，这就是为什么他们也是脆弱的，特别是当他们反观自己时。没有人比他们自己更能威慑到最伟大的修辞学家。西塞罗也将为自己的自信与高贵优雅的修辞付出代价。

推荐读物

1.Arthur Hugh Clough(red.)(2001).*Plutarch's Lives.The Dryden Translation*.London:Random House.

2.Cicero,M.T.(2006).*Letters to Atticus*.London:William Heinemann.

3.Cicero,M.T.(1971).*Taler*.Til norsk ved Henning Morland. Oslo:Aschehoug&Co.

4.Aristoteles(2006).*Retorikk*.Oslo:Vidarforlaget A/S.

5.Everitt,A.(2001).*Cicero–A turbulent Life*.London:John Myrray Ltd.

6.Kjeldsen,J.E.(2004).*Rerorikk i var tid*.Oslo:Spartacus Forlag.

西塞罗

美酒节

By Lawrence Alma-Tadema, National Gallery of Victoria. Public Domain

第四章　克劳狄乌斯的觉醒

“这个时代是我们的！”

“小声点，卡图卢斯，小心被赶出去。”

“别怕，亲爱的维拉努斯（Veranus），瞧瞧这地方，马匹都进来了，还有什么不行的？何况是我们，嘿！罗马人！天天开派对，看这里，我才是开屏的孔雀！”

“瞧，这里有张桌子，咱坐吧。”

“税吏，上酒，上好酒！”

“说得好，满上，给盖乌斯·辛纳（Gaius Cinna），给维拉努斯的年轻朋友齐拉斯（Zielas），他吃着比提尼亚（Bithynia）的酸葡萄长大，现在应当尝尝罗马的味道了。以朱庇特之名，人人都有份！让齐拉斯见识见识罗马，也让我们为不朽的克劳狄乌斯干杯！想想当年的那家伙，那些歇斯底里的狂欢，纠缠于喋喋不休的西塞罗。一边去吧！那是伟大帝国的悲哀，而那之前的一切才叫精彩。”

“来吧，兄弟们！甭管那些前朝的遗老遗少，梦中呓语就是他们生活的全部。新的时代已经来临，这是属于我们的时代，让我们向激情致敬，用爱的语言，世界是我们的，将为我们而癫狂。”

“说得好，亲爱的卡图卢斯，但要低调，低调再低调！”

“知道啦，请听听我的新诗：献给你，我亲爱的法布勒斯（Fabullus）。”

我的法布勒斯，很快，我们将一起开怀畅饮，
就在几天之后，如果上天眷顾，
我们将赴一场盛宴，
记着带上那个阳光灿烂的女孩，还有葡萄美酒，
当然更不能少了机智与欢笑。
如果，我说，带到这里来，我迷人的朋友，

卡图卢斯

诗人卡图卢斯是本章最出彩的人物。历史上确有其人，可惜我们对他知之甚少，根据他的诗歌，我们可以想象他的形象。

盖乌斯·瓦列利乌斯·卡图卢斯（Gaius Valerius Catullus）来自维罗纳（Verona）的贵族家庭。有证据表明，恺撒在维罗纳时，曾经在他家下榻。在加尔达湖（Lake Garda）边，有一座他家族的消夏别墅。当代的我们也十分欣赏那里的景色。那里，有一座古老的罗马别墅遗址被发掘出来，被开发为旅游景点，并命名为卡图卢斯遗迹（Le grotte di Catullo）。现代浪漫主义者认为，遗址壁画上描绘的那个年轻、精力充沛的男子就是卡图卢斯本人。这未尝不是一种善意的猜想。卡图卢斯被认为是具批判精神的前卫诗人，同时，他也擅长于细腻缠绵的情诗。对于今天的读者而言，对肉体性爱的直接描述是令人难以接受的，更受欢迎的则是华丽朦胧的词句。

年轻的卡图卢斯曾经游历过许多地方，有证据表明，他曾在小亚细亚的比提尼亚待过一年。现在，他来到了罗马，迅速变成了青年诗人中的翘楚。对于新一代青年，讴歌人的日常感受远远胜于对传统拉丁语韵律的遵

诗人

By Lawrence Alma-Tadema, Philadelphia Museum of Art. Public Domain

循，他们更加注重个人体验，他们认为，诗歌就应当关乎有血有肉的人，关乎现实与梦想，关乎常人的喜怒哀乐。对此，西塞罗不以为然，略带贬义地称他们为新时代派、新诗人。如同我们对卡图卢斯本人的了解一样，今天的我们对这个圈子也知之甚少。本章所描绘的几个个体形象基本来自卡图卢斯的诗歌。当然，这些诗歌充其量只是某些片段，但这也赋予了我们以更大的自由度与更大的空间，以此来想象那个时代的年轻人，想象他们对现实生活及传统意义的反叛。反观如今的现实社会，与2000年前会有什么不同吗？

今天所知的卡图卢斯的所有诗歌几乎都发现于维罗纳，在他生前及身后相当长的时期内，几乎没有证据表明卡图卢斯以及“新时代派”对当时的主流社会产生过什么影响。直到中世纪晚期，卡图卢斯才得以“复活”。从那时起，他的诗歌直接或间接地影响、启发了彼特拉克（Petrarch）、莎士比亚（Shakespeare）、拉伯雷（Rabelais）、柯勒律治（Coleridge）、拜伦（Byron）等诸多人文大师。有些人认为，卡图卢斯诗歌中隐约蕴含着他对女同性恋者的爱慕，而另一些人则更加认同其诗歌对残酷现实的生动描述。

你会大饱口福，因为蜘蛛已在卡图卢斯的钱包里编上了网，
但回报是丰盛的，那将是一份纯洁的爱，
或者更加甜美更加优雅的东西。
因为我会带给你爱的甜蜜，那是维纳斯与丘比特的爱意，
当你嗅到时，
法布卢斯，你会恳求诸神让你成为鼻子！

“太棒啦，亲爱的卡图卢斯，我来了！看，酒终于来了！”

“哦，可否透露一下，你说的那个阳光灿烂的女孩是谁？”

“亲爱的齐拉斯，那是我永远都不可能拥有的人。纵然酗酒放纵，纵然其他女人的身体，都无法使我忘记她。”

听着女孩，你的鼻子并不小巧，
双足并不修长美丽，
双眸也并非晶莹剔透。
你的手指并非纤细灵动，
嘴唇并非樱红娇艳，
你不知道吗？
你的舌头还非常滑稽可笑，
然而，我却有疑问 ——
哦，借贷者的心上人，
福尔米亚（Formiae）——谦卑行事，
诸行省民众
当真审视你的美？
因为我曾听过他们比较
你与莱斯比娅（Lesbia）——
哦，我们身处无知无畏的时代！

“哈哈，露馅啦！看看咱们的卡图卢斯，还没怎么喝好像就高啦，念念不忘他的心上人，那个称之为莱斯比娅的女人。看看他那个样子，摇头摆尾，三十出头，好像有无法释怀的悲伤。嘘……卡图卢斯先生好像要发表演讲了。”

“朋友们！我无精打采，我想要回归从前吗？回归到那个曾经爱过、曾经被爱过的，那么纯洁无瑕的卡图卢斯吗？还是我宁愿让你看到的，那个在桌子上，用爱的刀插进自己的腹部，遭受致命的伤痛，却用自己的伤痛写成不朽诗歌的卡图卢斯？卡图卢斯被欲望所吞噬，但却无法拥有他所爱的人。但是我们，我们被赋予了一位热情洋溢的诗人。而欲望和爱是不朽诗歌的灵魂，这样的东西是无论如何也学不到的。”

“你不是少了个竞争对手吗，卡图卢斯？她的兄弟上周去世了。”

“我已经想到了，维拉努斯。”

莱斯比乌斯（Lesbius）很英俊，不是吗？莱斯比娅（Lesbia）喜欢他

胜过你和你的全体人民，卡图卢斯，
但是，那个漂亮男孩还是会出卖卡图卢斯和他的人民，
只有他找到朋友们的三个吻。

“哈哈，莱斯比娅很漂亮，说得好，一语双关（Lesbian，女同性恋者。——译者注）。普尔彻（Pulcher，家族姓氏，拉丁语表示美丽。——译者注）家族一直以来就是一群纨绔子弟，他们都姓美丽！”

“对不起，你说的是谁？老实说，我一点都不懂，卡图卢斯爱上了莱斯比娅还是克劳迪娅？莱斯比娅与克劳迪娅是同一个人？他都干了些什么？”

“哈！齐拉斯，你真是个乡巴佬，怎么啥都不知道！知道吗？罗马就

是几个古老的贵族家族争权夺利的地方，腐败盛行，帝国正在分崩离析。莱斯比乌斯就是克劳狄乌斯，而莱斯比娅就是克劳迪娅，他俩既是兄妹也是哥们。”

“哦，是这样啊，卡图卢斯，算了吧，毕竟克劳狄乌斯·普尔彻算是个好人，他和他妹妹睡过也只是一个谣言。花花公子西塞罗特别喜欢八卦谣言，他和克劳狄乌斯、克劳迪娅的关系都不算好，而克劳狄乌斯毕竟是我们的朋友！就是太莽撞了，常常盲目出击，但他一生都在挑战帝国的机制，他现在走了，在阿皮亚（Appia）大街上被无耻地暗杀了，太卑鄙了。现在，甚至有传言说庞培将被任命为唯一的执政官，以恢复克劳狄乌斯带来的混乱，如果真是这样，那我情愿混乱！”

“嗨，你们，小声点！整个餐厅都听到了你们的无知，悄悄喝酒吧，别再瞎扯了。”

“哦，伊格内修斯（Egnatius）！吵到你啦？那听听这个。”

欲望、酒馆与你，还有那床上的伙伴，
你认为只有自己才有灵性吗？
许诺你自己放荡不羁，
而其余人都是老色鬼？
但是，因为你坐着，毫无品位，
不管一百还是两百，总是排成一行，
你以为我不敢去？
两百，马上！
想想吧！我将涂鸦画满
你的小酒馆。
因为我的女孩，逃离了我的怀抱。

我的爱无人能及，
为了她我情愿赴汤蹈火，
现在，她独自坐在这里，所有人，好人与富翁，
还有那未被诅咒的耻辱。
你们这些在小巷里偷偷摸摸的人，
正在侮辱她，而你首当其冲。
伊格内修斯，道貌岸然的伪君子之一，
凯尔特比利亚（Celtiberia）乡巴佬的子孙，
蓄须以为荣，
实则沾满了西班牙的尿液。

“卡图卢斯，冷静点！我不怕被赶出去，也不怕伊格内修斯，尽管他的朋友们现在个个都跃跃欲试，但还是要可怜那些酒杯！”

“可我们不是新时代的主人吗？”

“那是当然啦！现在我得去撒尿，看住我的座，维拉努斯。一群乡巴佬不是高谈阔论什么道德与传统，就是他们的牲畜，真是粗俗至极。”

“法布卢斯，卡图卢斯时常自我放纵、自我鞭挞，你来讲讲我们这年头到底咋样？”

“既然我们称自己为‘新一代’，好比是当年酿造的新酒，那陈年老酒就好比是牛圈中的山羊尿，最扯淡的生活信条就是陈年的一定好。阳光之下，有谁会一心向往自己的暮年？！只有那些个怕死的老家伙才推崇所谓的陈年来抬高自己，可怜的老家伙们！”

“哈哈！元老院的老家伙们应当不会同意你的观点！嗨，卡图卢斯回来了，这么快！嘿，新酒没尿湿自己的裤子？”

“你要是这意思，我也没啥不同意的，先生们，假如我有机会面对元

老院的老家伙们，我要说的不是他们心目中看重的东西，借用新酒的说法，新酒总比巴西利卡艾米利亚（Basilica Emilia）柱廊下卖的陈醋要好吧？但话又说回来，既然是酒，我们就应当想想那些辉煌年代的佳酿，想想布鲁图斯、辛辛那图斯、曼利乌斯（Manlius），他们可以称得上是黄金时代的高贵佳酿。与他们相比，我们啥也不是。”

“哈，法布卢斯傲慢地论述了陈年老酒与尊重老酒的人。”

“法布卢斯喝醉了，亲爱的齐拉斯！他说的是现在的贵族，就算那些老政治家们也会站在我们一边，干杯！”

“但是没有人会认为克劳狄乌斯·普尔彻可以与布鲁图斯或辛辛那图斯相提并论，对吧？”

“那当然不具可比性，或恰恰相反，他揭露了我们时代的可怜状况，本质上，他代表着现在的罗马。克劳狄乌斯是个纯正罗马苏拉传统的拙劣模仿者，他自身拥有高贵的血统，将一切安排得井井有条，适时维护社会关系，但也愿意比别人更进一步。我敢说，基于制度性虚幻，贵族们浮夸到了荒谬的地步。克劳狄乌斯蓄意戳破了虚伪的游戏，向整个城市展露出无处不在的虚伪，而那本应昭示着我们高度的文明。”

“打倒贵族统治！”

“哎，亲爱的法布卢斯，咱还是谈谈女人与美酒吧。罗马的根都烂掉了，罗马不需要我们。”

“就是，齐拉斯，克劳狄乌斯·普尔彻兴许真与他妹妹乱伦了，可怜的卡图卢斯……”

“兴许？她就是罗马的公共马车！”

“……哈，他男扮女装，混入女性博纳迪（Bona Dea）仪式，真是令人恶心，罗马的丑闻。”

浴室里的哲学

为了了解西塞罗、恺撒以及他们所处的时代，我们必须要了解他们的思维方式。在罗马，思想流派林立，某人归属于哪个流派非同小可，因为不同的流派主张不同，其政治观点与治理手段也不尽相同。

当然，希腊文化占据着主导地位，在与东方的米特里达梯人及波斯人的征战中，许多希腊哲学家移居罗马躲避战乱。这些哲学家中，有几位因为质疑现实而遭到流放：卡涅德（Carneades）就是其中之一。他是怀疑论大师，热情地宣扬相对主义，认为不存在绝对正义——因而遭到驱逐。卡涅德的思想体系非常复杂，在辩论中常常占据上风。哲学既为学者提供了系统思维方式，也为芸芸众生提供了基本思维规范，更是各人之间交流的通行方式。

认识你自己！适量运动！早起的鸟儿有虫吃！珍惜时光！这些文字被镌刻在墙壁上、珠宝上、陶器上、公共浴室以及卫生间，就像今天厕所里的涂鸦。这并非损坏公物污染环境，恰恰相反，它反映着那个时期、那个地域的价值观，是社会风尚的高度概括。假如你想了解一个社会，不妨看看公共卫生间里的涂鸦！那时的罗马，价值观与社会思潮是公民最感兴趣的话题，罗马的大型公共浴室为辩论提供了最佳场所，因此，这样的词语常常被刻在墙上。在古罗马著名的卡拉卡拉浴场（Terme di Caracalla），不仅有精美的马赛克，也为人们“珍惜光阴”提供了最佳场所！显然，有些东西不是可以轻易改变的。

认识你自己！适量运动！早起的鸟儿有虫吃！珍惜时光！两句来自西塞罗的阵营，两句来自恺撒的阵营。两位政敌出自不同的哲学流派，他们对人性、幸福、价值观以及目的的意义有各自不同的看法，其结果必将对各自的领导力与组织文化产生不同的影响。

卡拉卡拉浴场

By Lawrence Alma-Tadema. Public Domain

斯多葛学派（The Stoic school）

· 由来自塞浦路斯的芝诺（Zenon，公元前334年—公元前262年）创立。

· 爱比克泰德（Epictetus）、西塞罗以及马库斯·奥勒留在注重道德问题的罗马斯多葛学派中发挥了重要作用。

· 人是某个更大整体的一部分，必须接受自己的命运。

· 每个人都必须找到自己的位置。

· 没有人可以凌驾于世界之上。

· 与自己以及自然和谐相处非常重要。

· 智者不是周围环境的产物或受其影响，而是他自己的主人。

· 将人从外部世界的力量、感官欲望和不利环境的奴役中解放出来至关重要。

· 控制激情和冲动很重要。

· 幸福是精神上的放松，是内心的平静。

· 身体的良好状态并不是关键意义之所在。

· 最核心的冲突是内心与自身弱点的冲突，而非与外界的冲突。

· 智慧、正义与中庸是基础。

“还有人说，他与恺撒的妻子庞贝雅（Pompeia）有一腿。”

“前妻。”

“对，是前妻。法布卢斯，算了，咱别去管恺撒的丑事了，那不值得我们浪费时间，要说的是，那次仪式就发生在恺撒的府邸，大主教（Pontifex Maximus）也脱不了干系。”

“克劳狄乌斯侥幸逃脱了死罪，庞培雅的婚姻却完蛋了，可笑的是，好像他俩也没真干成什么。”

“但不管咋样，实际这事搞出了三个麻烦：一是使女主人难堪，甚至

伊壁鸠鲁学派（The Epicurean school）

· 由伊壁鸠鲁（Epicurus，公元前 314 年—公元前 270 年）创立。

· 注重以愉悦与快乐来促成自我实现的希腊化学派。罗马是一个充满活力的社区，其追随者包括苏拉、恺撒、贺拉斯（Horace）、卡图卢斯以及维吉尔等。

· 人是一个不安分的、自由的原子，必须创造自己的生命。

· 个体的努力是唯一途径。

· 不存在一位创造者，也不存在所谓的命运。

· 不存在某种上位计划，也不存在所谓自然秩序，一切都取决于个体。

· 人类被安置在地球之上，通过自己的意志与力量来创造、影响周围的环境。

· 幸福是快乐，是远离痛苦。

· 身体的良好状态是核心。

· 与平静和放松相反，注重干预及运动。

· 通过满足欲望来实现身体与心灵的平衡。

· 个人主义的立场和态度非常重要。

· 勇气、智谋、美丽和快乐等价值观是关键。

使人联想到了贞女维斯塔（the vestal virgins）；二是使共和国蒙羞；三是他自己的麻烦，他的政治生涯因此也就完蛋了。”

“其实在那之前他就是个小丑，他曾经谋划过一场叛乱，针对自己的长官卢库勒斯（Lucullus），仅仅因为感到自己不受待见。换任何一个人，那种小事都不足挂齿。”

“就说嘛，好事不出门，坏事传千里。”

“无风不起浪，卡图卢斯，不管咋样，我们亲爱的西塞罗总算找到个把柄。”

“嗯，不管咋样，对克劳狄乌斯，灶神维斯塔神庙（the Temple of Vesta）的丑闻都是个沉重的打击，决定他命运的是恺撒，但克劳狄乌斯也有深厚的人脉与显赫的家族，所以大家都感觉他不会有事。”

“整个审判就是一场闹剧，恺撒也不想树敌过多，那时他还未与克拉苏及庞培联手，所以他将案子推给了法院。而那里只认钱，不喜欢克劳狄乌斯的家伙们只能自己去折腾啦，于是他们发现了一段晦涩难懂的段落，大意是将克劳狄乌斯的行为归结为无伤大雅的乱伦。”

“哈哈，大家都很明白嘛。”

“那是，干杯，卡图卢斯，多喝酒，少说话！”

“哦，那后来呢，克劳狄乌斯后来咋样啦？”

“克劳狄乌斯？亲爱的齐拉斯，没什么后来，31票对25票，无罪释放。

希望与恐惧

By Lawrence Alma-Tadema. Public Domain

但那31张票不便宜，即使是对普尔彻家族也是如此，就算是再加上马克·安东尼和德西慕斯·布鲁图斯（Decimus Brutus）也够呛。”

“他逃脱了死罪，但也散尽家财，还平添了不少死敌。传统的捍卫者将此看作是一个转折点，卡托甚至试图胁迫陪审团，尽管无功而返。而那位大名鼎鼎的西塞罗，是的，西塞罗，则开启了一场他个人的十字军东征，以讨伐他认定的一位传统秩序的破坏者，即那位身处高位前途看好的家伙，他是如此的下作，如此不敬上帝，甚至蔑视共和国的制裁，这令西塞罗无法容忍。”

“但后来，西塞罗妥协了，那个反叛者来自贵族阶层，而西塞罗出身平民，贵族好像总有特权。”

“打倒贵族！”

“啊，法布卢斯，饶了我们吧。”

“事到如今，就连西塞罗也都没有想到克劳狄乌斯要干什么。”

“从来没人那么干，百年来都是禁忌，只是一种古老的家族传承。”

“他到底做了什么？”

“所做的，亲爱的齐拉斯，就是取消了自己的贵族身份。”

“取消？”

“是的，改换阵营，只能这么说，可是，事实很快证明，要摆脱家谱也没那么简单，因为谁也不知道具体咋办，根本就没有个明确的法律流程，于是，这家伙来了个简单粗暴的行动。”

“你这也太吊胃口啦，到底咋回事，赶紧说，维拉努斯，别让我们的年轻朋友着急。”

波西米亚与创造力

就其行为与表现，我们完全可以将卡图卢斯及朋友们归结为波西米亚主义者。但在历史的维度上，“波西米亚”这个词直到19世纪才开始盛行，它最早起源于如今的捷克共和国，指当时的波希米亚地区。19世纪，这个词已经演变成了迁徙于西欧的罗姆人（Romani）的昵称，大约就在那个时候，这个词也获得了象征意义，用来指代本土社会中的“吉普赛人”：即游离于主流之外但自得其乐的人。今天，波西米亚这个词常常被用来指代那些聪慧但行为不羁，精神自由且抗拒社会道德规范的约束，自愿游荡于社会边缘的人。在19世纪后期，法国及其他欧洲国家都产生了本土的波西米亚文化。而在挪威的克里斯蒂安尼亚（Kristiania），汉斯·雅格（Hans Jæger）无疑是当地波希米亚的领军人物。

毫无疑问，所有的社会与组织都需要这些另类的思想家。根据哈佛商学院特雷莎·阿米比尔（Teresa Amabile）教授的说法，对于组织而言，创造力和创新能力取决于对新视野的开放性、对热情的外来者的宽容与接纳以及对追寻梦想的“专业波西米亚人士”的欣赏，是的，必须要容忍他们的失败。作为领导者，你应该给予员工：

挑战；自由；资源；多元化的同事；你的支持；组织的支持。

然后，你必须要捂住自己的眼睛，堵住自己的耳朵，对不喜欢的一切视而不见、充耳不闻——因为只有那些与众不同的人才能拯救组织的未来。

“他找了个二十多岁的平民傻小子收养三十多岁的自己！于是，法律意义上，克劳狄乌斯不再姓普尔彻！”

“西塞罗当然很恼火，刚好那时他不在城里。自从恺撒、庞培和克拉苏上台后，西塞罗明智地躲到了乡下。”

“我一时兴起，为西塞罗赋诗一首，想听听吗？”

“啊，卡图卢斯，当代最伟大的诗人，打死我也不信你看到过苏拉的《公敌宣告》！”

“那玩意儿可没什么诗意，谁都知道，他们就是靠这个肥了自己的腰包。”

“别打岔，请大诗人赶紧给咱吟诵。”

“看看，他已经爬到桌子上了。卡图卢斯，加油，我们洗耳恭听！”

哦，罗穆卢斯后裔中最雄辩的，
无论多少，既往的，马库斯·图利乌斯（Marcus Tullius），
以及开来的，
卡图卢斯，他们中最糟糕的诗人，
表达着他的最高赞赏，
（他是谁）如同他们最糟糕的诗人，
就因为你是最大的赞助人。

“太好了，卡图卢斯！”

“非常崇拜！”

“我想卡图卢斯不大喜欢西塞罗。”

“其实讽刺诗是最难写的，西塞罗肯定很不是滋味。他知道这首诗，就是不知道是喜是忧。对于克劳狄乌斯，他只有恨其不争了。”

“为啥呢？”

“齐拉斯，你们那里非常简单，只要向罗马缴税，没其他的糗事，但罗马不同，这里很复杂，所有的事都有政治目的，就像是克劳狄乌斯这样的家伙，反复无常，总是在想着投机钻营。”

革　命！

对于典型的教条机构，革命即意味着引入全然不同的体系，意味着强大的压迫感。当新兴的真理与大多数人已有的经验发生冲突，且真理的持有者拒绝放弃他们的理念时，往往就会发生革命。

对于当权者来说，革命意味着引入不可想象的事物，意味着要抛弃熟悉的一切。从这个意义上说，权力的斗争实际上就是如何定义现实的斗争，无论是社会革命还是思想革命，都是如此。尼古拉·哥白尼（Nicolaus Copernicus）第一个在工作中使用了革命一词。1543年，他撰写了《天体运行论》（*De Revolutionibus Orbium Coelestium - On the Revolutions of the Heavenly Spheres*）。在这本著作中，哥白尼提出了日心说并给出了科学意义上的解释。对于哥白尼来说，当时普遍接受的地心说已不再具有任何意义，因为那无法解释他所观察到的一切。对于那个时代的学者，那些掌握专业知识的人来说，这不仅背离了基督教定义的世界秩序，就其发现本身而言就足以震撼，甚至完全不可想象。当时的整个思想体系都基于地心说，而日心说完全超出他们已掌握的一切。但哥白尼所代表的新一代少数科学家看到，新模式比旧模式更符合现实，旧模式必须被淘汰。能引导他人的人，是无穷的力量源泉。剩下的，就是需要一场革命，因为没有人会自愿放弃他们既有的一切。

无疑，今天的组织都是革命性的。新技术的飞速发展挑战着传统商品经济的一切秩序，今天的专业人士挑战着传统全能型领导者。重要的是，要跟随时代不被淘汰，就一定要勇于自我革命。

“尤利乌斯·恺撒，就那个疯子，现在正忙着征服高卢并发回许多夸大其词的战报。在元老院，他曾试图为克劳狄乌斯说话，但遭到西塞罗的攻击，可谁也没想到克劳狄乌斯却自贬为民，卖了恺撒，真是个靠不住的家伙。不过恺撒还是厉害，西塞罗都被吓得跑到乡下去了，他也只能寄希望于庞培平衡局势了。庞培的确是位了不起的指挥官，但也是左右逢源，大家都认为他是西塞罗的追求者，可他却娶了恺撒的女儿为妻。这里面事太多，外人根本不懂，贵族们都是这样。但西塞罗确实是位新人，没什么过硬的家族背景，对于他来说，靠的就是一张脸，要是贵族们不给他面子，那他也就一文不值。”

“嗨，我这里还有首诗，写了恺撒和他那好色的马穆拉（Mamurra）将军。”

“哦，那赶紧说来听听！”

“嗯，听好。”

马穆拉和他温顺的恺撒，
他们就是一块抹布的两面。
一个来自城市，另一个来自福尔米安（Formian），
相互背书，狼狈为奸……

“哈，真是惟妙惟肖！卡图卢斯，‘狼狈为奸’完美！”

“来，齐拉斯，满上，刚刚说到哪了？哦，对了，克劳狄乌斯当然不满足于仅仅作为恺撒的打手，他有自己的想法，为此，他还藏着另一张牌。”

“对，没错！咱不能忘了那哥们，这些热闹事都是他搞出来的！”

“绝对不能小看他，他的招数看似滑稽，其实挺厉害，自掘祖坟，谁能干得出来！他现在拥护恺撒，以平民身份参选。”

“对啊，从道理上讲，好好先生提比略·格拉古斯（Tiberius Gracchus）是他叔叔，尽管是家族婚配。无论如何，克劳狄乌斯已经重新站上了竞技场，再次统领反对派也不是不可能的。”

“但提比略是为事业而战！而除了闹剧，克劳狄乌斯是为啥呢？”

“也许他是在为事业而战，但他的事业就是从内部摧毁整个帝国。”

“要这么说也没毛病……”

“所以，他能当选？！”

“丝毫不依赖于恺撒的声望、庞培的人脉，甚至自己的平民身份，克劳狄乌斯顺利当选了！”

“然后呢？”

“然后，克劳狄乌斯一举成了有史以来最受欢迎的政客。他提出了一堆新法律，这克劳狄法案，那克劳狄法案，等等，他要重新分配粮食来造福大众，他要限制审计员的权力来为元老院议员提供更大便利，他……”

“嘘！”

“好了好了，盖乌斯，够了，他就是个十足的政客，四处讨好。不过还好，疯子们还没死光，在恺撒即将把野蛮的高卢人带进文明社会时，他也曾出手阻止克劳狄乌斯，但克劳狄乌斯总能找到更有效的办法来回击。”

“你先别说。”

“他大打出手，还是没有？他授意暴民袭击那些反对者，别忘了，此时三巨头都不在罗马，他们需要有人帮他们看店。”

“那人就是克劳狄乌斯？”

“对啦，突然间，克劳狄乌斯得到了自己的蛋糕，可以开吃了。作为护民官，他得到了罗马三位最有权势的人物的支持，操纵元老院，通过了他的民粹主义法律，也获得了全权授权，可以为所欲为了。”

“穿女人衣服！”

“唉，盖乌斯，知道你爱喝酒，你知道这个故事。但齐拉斯不知道，我们这些知情者得告诉他真相，咱们是局外人，但看得明白，诗人的眼光嘛，对吧？！”

“这话说得漂亮，维拉努斯。诗人要和你分享他的目光了，看看他的世界是个什么样子，再来一首。”

“对，卡图卢斯，来首带劲的！”

“好吧，听听这个。”

我会让你成为我的孩子，让你骨瘦如柴，
顺从的奥勒留和弗里乌斯（Furius），
谁认为，因为我的诗句是性感的，
我不够贞洁。
诗人自己洁身自好，
其诗句并无必要，
我的诗就是充满情调与魅力，
即使你认为那是淫荡，那不贞洁，
正是因为其性感与欲望——
我说的不是男孩——
因为你读过成千上万的吻，
你觉得我少些男人味吗？
我会让你成为我的孩子，让你骨瘦如柴！

“哈，这等于是昭告天下，真正的诗人在此！”

“对，这才像新一代！”

“我们这是在哪儿？有点晕，聊到哪啦？”

从未发生的革命

公元前146年，罗马攻占了迦太基城，迦太基灭亡，就此退出了历史舞台。攻城战中，提比略·格拉古斯身先士卒，率先登上城墙。得胜后，提比略回到了罗马，当时的罗马越来越像个贫民窟，城市发展毫无规划，杂乱无章。每位执政官的任期只有一年，根本无暇顾及任何长远计划，更不用说在城市规划这样优先级相对较低的领域。而罗马文化又特别尚古，这意味着他们从不拆除建好的建筑。同时，帝国的不断扩张又导致首都的人口剧增，证据表明，那时罗马的人口已超过百万。罗马原本宽阔的大道变得狭窄弯曲，地面空间不足导致了住房越盖越高，有些已高达六层。卫生条件也越来越差，特别是在贫民区，已污秽不堪。提比略看到了正在发生的一切并试图有所作为。他来自帝国最强大、最尊贵的家族之一，融合了科妮莉亚家族、艾米利亚（Aemilia）家族以及格拉古（Gracchii）家族的血液，毫不夸张地说，提比略天生就是贵族的领导者。但不可思议的是，提比略成了贵族阶层最大的敌人。

很明显，对于大多数贵族来说，必须做点什么。大规模的奴隶叛乱已开始导致首都粮食短缺。在西班牙，士兵们已离家太久，致使情绪不稳并不断有逃兵出现。事实非常清楚，已不容回避。提比略是上流贵族社会中少数亲眼目睹者之一，也是唯一一个对此有所作为的帝国高层将领。作为第三次布匿战争中的帝国军官，他目睹了战争的残酷以及对乡村经济的巨大破坏。在西班牙，他通过谈判结束了20,000罗马士兵为之付出生命的努曼廷（Numantines）战争，并签订了和平协议，避免了进一步无谓的牺牲。为此，元老院剥夺了他所有的荣誉。因为他被指责无端放弃了罗马的权利。但如果镇压的代价是20,000名西班牙农民的生命呢？没有人会这么考虑！提比略同情平民，其结果是他的政治生涯受到了严重损害。

现在，在罗马，提比略有相当多热情的支持者，包括很多士兵。由于他的努力，他们仍然活着。而这些士兵又有家人、朋友以及志同道合的盟友。

在此，提比略发现了另一条政坛之路，即作为平民的代表。公元前133年，他被选为保民官。对于提比略，这绝对不是寻常之举。对于他的家族，更可以说是一种耻辱。其结果是提比略直接站到了贵族阶层的对立面。他提出了一项革命性的提议：所有非法占有的土地都将被清查、没收并重新分配给没有土地的罗马公民。可以肯定的是，这只会影响到一定规模的财产，并不会对最富有的公民构成多大的威胁，不会影响到他们的富足生活，但对于许多贫困的城市居民，却可以得到稀缺的土地，从而获得正当的公民权利。同时，这也有利于加强军队力量，缓解首都人口增长的压力。从法律角度，这样的行为也合乎法规，虽然已有相当长的时间没有严格实施相关的法规了。纵然如此，这也激起了保守派的激烈反抗。议员、富人及贵族不能容忍他们的财产被收回，他们自己武装起来，占领了元老院。人们惊慌失措，提比略试图逃跑，但被无情地殴打致死，死于他试图完成的一项壮举：通过渐进式演变来维护帝国的秩序。

提比略的支持者组成了一个大致可以被称为党派的组织，他们自己称为“平民派”。之所以得此名，是因为他们顺势利用了现行体制内的制度工具，即平民议会（Concilium plebis）。罗马由此产生了两个派别，即平民派和贵族派，统一的局面由此被打破了，其直接结果就是，对于什么是罗马应有的一切，从此有了不同的观点。平民派的政治家试图增加罗马公民的权力，而贵族派的追随者则尽其所能限制这样的权力。罗马帝国就此过渡到一个新的动荡的阶段。由此，今后所有的故事都有了两个版本。

“你正要告诉我们克劳狄乌斯最想干什么！”

“对！齐拉斯，克劳狄乌斯最喜欢的事就是修理西塞罗，为此，他绞尽脑汁。现在，他要确保通过一项法律，使未经审判就处死一位罗马公民成为可能。当然，只有一个人适用于这项法律，那就是西塞罗。在喀提林事件落幕仅仅三年后，克劳狄乌斯想来个续集。喀提林事件是西塞罗的巅峰之作，不仅给他带来了无上的权势与荣耀，也带来了帕拉蒂尼高地的豪宅。但西塞罗并未坐以待毙，他拼命抗争，无奈时间一天天过去，他受到的压力越来越大，我们永远不会知道这其中有多少是出于克劳狄乌斯的安排，或是他应得的报应。最后，西塞罗受够了，躲到乡下去了，西塞罗一贯如此。”

“但这正是克劳狄乌斯所等待的，齐拉斯！”

“当然啦，看看咱年轻的盖乌斯多激动！克洛狄乌斯以其人之道还治其人之身，西塞罗基本是被架在火上了。”

“哈哈，这也太精彩啦！”

“再次感谢，盖乌斯，悠着点喝。齐拉斯，对于一个罗马人，其住所就是他的一切，住所代表着他的地位、声誉，也是政治权力的象征。西塞罗的家族起源于阿尔皮诺的一个农户家庭，没有任何可炫耀的背景，为了能在帕拉蒂尼高地北侧营造一座庄园，已债台高筑。明天，我可以带你去那里看看，从元老院大厦可以很容易看到，确切地说，现在看到的是克劳狄乌斯的财产，有部分是建在西塞罗家被烧毁的废墟之上。”

“罗马最大的房子？！”

“嗯，至少是帕拉蒂尼山上最大的房子，如果你想要更大，你就得开山啦，也许有人某一天真能那么干，谁知道呢？这年头。”

“唉，听听，我们的先知维拉努斯有话要说。”

“摩西才是先知，在这里，人们更愿意相信鸟能预测未来，我不知道，至少没看到，回头可以单聊那个话题。后来的情况是，西塞罗的家被暴徒们劫掠、烧毁了，没人出面制止。”

“而其隔壁却安然无恙，因为那是克劳狄乌斯的房子！然后，隔壁就

罗马艺术爱好者

By Lawrence Alma-Tadema. Public Domain

接管了邻居的财产。”

“再然后，今天看到的宫殿就造好了。现在，咱只管喝，某一天，克劳狄乌斯突然成为罗马的首富，那也没什么奇怪的，到时候他自己都可能感到不可思议。”

“那是，看看他都干了些什么？真不知道他如何收场！”

“他都干了啥？”

“他居然挑战三巨头，尤其是庞培，真是吃了豹子胆。”

“为啥呢？”

“就是啊，没人明白，好像是疯了，自己把自己搞晕了，已经不能用正常人的思维来理解了。他就是要引人注目，要行动，要制造混乱，这是个不寻常的家伙，惹人注目，不是什么好人，也不是坏人，但我想，罗马需要这样的家伙，尤其在苏拉之后，多年的内耗太烦人了，需要有人来捅破这个疖子。”

“所以，会发生什么事？三巨头会杀了他？”

“事情没那么简单。起初，庞培感到压力很大。保民官的任期快要结束时，克劳狄乌斯开始插手东部省份的管理。亲爱的齐拉斯，大家都知道，在米特里达梯战争中，庞培表现出色，功勋卓著，颇有功高盖主之势，元老院甚至有意贬低他的功劳，到头来促成了庞培与克拉苏以及恺撒的结盟。现在，克洛狄乌斯却试图要插手庞培的地盘。于是，庞培向西塞罗发出了邀请。”

“太精彩了，你应当从政，维拉努斯，你深谙其道。”

“算了吧，盖乌斯，这你知道，我瞧不起那帮人，恰恰相反，我认为，这个时代的‘喀提林人’和‘克劳狄乌斯人’有益于共和国的健康，作为一种政治上的平衡力量，可能不是一件坏事。对于我，我的任务就是评论与呼吁，相信会有有识之士出手勒住烈马的缰绳……我已经感觉到，高卢的那个人有与众不同之处。”

“哦，你是说恺撒？他有动作？”

“没有。”

“没有？”

“我说过，恺撒是他们其中一员，他重视庞培，这位罗马最有权势的人，伟大的军队指挥官，是他潜在的对手。所以，对于恺撒来说，克劳狄乌斯制造的麻烦并非坏事，反而是他从中渔利的机会。恺撒绝对是只狡猾的狐狸，更不用说三巨头中的克拉苏了。”

“哦，克拉苏，我知之甚少，他是哪一边的？”

“哈，咱来看看某些事实，克拉苏在帕拉蒂尼高地租了一座豪华住宅，业主就是克劳狄乌斯，据说，条款很优惠。克拉苏与庞培又相互瞧不起，有理由推测，克劳狄乌斯的背后就是克拉苏，这里咱还没说到克劳迪娅。”

“又是她？克劳狄乌斯的妹妹？卡图卢斯的最爱？！”

“哦，还是克拉苏，为什么要生克拉苏的气呢？他是个男人，和所有男人都一样，见了漂亮姑娘就挪不开步。”

莱斯比娅，你说你想知道多少亲吻
才会令我心满意足，
那如同计数浩瀚沙漠中的沙粒，
如同计数满天的繁星，
当夜幕降临，人类的隐秘欲望，
如同你无数次的亲吻，
满足疯狂的卡图卢斯，
无以计数，难以言表。

“太可悲了，拿自己的妹妹当诱饵。”

“小聪明到家了，不过也算是搞成了。”

“所以，卡图卢斯彻底没戏啦……”

“嘿，齐拉斯，可以啊，理解力显著提高！”

“不好意思，说漏嘴啦。”

“哈哈哈，脸红了，别担心，朋友，咱也就是过个嘴瘾，嗨，上酒啊！”

“来来来，来个单眼皮！”

“嗨，卡图卢斯，说说，你咋就成诗人啦？”

“从小我就想当作家，就是喜欢编故事嘛，直到十来岁，我开始幻想，我幻想着在一栋明亮的房子里，人类和精灵在跳舞。”

“大家听听，我们这些俗人也只能谈些俗事，大诗人就是不一样，卡图卢斯，你是光之源泉！”

“接着说嘛，那诗又是咋来的？”

“首先，我回归本性，随意写作，不假思索，因为我一旦开始思考，就会失去写作的灵感。”

“哦，很幸运咱们能在一起，未来诗坛的酋长，愿你的杯子永远不会空空如也。”

“原谅我，我打断了故事吗？”

“没事儿，咱们接着聊，就像你所看到的，齐拉斯，克劳狄乌斯没有正式的官职，但绝对不是没有权力，因为在激烈的权谋中，大家都需要不知天高地厚的麻烦制造者，而克劳狄乌斯正是这样的人。不仅如此，他还不属于哪一派，所以大家都在利用他。”

“据说他的一个奴隶想谋杀庞培，结果被抓了！”

“说了这么多，事实是，随着‘三驾马车’的分道扬镳，元老院不得不选边站，庞培成了他们的宠儿。在关于西塞罗回归的表决中，结果是 416 ∶ 1。”

“强大的人总是孤独的！”

“也别太高估了他，盖乌斯，虽然克劳狄乌斯很勇猛，但也无法阻止西塞罗的归来，包括那豪宅，至少是那块地，必须物归原主。”

“但克劳狄乌斯不会甘心。”

“当秋季来临，罗马的粮食供应出现了问题，元老院突然意识到庞培不听话了，于是，他们再次变脸，齐拉斯，这是个活生生的例子，政治就是权力，根本不是什么正义。一夜之间，克劳狄乌斯被选为市政官，又成了香饽饽，而三巨头则又重新走到了一起，诡异的是，此时大家仍然不知道克劳狄乌斯到底属于哪一边。”

“哈，那年，整个城市都感到恐惧，因为他力促庞培与克拉苏当选共同执政官！”

“他做到了，于是，大家都心满意足。但人算不如天算，克拉苏消失了，成就了军人的荣耀，克劳狄乌斯也真正走到了危险的边缘。”

“真是疯了，齐拉斯。克劳狄乌斯惹了这么大麻烦，不得不取消选举！”

“也不都是克劳狄乌斯的错，当时的局势已经失控，选举过程异常腐败，局势不明，大家都不择手段。”

“分而治之！”

“除非没人能统领全局，盖乌斯，自苏拉时代以来，罗马更加接近内战的边缘，现在，克劳狄乌斯已无力平衡局势了。”

“他到底怎么了？”

“唉，故事的结局都大同小异。自从三巨头联合之后，克劳狄乌斯再也无力与庞培对垒，于是，他又恢复了自己的消遣：折磨西塞罗。但西塞罗也有盟友，其中一个是米洛（Milo）。一个偶然的机会，在阿皮亚大街上，米洛与克劳狄乌斯不期而遇，一场不大不小的冲突自然而然地发生了，不幸的是，克劳狄乌斯身边的人力所不及，米洛虽说生来就是个混混，但却是个知恩图报的混混，可怜大名鼎鼎的克劳狄乌斯，就此完结了。颇具讽刺意味的是，克劳狄乌斯就死在一座献给博纳迪的祭坛旁边。从某种意义上说，人生的圈子是封闭的，他以生命纪念了自己的第一个恶作剧，或是可以说因果归一。那个时候，罗马的局势变得极其诡异，恺撒仍在高卢，克拉苏已死于东方，庞培像往常一样游离于罗马政坛。难道这就是元老院所希望的？这是什么共和国？！”

“还有件事不得不提。”

“什么？法布勒斯？”

“悲痛欲绝！”

推荐读物

1.Catullus(1996).*Samlede dirt*.Oslo:Tiden Norsk Forlag.

2.Wiseman,T.P.(1985).*Catullus & His World.A Reappraisal*.Cambridge:Cambridge University Press.

3.Tatum,W.J.(1999).*The Patrician Tribune*.Publius Clodius *Pulcher*.Chapel Hill:The University of North Carolina Press.

夏宫阿德里亚诺遗址
高波 摄影

第五章　卡托：言与行

生命中的某个时刻，你可能宁愿眼前的一切都是错觉。在阿里米努姆（Ariminum），恺撒露出了真容！整个元老院被惊得目瞪口呆，所有人的目光都集中到了我身上，罗马在颤抖，但我一个人的力量无法拯救这座城市。我曾多次被逐出元老院，那是因为我试图避免现在的窘境。动荡的年代，我们即将跌入无底的深渊！

首先我要澄清一件事：尽管被赶出过罗马，但西塞罗是对的，他打击腐败，反对滥用职权，为此而享有盛誉。但西塞罗的垮台也正是由于他的所作所为，虽然这听上去令人难堪。就个人而言，西塞罗过于孤芳自赏，顾影自怜，以至于损害了他的判断力，他就像一只古怪的鸭子，自我炫耀的欲望严重损坏了他的个人威望乃至政治观点。我尊重他渊博的知识、非凡的勇气以及无以复加的演讲天赋，但他的虚荣心令我畏缩。西塞罗总是雄心勃勃，如果他能专注于某些有益的事业，那将会使他更加强大，但如果事事逞强，只能适得其反。不幸的是，西塞罗更加注重后者，这不仅是他个人的不幸，也是罗马的不幸。对于虚荣浮华的渴求致使他屈从于政治派系的钩心斗角。我曾多次对他说："你要像洞见他人一样审视自己！说

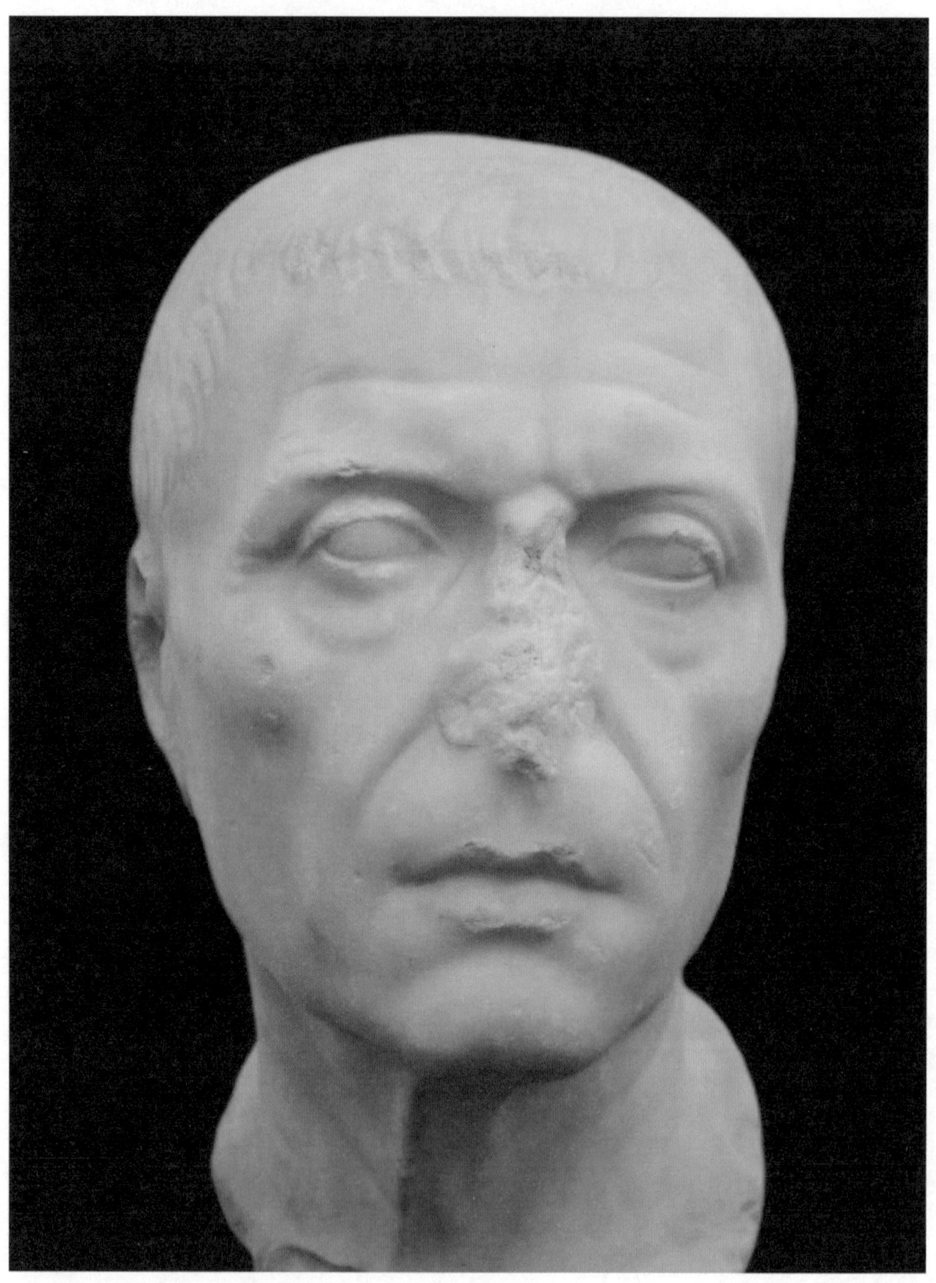

马库斯·波修斯·卡托

By Carole Raddato from FRANKFURT, Ny Carlsberg Glyptotek. CC BY-SA 2.0. Public Domain

服力与优雅的表述能力一旦上升为艺术，那就只能是另一种病态，伦理道德应当是修辞不能突破的边界。”显然，西塞罗过于放纵自己了。西塞罗不属于斯多葛派，他更像是个为辩论而辩论的辩者，类似于怀疑论或是相对主义者。虽然不愿公开承认，但西塞罗推崇来自希腊拉里萨（Larissa）的怀疑论者菲洛（Philo）。希腊的犬儒学派及怀疑论者一直都秉持这样的学说：即事物的本质是难以理解的，每个观点都有其合法性，法律实践的至高准则就是服务于风云变幻的政治格局。西塞罗彻底迷失了自己，他以诙谐俏皮的语言来回应我友善的告诫，用讥讽来保护自己的脆弱。此时，知识仅仅被用来加厚自己的铠甲。但是，一旦同样有效的论点发生相互碰撞时，危险就会出现。早在罗得岛时，西塞罗和恺撒就曾迷恋于这样的辩论。当修辞突破了价值观，演讲就是花言巧语。很庆幸，我放弃了修辞学。

我是小马库斯·波修斯·卡托（Marcus Porcius Cato），从没想过要写下我自己的反思，这不是罗马人的风格，倒更像是希腊风格。的确，一直以来，我都非常关注希腊及其哲学。由于灵魂被腐蚀，罗马的文化正处于被毁灭的状态。唉，我同意西塞罗的观点：文化是心灵的修炼。如果文化堕入了深渊，我们自己也将被摧毁，从而一切社会活动也将变得没有意义。社会是由所有的个体所组成，当个人萎靡不振时，社会必然会受到伤害。

我比西塞罗和恺撒年轻，但大家都认为我是个古怪、保守的老家伙。我不认为这有什么不妥，阅历是个好东西，否则，青年人的鲁莽就不会随着年龄的增长而改善。西塞罗曾经说过：如果对自己出生前所发生的事情一无所知，那就意味着永远只是个孩子。如果新的领导者不注重道德品质，那么道德如何能规范个人与群体的关系，又如何能制约所有的社会行为！美德是个人成为公民的基石，是领导者必须具有的素质：勇气、智慧、正义，中庸。为了保护既得利益，不思进取，躲在自己的宫殿里以养金鱼为

夏宫阿德里亚诺（Adriano）

罗马的伦理道德体系具有希腊斯多葛学派的明显特征。长期以来，斯多葛主义一直占据着罗马政坛的主导地位。与古典希腊不同的是，罗马人的取向更加实际，更加关注行为与伦理道德，而较少关注数学及形而上学。对于罗马人而言，斯多葛主义更像是一种文化，而非形而上的哲学。在西塞罗和卡托的时代，斯多葛派空前繁盛，但最伟大的斯多葛派人物是后来的皇帝哈德良（Hadrian，公元 117–138 年在位）。哈德良是一位真正意义上的文化皇帝，他非常热爱希腊传统。如果说，图拉真注重帝国版图的扩张，那哈德良则专注于帝国的保护。位于苏格兰的哈德良长城遗迹即是有力的证明。他像希腊人一样蓄须，学习希腊语，他建造了许多寺庙、图书馆及不朽的伟大建筑，包括万神殿（the Pantheon），罗马城由此而空前恢宏。不仅如此，他还建造了皇帝的夏宫，即阿德里亚诺，那是哈德良遗产中最宏伟的瑰宝之一，也是罗马帝国最辉煌的建筑之一。不错，今天那里只剩下一片废墟，但我们可以据此判别当时的建筑规模，推测当时的建造理念。具体来说，那是一个反思、闭关、修炼灵魂的地方，包括了所有希腊文化中最好的要素：图书馆、希腊式剧院、航海剧场，健身房、鱼池、水疗及游泳设施、带步行道的公园，客房、哲思厅、专门用于反思的柱廊、巨大的池塘，等等，所有的一切都是为了净化心灵。在他担任皇帝期间，哈德良花费了大量时间来建造这个避暑胜地，而这一切，都被他任命的继任者马库斯·奥勒留皇帝完整地保留继承。可以设想一下，在罗马帝国鼎盛时期，一位斯多葛学派的哲学家坐在导演的椅子上，指导着整个帝国的演出，而夏宫阿德里亚诺应当就是罗马帝国时代的文化希腊微缩景观。

夏宫阿德里亚诺遗址
高波　摄影

乐，那是一种颓废的文化。如此现象，已非一日，且日渐崩坏。环境造就了领导者，而领导者也在造就未来领导者的环境，这就是关键之所在！非常遗憾，这被共和国的领导者所忽略。梦想着荣华富贵统治世界，结果必是礼崩乐坏。新领导者的行为与我们的民主体制不相协调，他们似乎忘记了他们是站在谁的肩膀之上。

从小时候起，人们就说我有看穿事物本质的能力，对此，我十分骄傲。但实际上，这形同一个诅咒。因为对我来说，这世界变得很简单，但对于所发生的一切，我无能为力。罗马即将发生不可逆转的改变，民主体制正在被破坏，巨头们各自都有自己的打算，共和国的议程不在他们的桌面上。等到西塞罗意识到问题的严重性，无奈为时已晚，且他被逐出了罗马自身难保。原本他是一支维护共和的力量，但那时的他失去了勇气。而我则受

共和国故事中的开国元勋

罗马的伟大在于共和机制。其中，权力的分配机制确保了共和国的稳定，当权者服务时间的限定也制约了个人野心的膨胀。而贯穿始终的则是罗马的理想与价值观。罗马的祖先埃涅阿斯背着自己的父亲逃出了燃烧的特洛伊，父亲代表着家族与传统，可以理解为，纵然肩负重担，也要延续自己引以为傲的传统与血脉。

Gravitas 一词源自拉丁语，原意是“重”，被用来指代一种典型的罗马美德，即敬重历史，尊重传统，遵守承诺与责任，也包含有米开朗基罗的不朽雕塑《哀悼基督》所传递的那种悲伤与克制。同样，Constantia 一词的原意是“不动”，也是一种典型的罗马美德，引申为和谐、稳定，指稳定性与长远的目光是大型组织所应有的属性。作为罗马起源的神话，埃涅阿斯代表了这两种美德。

罗马的领导者明白，Gravitas 和 Constantia 构成了罗马文明的基础。而公民作为共和国的主体，其 Dignitas（尊严）贯穿始终。正是由于公民尊严的神圣性，领导的含义等同于服务，而非统治。你让渡自己权力的前提是因为公权力只能被用来服务于社会的最大利益。罗马的全部历史都体现着这种价值观与人生观。就像埃涅阿斯本人那样，罗马英雄的共同特征是勇于担当、恪尽职守且具有强烈的社会责任感，罗马永远被置于首位，社会责任战胜个人私利是罗马英雄故事的永恒主题。

罗马的前任领导者均以践行这些美德为荣，因而也被奉为典范乃至美德的化身：卢修斯·昆西乌斯·辛辛那图斯（Lucius Quinctius Cincinnatus）曾是罗马执政官、政治家，被颂扬为罗马美德的化身。在任期结束时，他谢绝了随身护卫，独自走到元老院，交还了象征权力的束棒（fasces）。

那是一种凌驾于他人之上的权力象征，后来演变成了一个臭名昭著的政治概念，即法西斯主义（fascism）。法西斯这个词即源自执政官的束棒，在近代，这个词曾特指白人黑帮首领拒绝放弃手中的权柄，是罗马独裁者墨索里尼（Mussolini）的遗产。辛辛那图斯的任期结束后，回到自己的家乡，回归农夫生活，家乡的父老乡亲则以传统仪式欢迎老伙计的归来。显然，故事的要点并不在于农夫本身，而是它所蕴含的意义：农夫倚重崇尚土地，注重自己所从事的工作，将自己与自己的土地联系在一起，将自己限定在自己的土地上。拉丁语中的Moralis一词表示故事、背景、传统、习俗或土地，而Morality（道德）表示根本、起源、一直存在的事物。面对过去追根溯源并不简单，对于渴望展翅高飞的年轻人来说，它显得过于苍白，有气无力。但就是如此，道德就是关乎业已存在的智慧的结晶，看似无用却有用，讲的是过往作用在未来。

这就是辛辛那图斯为何要回归田园，罗马人就应当植根于脚下的土地。

罗马一切安好，波澜不惊，直到公元前458年的某一天，这位年迈的政治家正在耕种自家的农田，信使告诉他，罗马再次需要他披挂上阵，但这次不是执政官，而是执掌独裁办公室——一种古老的特殊机制，在紧急情况下为恢复法律与秩序，临时将所有权力都交付给一个人，包括指挥调度所有军队的权力。当时罗马几乎陷入绝境，对外战事岌岌可危，而一旦战败，后果不堪设想。危急之中，大家都希望辛辛那图斯重新出山以稳定大局。说干就干，辛辛那图斯即刻赴任，老将出马，首先解救出埃魁附近被围困的军队，接着，花了16天时间打败敌人，解除危机，恢复了社会秩序！一如从前，好似餐后例行的布丁，但那却是人类历史上真正的伟大！辛辛那图斯再次走到元老院，交还了所有的权力，回到自己的农场，没有奖金，没有遣散费，更没有退休金或是顾问费，等等一切。对于辛辛那图斯，工作已经完成，罗马的安危永远是第一位的。这就是古代罗马的领导者，值得千古仿效的榜样！榜样的作用是无穷的，美国俄亥俄州州长亚瑟·圣克莱尔（Arthur St. Clair）于1790年以辛辛那提（Cincinnati）命名了一座城市，以纪念他所在的军官俱乐部辛辛那提协会。该组织旨在维护美国的价值观，担任主席的是乔治·华盛顿（George Washington）。华盛顿被选为首任美国总统，他坚定地倡导总统任期不得超过两届。

规则总比美德的典范更具约束力。富兰克林·D·罗斯福（Franklin D. Roosevelt）总统曾试图第四次连任。此后，美国通过了宪法第22条修正案，规定总统的任期不得超过两届。权力非同小可。

到召唤，被派往塞浦路斯。此时，一切都在暗中改变，请允许我来揭开黑暗中的秘密。

年轻一代渐渐攫取了权力，富裕阶层正在失去财富，包括那些曾经雇佣私人武装看守的私产。当暴力取代了法制，阴谋取代了阳谋，共和国赖以生存的基础便不复存在，皮之不存，毛将焉附，文明社会的规则与制度也随之失去效力。暴徒横行、贪污贿赂、买卖公职，甚至军队失控，这一切都已成为现实，共和国的理想正在破灭，而新一代的年轻人则被用作政治游戏中的棋子，他们的自由就这样被浪费了。

叛逆的青年总有自己的桀骜与轻狂，那是一代又一代都走过的路，也是人生教义的自然组成部分。没有人可以否认它的存在，拒绝它的发生。青春的舞蹈本身从来都不是危险的游戏，真正的危险只可能来自那些潜伏在阴影中的家伙。毒蛇总是隐藏在暗处，在青年叛逆精英的阴影中，但勇于直视现实的人总能发现现象背后的本质。一只三头怪兽摧毁了共和国。

夏宫阿德里亚诺遗址
高波 摄影

它是由尤利乌斯·恺撒一手造就的，对，一定是他，只有他才有那样的狡诈阴险。在大多数问题上，恺撒和我都有不同意见，虽说分歧就是民主的一部分。我并不恨他，尽管我知道他对我的恨有多么强烈，但我鄙视他的行为，我谴责他自西塞罗担任执政官以来所推行的计划。我想，也就是在那个时候，恺撒悟到了真正的权力只能通过私下的交易来获得。我当时就看到了，从那以后，我们就成了敌人。

我必须承认，从政治上讲，很难阻止“三驾马车”。面对喀提林危机，我反对授予庞培专权，因为那将使军队进入罗马，将带来严重的后果；面对辉煌的军事胜利，我反对无原则的颂扬，更反对献媚式的匆匆选举恺撒为执政官，因为那可能会激起人性中某些丑陋的东西，并由此带来潜在的危险。如果政治辩论因恐惧武力报复而停止，那么，文明社会就会消亡。因为反对恺撒的一项提案，我被赶出了元老院。这项提案试图将一大片土地分配给庞培部队的退伍老兵。我不同意，并试图采用疲劳战术来阻止投票。我一直占据着论坛，直到太阳下山，最后，我被恺撒用武力赶出元老院并投入了监狱。当然，恺撒也受到众人的羞辱，因为有许多议员支持我，甚至要随我一同进入监狱。从那时起，我就变成了恺撒的眼中钉。是恺撒，无耻地流放了西塞罗；是恺撒，批准克劳狄乌斯放弃贵族身份转而以平民身份活跃于政坛。一位贵族，随便找出一个被吓破了胆的年轻奴隶，认作养父，便可以转换身份。如此的荒诞不经，如此的毫无底线！这就是恺撒大祭司。而克劳狄乌斯则变成了一条疯狗，作为护民官，他否决所有提案，否决所有人。克劳狄乌斯来自一个毫无人情不循常理的家族，其祖上不乏有人担任执政官，但都崇尚暴力。克劳狄乌斯本人曾经担任罗马舰队的统帅，依据罗马传统，重要行动前都有向圣鸡征询预兆的仪式。有一次，圣鸡拒绝了克劳狄乌斯投喂的谷物，随即，圣鸡被丢进了大海，结论是：“不

“三驾马车”

“三驾马车”是恺撒的政治杰作。恺撒无法独自掌控罗马的政坛，虽有平民派的支持，但远不足以获得足够的政治优势。在选举中，平民派屡战屡败，毕竟他们的权力基础过于狭窄。那么，该怎么办呢？只有联合，与不喜欢的对手联合以形成强大的联盟。庞培与克拉苏都是苏拉阵营的悍将。庞培是苏拉寄予厚望的青年才俊，甚至被冠以庞培大帝的称谓；而克拉苏则在罗马城门之战的关键时刻拯救过苏拉。贵族派、老派势力，包括保守势力都惧怕他们二者。他们二者都是追寻伟大的个人主义者，庞培将亚历山大大帝视为自己的楷模，而克拉苏则推崇吕底亚（Lydia）王国克罗伊索斯（Croesus）。但是在罗马，他们二者在某种程度上被看作是外来者。庞培从未正式获得过他应有的荣誉，事实上，有许多人担心庞培会效仿其导师苏拉，借助武力成为罗马的独裁统治者。而贵族派则非常厌恶克拉苏，他不择手段攫取财富，试图从根本上摧毁贵族派的权力与生存基础，贵族派恨不能他尽快死去，因为他的存在就是最大的威胁，贵族派不希望生活在恐惧之中。庞培与克拉苏是罗马的两头怪兽，而且是相互鄙视的两头怪兽：庞培认为，克拉苏只是个没有道德底线的贪婪商人，而克拉苏则嘲笑庞培的狂妄自大以及他那模仿亚历山大的发型。当他俩之间处于相对均衡状态时，贵族派就会感到相对轻松，因为势均力敌的两头怪兽彼此抵消了他们的破坏力。而恺撒的杰作则是将他们绑到了一起。

建立联盟需要时间，尤其是曾经的敌人。从加的斯（Cadiz）归来后，恺撒首先向克拉苏示好，又慢慢向庞培示好。克拉苏首先接纳了恺撒，他们之间建立了信任关系，作为回报，恺撒维护克拉苏的利益并为其发声。与此同时，与庞培小心翼翼的来往也并未引起克拉苏的反感。在元老院，恺撒为庞培辩护，支持庞培的提案。这种公开的支持非常有效。所谓联盟就是相互的关联，而随着时间推移，相互的关联会变得愈加紧密。恺撒多年来的言行证明自己值得信赖，同时，两个相互对立的政敌也接纳了调解人，搁置了相互的敌意。克拉苏与庞培的实力当然不可小觑，但作为中间的平衡砝码，恺撒赢得了自己的空间。只要两头怪兽都认为他是个无害的小伙伴，恺撒就拥有他所需要的自由。但庞培与克拉苏并不明白恺撒存在的价值，真正的权力是无法被明确界定的，就如同小小的纽扣便可以束缚住我们的身体。由于恺撒的土地提案，庞培获得了土地，投票的关键时刻，克拉苏以富于戏剧性的表现宣布支持恺撒与庞培。掠食者之间形成了新的和谐，罗马似乎有了新主人。那一刻，贵族派被震惊了。罗马帝国的操作被从后厨带到了前台，内战的巨人有了继承者，他们基于各自的梦想联合在了一起。他们购买选票，控制选举，相互授予各项职位、各种任务，团结起来的他们很强大。克拉苏以金钱收买那些推崇道德、讲究原则的人，恺撒则施展自己的魅力与谋略，假如还不起作用，庞培的退伍军人与令人恐惧的暴民就会涌向罗马广场。罗马接受了奉承与贿赂。一个腐败的、靠敲诈勒索发家的房地产投机者，一群秃鹫的盛宴，以及暴民们组成的军队，这就是克拉苏、恺撒与庞培三巨头的联合，居中的总是恺撒。他们三个，两边的来自苏拉的阵营，中间的来自马里乌斯的阵营。

吃，那就让它喝。”克劳狄乌斯的荒诞甚至波及到了恺撒，其男扮女装的丑闻将恺撒的妻子卷入其中，并导致恺撒的婚姻破裂。请注意，恺撒的所谓忠诚总是非常现实的！呜呼哀哉，西塞罗的演讲天赋如何能与政治阴谋、滥用权力相匹敌！

总的来说，恺撒非常痴迷于古代神话，常常根据自己的突发奇想来创造出一个个神奇的故事。他喜欢告诉别人，在加的斯赫拉克勒斯神庙的亚历山大雕像前，他是如何的百感交集泪流满面，或许他当时真的有所感悟，也曾经真的流下过几滴泪水。与海盗们的交易也曾是罗马家喻户晓的故事，但人们又如何得知那些交易的细节？其源头都是恺撒自己，都是来自恺撒自己绘声绘色的描述。但据我们所知，在被海盗俘获后，他躺在那里，颤抖着乞求怜悯，然后把自己卖给了海盗。众所周知的事实是，比提尼亚国王尼科得姆斯（Nicodemus）不仅为恺撒提供了舰队，更与其同床共枕，当然恺撒也顺水推舟享受其中。据说恺撒一生都保持着这种爱好。许多伟大的罗马将士都曾在战场为自己赢得过勋章，但恺撒的战功却大大出乎人们的预料。因为恺撒虽自诩伟大，但他的首要目标却是财富。对于罗马，恺撒和庞培的凯旋游行都有不祥的预兆。庞培将自己的脸涂成众神之神朱庇特那样的红色，身披亚历山大式的战袍，至少这是庞培自己的说法。那些在马车上展示胜利成果的奴隶们一定是睡着了，车轴的意外断裂使得即将抵达卡皮托利（Capitol）高地的庞培被甩下了塔尔皮亚岩石！因为人是不能统治世界的。恺撒常常谈到自己的梦境，其中最不祥的一个就是他强奸了自己的母亲，无疑，对于恺撒和他的母亲，这都非常尴尬！然而，恺撒及其朋友们却将这个梦境解释为恺撒奸淫的是大地之母，这更加荒唐，令人作呕，牵强附会、阿谀奉承的解读并不能佐证恺撒的政治正当性。

领导者个人的愚昧扰乱了整个社会的正常运行，对此，我深感不安。对历史做出判断并不是我的意图。诚然，我自己可以特立独行，但事后一定有人会说，拒绝庞培的提议是不明智的，那个男人马上就要再婚了，虽然我从来都不同意他迎娶我的侄女。就这样，庞培成了恺撒的女婿。庞培一直苛求他人的认可与赞赏，对此，没有人持有天然的义务。作为人，庞培需要的是自我认知、自我接受，而非他人的认可与赞赏。最为奇特的是，当人们试图提升自我时，总是以某些事务为参照，而非自己之所能为目标，也就是说，并未从人的角度出发。人都有弱点，但我们应当去认识它们，接受它们；人也都有优点，我们更应当找出它们并加以利用。没有自我接纳，就没有个人自由。因为真正的自由并不是战胜他人，自由从不是稀缺资源，自由是战胜自我，战胜自己的邪恶和不足。

与官员、朋友们一起散步时，他们的表现总是令我感到十分滑稽可爱，尤其当又有新的大事出现，一切又会变得浮夸荒诞，领导者又开始挥舞起引人注目的新的装饰品，周围的一切又开始躁动起来，节日般的盛装又充满了大街小巷。而我却总是秉持我的本色，赤脚黑衣，我乐于此，因为我要表达我的信仰，我不屑于助长这不稳定的现实。某种意义上，领导力就是榜样的力量。如果我们真的勇于审视自己，那很快就会明白，那些高高在上的领导者或许并不意味着比平头百姓能高明多少。在我们的身前身后，总有无数被遗忘的。这警示着我们，我们都是如此的卑微，都是历史长河中的匆匆过客而已，无论承认与否，事实就是如此。人性具有多面性，既有优良的品质，也有恶劣的一面，人性也是可以被教化的。真正的差异就在这里，最重要的缠斗并非来自外部世界，而是源自你的内心。如果能培养助长你优良的一面，我们就会拥有更多的勇气、毅力、智慧、善良、同情以及温和的品质，注重自身的行为会有助于良好品质的培养，否则会适得其反。在与他人的互动中，在社会活动中，人性起决定性作用，虚荣的浮华、空洞的奉承，等等，很多东西可以摧毁一个人。

我所担心的是：作为领导者，一旦屈从于其品质中恶劣的一面，他们就会失去最好的自我。领导者是他人的楷模，领导者的位置也并不是个人成长的阶梯。令人惊讶的是，有很多人都会投入巨大的精力以赢取他人的好感，也还有很多所谓的大师喜欢以他人廉价的奉承来装点自己。如果领导者追求虚名，乐于享受阿谀奉承，他们将永远不会满足。领导者必须明白，任何人都没有义务接受他们，只有自己接受自己。我相信庞培的弱点就在这里，他的自信是如此脆弱，因为他既无法把握自己又非常苛刻。一个成熟的人必须站稳自己的脚跟，而不是依赖于他人的支撑。

生活故事中的心理学——是什么让故事有力量？

在罗马，卡托被视为一个讲真话的人，一个无私的、诚实的政治家，享有崇高的威望。“卡托就是这么说的，肯定没错。”罗马这一流行的表述佐证了卡托的信誉。作为一名政治家，他完全不同于同僚，他拥有自己独特的大众形象。卡托并不认为自己是一名追随领导者的战士，且拒绝接受任何涉及军事领域的荣誉，也不喜欢参加游行庆典之类的活动。别人骑马，他走路，不论烈日当头还是冰天雪地，总是赤足单衣，因为他认为身体的苦难可以净化心灵。卡托与当时最顶尖的思想家讨论哲学，并说服斯多葛派大师阿特诺多鲁斯（Athenodorus）陪同他从帕加马（Pergamon）到马其顿（Macedonia），卡托认为，这是比为罗马赢得一场战争更为伟大的壮举，因为阿特诺多鲁斯大师从不服侍政治领导者与王公贵族。

卡托的日常工作是负责簿记管理，对奢华的极度蔑视、对正义的强烈热情使卡托成为管理国库的最佳人选。在他手中，罗马的财政管理发生了巨大的变化。当他监管塞浦路斯（Cypress）之前，很多人都在利用塞浦路斯中饱私囊。一如既往，卡托的到来断了大家的财路。在卡托的管理下，不仅付清了外债，还有盈余。卡托秉持原则，反对腐败，当然这会树敌，但更为卡托赢得了声誉与威望，罗马帝国从未有过更好的簿记员。卡托光明磊落，一心为公，堪称共和国的理想公民，但他刻板的原则性与理想主义色彩却令许多人头痛，西塞罗就是其中之一。他在一封信中写道，事实上，卡托相信自己生活在柏拉图的理想国，而非罗穆卢斯的洞穴中。许多人都与毫不妥协的卡托发生过冲突。在元老院，他一直占据讲坛，不停地演讲直至黄昏，以阻止尤利西斯·恺撒一份关于土地改革的提案。那是古代议会先驱们阻挠投票的方式，也是卡托得心应手的办法。不论是谁，只要卡托不同意他的提案，卡托就会采用同样的办法。也正因如此，卡托的形象被大家所接受。心理学家丹·麦克亚当斯（Dan McAdams）声称，通过我们自己的叙述，我们生活在自己的生活中，同时也以自己的角度看待他人。在文学研究中，叙事是基本技巧，一条主线贯穿始终，将所有的剧情串联成为一个整体。

麦克亚当斯声称，自我的首要任务就是要发现这根主线。所谓身份，实际上就是基于记忆中的重要生活事件，自己为自己定制的一个内化的故事。在这个意义上，我们人人都需要一部自传，而不仅仅是退休的政治家或什么名人。我们的记忆就是社会心理重构意义上的自传。麦克亚当斯强调，当重构这部自传时，我们试图达成四种共相或关联：

· 时空关联：生活必须与过去、现在和未来时空相关，这种关联不并一定总是线性相关。变化、矛盾或差别都是强有力的时空因素，为生活提供着关联及其可理解性。你曾经一定听说过某人要与自己的过去决裂，但没有人可以完全摒弃过去对自己的影响，而所谓的未来则代表着将要到来的希望与梦想。

· 因果关联：什么导致了什么？我们总是试图从因果关系的角度来理解自己。但是，其潜在的需求是意义，是我们对自己存在的意义的需求，因此，我们认为有必要为周围的一切寻找因果关系。

· 传记型关联：每个人的生活故事都有其文化内涵，包括价值取向与发展观等，而这些基本价值取向又主导着生命的全过程，包括成长、独立、事业、成功、爱情、友谊、经历以及旅行故事等。

· 主题关联：生活中，往往有某些不断重复的主题、某些反复出现的场景，许多往事都围绕着某些关键的主题展开。在这里，我们可以发现个体的独特性。

对于领导者，创作如此的自传就如同打造一个强大的工具，因为它提供了身份认同、意义以及情感取向。但作为领导者，不应该使用某些你无法与他人谈论的关键事件，因为这些事件尚未得到有效处理以适合不同的场景。就卡托而言，很明显，他的舞台基于其背景、家庭、文化特征以及共和国伟人的传记材料，包括因果关联，等等。当受到指责时，卡托则以罗马的理念为盾牌，也就是说，罗马即卡托，卡托即罗马，一荣俱荣一损俱损。由此，卡托获得了至高无上的道德优势。在任何时候、任何主题上，卡托为之奋争的都代表着罗马的整体利益而非个人利益。卡托在元老院的意见绝少有反对者，因为在某种意义上，反对卡托也就是与罗马的基本理念作对。大家都知道，卡托从不惧威胁、胁迫乃至武力骚扰，他不允许自己因恐惧而沉默，因为其使命就是伸张正义。正因如此，1300 多年后，意大利诗人但丁·阿利吉耶在不朽的巨著《神曲》中，将卡托描述为炼狱的守望者。也就是说，卡托被描述为人类心灵净化的守护神。卡托是一座丰碑，他将祖先的号召带到了未来的战场。

尤利西斯·恺撒自身拥有英雄特质，他与众不同，是青少年梦想中的英雄形象，体现着诸多我们的文化所崇尚的英雄元素。但问题在于，他的狡诈与野心也超出了我们的价值观所能容许的范畴。扩张、征服、战斗与竞争，所有的一切都必须要有限度。与他人及自己相处的生活艺术比获胜更重要。应当有人来呈现我们为什么做、做什么。对于许多人，无论男女老幼，恺撒是一位光彩照人的大英雄，一个英俊的、雄心勃勃的胜利者、世界的征服者。但恺撒从未认真审视自己，他的灵魂无法安宁。我认为，这起因于失去了存在的意义。而这正是我希望探究的领域，我不知道恺撒是否意识到问题之所在？或是如何努力以平衡全局？毫无顾忌的扩张与发展并非好事，良性发展必须兼顾社会的上下左右，而非仅仅出于个人野心。恺撒与我曾有过面对面的交流，他极端的实用主义给我留下了深刻的印象。世界的一切都在变化之中，新消息总能唤醒他的兴趣，而他最无法忍受的是沉闷。他可以谈论原则与理想，但一阵大风过后，他所谈论的一切可能随风而逝。一旦他发现新的世界，他又会像骑师一样，全力投入一场新的竞赛。我不确认这本身是否就是他秉承的理念。一个御风而行的人，相信只有速度才能拯救他，但强风袭来，没有什么东西能岿然不动。我不明白恺撒的这种取向，是因为有更深层的考虑吗？想必他无法回答。我认为，正是由于恺撒缺乏坚定的价值观，所以他需要依赖外界环境来证明自己。但如此一来，恺撒也就永远不会成功，永远不会快乐，除非他自我释怀，停止寻找下一个目标，停止与世界的抗争。要赢的不是世界，而是我们与世界的关系。

实质上，人类是一种爱好自由、不安现状的动物。恺撒相信，只有哲学才能涉及最核心的问题，他们称之为生命的伊壁鸠鲁式哲学，在涌动的激情中嬉戏。根据他们的人生观，每个人都接近真实的自己，并不存在更高的真理，人是独立的、躁动不安的，不存在与某个整体的联系，只有通过征服、胁迫或是控制，人才能创造出属于自己的世界。他们认为，环境的变化对人并无实质的影响，世界就在那里，人只能依靠自己。每个人都是独立的个体，都有自己的生存方式。无休止的躁动与不安驱动着恺撒及其手下，从一个目标到下一个目标，孤独求败。意义被摒弃，对享乐、声望与征服的渴望使他们远离了生命的价值。除此之外，还能有什么？只有

夏宫阿德里亚诺遗址　马赛克地面
高波　摄影

珍爱你最后的庇护所，即你内在的良知，作为一个生命体，作为一个人，作为一位公民，作为人类的一分子，以自由的内心去体察一切

斯多葛主义（the Stoicism）与恺撒赞同的伊壁鸠鲁主义（the Epicureanism）相对应，同为哲学流派，他们的根本分歧在于是外部因素还是内部因素激发了幸福感。伊壁鸠鲁派关注愉悦与兴奋感，而斯多葛派则关注心灵的净化与自我修炼。

斯多葛派的幸福之路是品格修炼，美德优先：勇气、智慧、温和与公正成就美好人生，而内心的宁静（Ataraxia）是美好人生的至高境界，每个人都必须找到自己，接受自己，并从自己所处的位置出发。哲学家爱比克泰德曾做过一个比喻：人就像被拴在车后面的一条狗，是自愿地跟着跑还是不情愿地被拖着走，那是个人的选择，顺从还是抵抗取决于我们自己。这种哲学流派以幸福生活为导向，教导人们去关注那些自己可控范围内的事物，即忽略那些自己无法掌控的因素，而专注于自己可控的范畴，并努力做出成就。从而，顺势而为，你就会获得自由。在很大程度上，这意味着找到真正的自我，并顺应自我。根据这个定义，内心的宁静就是自我接纳。这与苏格拉底的伴生灵魂（daemon）概念（即内心的声音，初心）不谋而合。为了做到这一点，首先必须要找到自己的伴生灵魂。专注于真正与自己和谐相处的 Hegemonikon（斯多葛学派的基本概念，指人的思维控制能力的原动力，是呈现、冲动、同意及推理这四种能力的原发掌控能力。——译者注），就可以找到真理的殿堂。反思为我们的共同发展提供了可能，而尊严与自我完善相关，这些是所有人都拥有的能力。虽然我们是单独的个体，但我们同属于一个整体，具有共同的特质，且相互关联。从而，生命哲学的基础是同理心，其研究过程与成果有益于整个群体。罗马的斯多葛学派是所谓自然法则（拉丁语 Rex Naturalis）的拥护者。根据该法则，所有生命都不可侵犯，并且，性别、出生地以及生物等级等方面的随机性不容干涉。卡托、西塞罗和马库斯·布鲁图斯都是这一学派的追随者。

罗马斯多葛学派的伟人们生活在罗马共和时代（公元前509年—公元前27年。——译者注），但最伟大的大师们生活在罗马帝国时代（公元前27年—395年。——译者注）。爱比克泰德是著名的斯多葛学派哲学家，生于公元55年，卒于公元130年，奴隶出身。获得自由后，他以讲授斯多葛哲学为生。但帝国最有名的斯多葛学派大师是皇帝本人。当时帝国的所有权力完全掌控在皇帝一人手里，元老院变成了咨询机构，仅为皇帝本人服务，帝国的管理风格完全取决于皇帝个人的性格喜好。在这种背景下，一位笃信斯多葛主义的人登上了帝国的皇位。对于一个人到底能掌控多大的权力，新皇帝持强烈的怀疑态度。他坚信，我们只是一个更大的整体的一部分，我们来到这个世界，带着各自的使命，但这个世界并不属于我们，唯一属于我们的就是我们自己。新皇帝认为，我们的工作就是尽其所能管理好我们自己，在很大程度上，这也就是接纳我们自己。进而，因为并非一切都可以依我们的意志而改变，这不是征服世界的问题，因为你既不可能拥有它，也不可能征服它，你只能生于其中。之后，一切都将归于尘埃，你将走进历史，就像你来到这个世界之前的那样。请注意当时罗马帝国的管辖范围，那是一个北起不列颠群岛，包括了整个欧洲、整个中东与北非，将地中海视为自家内湖的辽阔帝国。这个皇帝就是马库斯·奥勒留。在其六岁时被哈德良皇帝收养，绰号Verissimus——意思是“最真实的”。在哈德良皇帝临终时，安东尼·皮乌斯（Antoninus Pius）被指定为继任者并监护这个小男孩。在两任皇帝的熏陶下，奥勒留成为了最伟大的斯多葛学派大师之一。

在罗马的历史上，马库斯·奥勒留被称为悲剧式哲学皇帝。他没有太多机会享用哈德良的夏宫阿德里亚诺，尽管那是一个休憩思考的好地方。他在任期间，帝国战祸不断，少有和平清净的时光可以用来反思。尽管如此，他还是以日记的形式，在战场的黄昏，在生命的尽头，写下了欧洲思想史上最美丽的作品之一，皇帝本人的沉思。有幸的是，近2000年之后的我们，依然可以欣赏这些无惧时空的思想。这就是不朽的作品——《沉思录》。

他们共同的立场及其守望。世界不是被动的，不存在固有的价值，人也不是孤立存在的，我们都是某一整体的一部分。如果不是这样，那我们岂不是无源之水、无本之木？命运与共促使人们走到了一起，特别是当面临不确定的未来时。人们需要沉着尽责的领导者，群体的命运与未来应基于善良的理想与可持续的理念，呼唤坚实而稳重的领导者。渴望征服、期待崇拜、迷恋快感的领导者必将为他的追随者带来灾祸。

导向与统治意志是对追随者的不尊重，企及宏愿的意志必须以他人利益为前提，必须以他人情感为起点，也只有如此，才能凝聚共识，才可以在不断变化的世界中稳步向前。不同于其他生物，唯人类满腹经纶，肩负使命，目光深邃。价值与意义也正是基于此。而令人忧虑的是，在寻求成长和个人成功的过程中，领导者可能陷于自我陶醉，漠视快速变化的一切，从而忽视了价值与意义，最终迷失了航向。因此，只有自由可以护卫那些永恒的、益于人类的东西，因为我们具有相同的属性。如果忽略了这一点，将不再有任何理想来指导我们的发展，从而，似乎所有的道路都同样适用，而事实并非如此。

我真是个傻瓜，因为我总是不经意地被卷入政治漩涡。现实政治可以变得如此实用，以至于我们所有人都被变成了白痴。我注意到，感觉、个人愿望以及个人需求等，所有这些捉摸不定的东西是如何操纵、利用、诱导着我以优雅稳重的方式从事了动物行为。但毋庸置疑的常识呢？它有何用？我们为之奋斗的自由呢？自由与选择又有何用？我百思不得其解。有些人相信，正确的道路并不宽广，对此，我不敢苟同。我认为，对于自我发展，如何选择至关重要，有些事情总比其他事情好。这就是为什么自由并不是恣意的，自由应专注于有意义的事物，专注于如何使我们变得更好，而其他的一切则无关紧要。就如同狂风暴雨中波涛汹涌的大海，一切都会过去。对于自由，我并不需要比我需要的、应有的、现有的更多。自由是善，是善用自己，让人类最好的部分获得最大的自由度。

一个奴隶可以像我一样自由,因为外部环境不能剥夺他自我修炼的能力。这就是为什么奴隶制和其他约定，诸如性别、地位、背景等都是神以一种没有规律的方式分配的随机因素。因此，这些随机因素既不能定义我们如何看待自己，也不能定义我们如何看待彼此，且永远不能决定一个人的价值。人的价值不可侵犯，因为人的价值与人的理性和自我认知能力高度相关。我们都具备这种能力，使我们能够专注于内在的真实与净化，而非外在的争斗与控制。正是在这里，伊壁鸠鲁学派铸就了大错。他们认为，自由受制于外部条件与环境因素。呜呼，他们将人类的需求与人类的欲望混为一谈！因为他们相信自由的外化性，也就是说，具有最大行动空间的人占据了最有利的地位。假如真是这样，那么，到底是为什么？最终的结果又会怎样？高涨的欲望终将导致执迷与苛刻，而欲望的无限满足并不能导致自由，相反，它会导致高度的依赖。所谓的自由应当就是人从极度的快感中解脱出来的自由，通过这种自由，人可以选择更好的自己。在你自己的城堡中，你就是自己的国王！自由就是主宰自己，而不是被自己的欲望所奴役！在你的内心深处，你一定拥有某些更好的、更神圣的、超越那些使你的感官为之战栗的东西。在理想的情况下，人类能够画地为牢，将自己的肉体限定在恰当的范围内，将自己的精神从肉体中解放出来！勇气、智慧、正义、善良以及灵魂的健康是必须从我们自身迎取的品格的力量。这既不能被继承，也不能被视为理所当然。内在的坚守意味着外在的事物不再能够伤害你、左右你。这样的自由是免于一切胁迫与奴役的自由，是真正的自由。其结果是，这种通过自我认知而赢得的内心的平和与喜悦定将成就你更加美好的人生。就此而言，这种内心的斗争甚于外在的争斗，请记住这一点。

卢修斯·布鲁图斯（Lucius Brutus）——罗马共和国的创始人

公元前509年之前，罗马处于王政时代。第六任即最后一任国王是卢修斯·塔奎尼乌斯·苏培布斯（Lucius Tarquinius Superbus）。苏培布斯可能取自“骄傲”的意思，但更流行的称谓可能是“傲慢的塔昆（Tarquin）”。太过傲慢绝非好事。塔奎尼乌斯并不是合法继承人，他窃取了权力，且并未得到臣民的认可。他唯一的手段就是采用暴君的统治原则—恐怖统治。从这个意义上，他证明了自己的能力。在他统治期间，无论贫富无论贵贱，没有人有安全感。权力掌握在他一人手中，随心所欲。这样的统治当然无法持久。塔奎尼乌斯有几个儿子，其中一个叫提图斯（Titus），另一个叫阿伦斯（Arruns）。他们的父亲大限将近，他们都认为自己是当然的继承者。与所有帝王的后裔们一样，他们之间并没有太多的信任。于是，有了故事，他们需要借助于一个时至今日仍有特殊意义的机制来确定谁是继承人，即德尔斐神谕（the Oracle of Delphi）。因为在当时的罗马，发生了一件令人震惊的事：一条蛇从王宫的柱子里爬了出来。人们不知道那是什么寓意。但无论如何，不是一个好兆头。或许是考虑到本土预言家可能会给出不利于不受欢迎的摄政王的解读，塔奎尼乌斯决定征询顶级权威机构的意见。于是，他派出一个高级代表团前往希腊的德尔斐，迎请当时至高无上的神谕。当然，提图斯与阿伦斯是代表团的核心成员，随行人员也包括他们的表弟卢修斯（Lucius）。卢修斯绝顶聪明，王位竞争者的地位当然可能带来灾祸，他感到非常恐惧。在母亲的建议下，卢修斯一直以来都在装疯卖傻。他的表演非常令人信服，以至于他被昵称为蠢蛋（Dullard），即拉丁语中的布鲁图斯（Brutus）。

德尔斐女祭司有关不祥预兆的神谕早已被历史所遗忘。对于那个至关重要的问题：“谁将成为下一任罗马国王？”神谕说：“第一个亲吻母亲的人将成为下一任罗马国王。”提图斯和阿伦斯恨不能立即登船返回罗马。然而，布鲁图斯刚一走出神殿，就一个踉跄跌倒在地，显然，绝顶聪明的

“蠢蛋”布鲁图斯悟出了神谕的含意。他趴在地上，亲吻了脚下的大地——大地母亲。这样，布鲁图斯就成了第一个亲吻母亲的人，丝毫未给他的兄弟们留下任何机会。

当然，神谕不会在一夜之间或是不经任何触发机制就自动实现。不久之后，罗马与邻近的城市阿尔迪亚（Ardea）交战。那座城市奋起抵抗，全力保护自己，而罗马人则决定围城。这也意味着在激烈的战斗之余，男人们有喘息聊天的时间。自然，女人与性爱是最热烈的话题。谁拥有最美的妻子？不用说，这没有标准答案。接着，话题转到了美德与贞洁，其中一位军官突发奇想：“咱们现在就回罗马，突袭一下，看看女人们表现如何，自然就可以评选出最忠实、最贞洁的女人！”在酒精的作用下，没有人不认为这是一个绝妙的计划。于是，男人们一个个翻身上马，直奔罗马。现实是无情的，他们的妻子并未为自己的丈夫担惊受怕，相反，她们在尽情享受着狂野的聚会，几乎没有表现出思念丈夫的任何迹象。只有一名女性不在其中，即卢克蒂娅（Lucretia），一名士官的妻子。人们发现，她独自一人坐在家里，在她的织布机前，端庄地工作到深夜。她也是最美丽的妻子之一。事实上，她是如此的美丽，以至于国王的第三个也是最小的儿子西克图斯·塔奎尼乌斯（Sextus Tarquinius）产生了无法抑制的爱慕之情。第二天，其他人都回到了战场，而西克图斯则去找了卢克蒂娅。作为王子，他受到款待，得到食物和住所。但到了晚上，西克图斯闯入卢克蒂娅的卧室，用剑胁迫她同床共寝。贞洁的卢克蒂娅简短地回答说，她宁愿死。被激怒的西克图斯说，如果死亡不足惧，那就再加上耻辱，他会杀了她，然后再杀死一个奴隶，放在她的床上，这样大家都会相信她是被捉奸而死。卢克蒂娅被吓坏了，不得已顺从了西克图斯。如果事情就此而止，那就不能称之为贞洁烈女卢克蒂娅。过后，卢克蒂娅召集了自己的丈夫——国王军队中的士官、她自己的父亲和其家族的密友——即“蠢蛋”卢修斯·布鲁图斯。当着三个人的面，卢克蒂娅说出了事情的经过。“请给我你们的庄严承诺，你们将为我报仇！”她说。在得到三个男人的承诺后，卢克蒂娅猛然拔刀刺入了自己的心脏。她的丈夫和父亲崩溃了，而盛怒的布鲁图斯也露出了真容。布鲁图斯拔出卢克蒂娅的匕首，递给她的父亲和丈夫，说道："在国王的不公正面前，我以这无辜者的鲜血发誓——你们和众神为我见证——我要竭尽所能，以剑，以火，以任何方式摧毁卢修斯·塔奎尼乌斯·苏培布斯和他那邪恶的妻子以及他的孩子们，从此以后，不容许任何人统治罗马！"随即，布鲁图斯号召人们一举推翻了塔奎尼乌斯。

在布鲁图斯的领导下，罗马王政被废除，塔奎尼乌斯及全家遭到流放。通过选举，任命了两名执政官共同服务新的国家——罗马共和国。规定今后每一年，同时选举两名执政官，共同执政。因为，权力在一个人手中总会走入歧途。首任共同执政官是卢修斯·布鲁图斯与卢克蒂娅的丈夫卢修斯·塔奎尼乌斯·克拉第努斯（Lucius Tarquinius Collatinus）。那一年是公元前509年。

希腊德尔菲神庙遗址

人无论如何伟大，终有一死。罗马的权贵们也是一样，我只能这样不断地安慰自己。即便如此，我的内心仍无法安定，思绪也无法平静，不能免于环境带来的焦虑，甚至无法与他人和睦相处，依然无法确定是否唯有智慧才能催生恰当的行为。我仔细观察，试图发现人到底受控于什么，特别是那些智者，他们追逐什么，青睐什么。然而，外部的琐事总使我心烦意乱，我应当多花些时间努力向善，让自己安定下来，同时，要警惕另类需求驱使下的不安。总有些人，“勤奋地”挥霍了自己一生的时光，未能专注于某些有意义的事，直到生命的尽头，依然不像是个智慧生物，即便其生命延续三千年甚至三万年，也是如此。请记住，大江东去，芸芸众生，只有你自己可以为自己负责。在这个意义上，生命的长短无关紧要，因为那一刻失去的就是你所拥有的全部，没有人可以失去他所没有的东西。人应当摆脱所有无关紧要的东西，专注于某些有意义的东西，将你的思想集中于假如每个人都只活在这一刻、这一瞬间的想法上。永远不要忘记，你与所有有思想的人都相互关联，对同胞的同情心是人类的天性。当然，你无须忧虑非自由意志者的忧虑，只有那些遵循本性生活的人的想法才值得去借鉴。请不要允许那些完全无关的东西来侵蚀你内在的善良、你的理性和你对同胞的情感，诸如掌声、职位、财富与欲望。因为所有这些东西，即便它们在短时间内似乎非常和谐地与你相处，但或早或晚，总有一天，它们会占据上风并将你纳入它们的控制之下。每当太阳升起，请提醒自己：“我的使命是唤醒人类。”你被创造出来就是要躺在毯子下面吗？“可是这里好舒服啊！”来到这个世界，是为了舒适，还是另有使命？

一个明白自己应该做什么、明白道德世界是人类不可分割的一部分的人，才可能拥有真正的快乐。而责任感更是所有生物与生俱来的天性，更不用说拥有智慧的人类。一个人，可以通过两种方式毁灭自己，即要么通过毁灭他人进而毁灭自己的人性，要么直接毁灭自己。人拥有的最重要的东西就是自己，我们每天都在展示自己，永远不要忘记这一点！如果我们对他人不好，由此带来的对自己的内在的伤害会更大。理解这一点很难吗？我们的生活是相互关联的，对他人的伤害必定会映射回自己。如果领导者玩弄权力，那必将导致未来的灾祸。一个社会、一个国家的强弱可以通过公民的自豪感以及对共有的理想和价值观的认同与守候来判别。这就是共和国的理念与背景。如果你理解了这一点，你就会看到法律既合理又自然。当然，法律时常也会被违反，但这并不意味着法律本身有问题！恰恰相反，法律的作用是保护由理性且明智的人所界定的每个人的最佳利益。父母们培育未来，而领导者必须培育文化，如果不了解这一点，任何人都无法担任领导职务。与权力如影随形的责任应该是掌权者的重中之重，承担超出自己能力的责任需要勇气。如果不考虑我们是同一个命运共同体的成员这

夏宫阿德里亚诺遗址
高波 摄影

卡托之死

By Pierre-Narcisse Guérin, Own work, Tylwyth Eldar. Public Domain

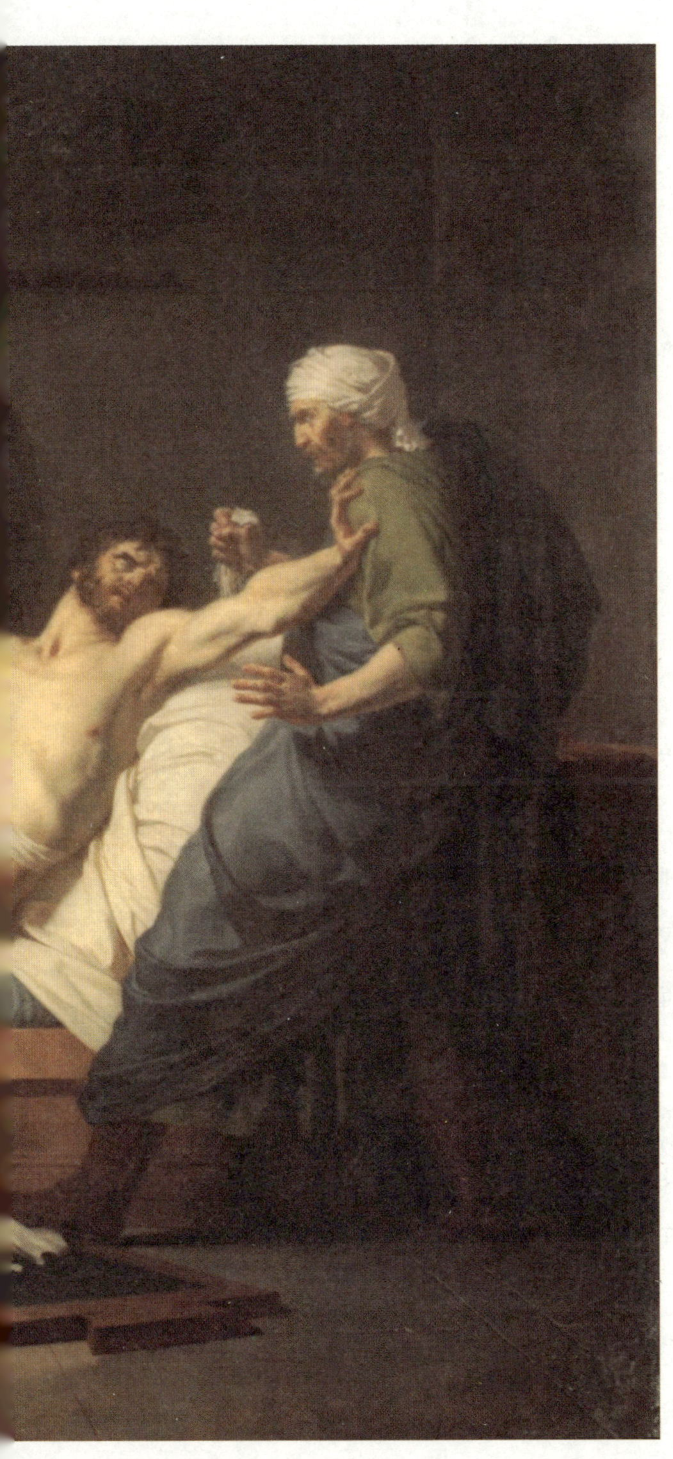

一事实，一个共同体就不能基于个人的自我表达，因此，领导者不能以自己为目标，而必须将自己置于被高于自己的意义所带来的责任的制约之下。如果不是，他所能带来的就不仅仅是他所创造的成果。现在，我眼前的一切都将很快被摧毁，因为尤利西斯·恺撒将共和国的优良传统，包括智慧、正义、良好习俗与适度管理等都踩在了他的脚下。

我们朝着一个目标努力，有些人是有意识的，有些人却是无意识的。我们所有人都被指派到了我们所希望的位置，我们都是同一有机整体的一部分。一个人绝不能将自己视为是完美无缺的或是至高无上的君王。文明意味着社会认知与社会责任，即其成员有超越自我的思维能力，一个社会只有在其成员成为公民时才可以被称为文明社会。而只有当其成员不仅仅为自己，同时也承担并履行社会责任时，他才能被称为公民。现实源自自然，如同花开花落，更有周期更替，总有一些东西需要以史为鉴。一切都是相互关联的，我们必须遵守这样一个事实，即：我们同根同源，应该和谐相处。自然界中，所有生物都依律而行，如果我们不能，我们将彼此摧毁。自然并不自相矛盾，其中的所有元素都相互需要、相互增强，组成了一个有机的整体。我们都有机会在这一整体中发挥自己的作用，尽己所能，不可僭越。现实中，总有些人自不量力，那是可悲的。因为，一旦你承担了一个自己无法胜任的角色，你必然会犯两个错误：你将所扮演的角色演得很糟，同时，你也忘记了你本应扮演的角色。就我自己而言，我很快就会完成我的角色并过上我应该过的生活。

我一直在想西塞罗。他依赖三巨头，为自己获得名望和尊重。靠着高利贷者克拉苏的贷款，他在帕拉蒂尼高地购买了一处宏伟的房产。当恺撒和庞培赦免了他，并召其回到罗马后，他感恩戴德，颂扬恺撒，并感谢他提供的部分贷款以及他兄弟昆图斯（Quintius）获得的职位，同时，也无原则地讨好庞培。修辞大师西塞罗对现实的迷恋使他欲罢不能，共和国的西塞罗，我一直非常尊敬的人，已经两次屈服于诱惑，沦为欲望的走狗、具有高超修辞技巧的狗。尽管如此，我对他的钦佩远比他个人认为的要多，虽然有分歧，但我尊敬他，可我不知道他是否能战胜自己的政治欲望。令我更加忧虑的是下一代领导者的候选人，他们会是什么样的人？我向众神祈祷，希望他们能把握自己，不要在落日余晖的阴影中迷失了方向！不要仓促行事！不要让自己随波逐流！永远冷静地处理自己的想法！领导者必须像悬崖一样俯瞰大海，任由狂暴的海浪肆虐，不屈不挠，终将会迎来风平浪静万里无云的朝霞。

一切都将成为传奇。我们各自都有值守的时段，我并不担心死亡。与其追求生命的漫长，不如短暂地拥有真理。同样，死亡也是众神分配给我们的任务，做好准备就好。我的曾祖父曾是一位政治家，因为我从小就失去了父母，所以我一直觉得和死神很亲近。我们都是比我们自己更大的事物的一部分。就人类历史而言，我什么都不是，但管理我的生活仍然是我最宝贵的职责。这对于我，绰绰有余。如果恺撒来了，我准备好了。

斯多葛派大师之死

在罗马内战期间，许多斯多葛派都反对恺撒。斯多葛派认为，所谓自由不是外在的，为所欲为也并不代表着自由。相反，斯多葛主义者认为，自由是内在的——是主宰自己生活的自由，旨在自我控制自我提升，这也就是你 Hegemonikon 之所在——你必须培育自己内在的自由。归根结底，这种决定自己生命的自由，本身就是生命意志的体现。在哲学意义上，因为我们来自大自然，死后没有生命，所以，死后的我们将去往别的地方，这毫无疑问。而我们的肉体则无处可去，只有化作粉尘重归自然。年轻的卡托是罗马内战中自杀的人之一。当时，恺撒率领他的精锐之师跨过卢比孔河（Rubicon River），进军共和国的心脏罗马，罗马内战爆发，也标志着罗马共和国进入了暮年。当时，在今天突尼斯（the Tunisia）的尤蒂卡（Utica），恺撒终于包围了贵族派中的精神领导者卡托。也就是在这里，年轻的卡托留下了他生命中最后的印记，一张字条，内容大概如下：

尤蒂卡的一切都很平静，许多人已经离开，我强烈建议我的朋友们也尽快离开这里。我陪同他们来到港口，建议他们去谈判投降。我的卫兵竟然把我的剑藏了起来，真是愚蠢！但我理解他们的忧虑与恐惧。凡事都有一个因果！夕阳下，我看到长长的影子，当太阳落入沙丘的背后，影子消耗着越来越多的悲伤。事实上，我从来没有像现在这样与自己和谐相处。

我看到恺撒的先头部队正在逼近，很快就会抵达这里，很快，尤利乌斯·恺撒本人也会到来。但，我的生活要遵照我自己的原则，而不是成为他人的奴隶。恺撒不会得到他认为我可以给予他的宽恕，我不会告诉他，他错误发动的内战是正确的。如同送给孩子们的礼物，把赦免当作施舍，那并不是他的追求，而是他真实的自我！我知道，他需要我，我知道，他想实施他的仁慈于我，以显示他的慷慨、他的卓越、他的力量！显示他能够以这种方式主宰他人的生活！对他来说，那一定是自我肯定的终极形式。但我，我不会给他那种快乐。等他来了，我就走了。春蚕到死，我已经尽我所有，恺撒如何，那将是他的命运。但在我这里，他既找不到宽恕、赦免，也找不到希望。他来的时候我已经死了，因为我的生命掌握在我自己的手中。我就是我，小卡托，永远如此！

推荐读物

1.Clough,A.H.(2001).*Plutarch's lives,Volume II.The Dryden translation*.New York:Random House Inc.

2.Inwood,B.(2003).*The Cambridge companion to the stoics*.New York:Cambridge University Press.

3.Stephens,W.O.(2007).*Stoic ethics.Epictetus and happiness as freedom*.London:Continuum International Publishing Group.

4.McAdams,D.P.(1997).*The stories we live by.Personal myths and the making of the self*.New York:The Guilford Press.

5.Aurelius,M.(2004).*Til meg selv*.Cappelens upopulære skrifter.Oslo:Cappelen Damm Akademisk.

阿莱西亚古战场遗址，位于现法国第戎（Dijon）西北部

第六章 黑暗之中的高卢

今日困境，究竟从何而来？尤利西斯·恺撒率领 6 万罗马大军，被困于高卢。前方是久攻不下的阿莱西亚，那里驻扎着维钦托利（Vercingetorix）的 8 万大军，周边是勃艮第连绵的群山，如同阴森的牢笼，唯一撤退的道路是卢瓦尔河谷西南方向的通道，但 25 万愤怒的高卢人正在急速北上，扑向那唯一的出口，牢笼即将关闭。

命运青睐机遇。大力神赫拉克勒斯曾在此地筑下一座城池——阿莱西

盖乌斯·尤利乌斯·恺撒

By Nicolas Coustou - Jastrow (2006). PNG by Ssolbergj (2008). Public Domain

亚（Alesia）。而在恺撒曾经任职的加德斯郊外，有一座祭奠赫拉克勒斯的神殿。在那里，恺撒曾感叹于亚历山大大帝的丰功伟绩。而在今天，在赫拉克勒斯的阿莱西亚，恺撒引以为傲的半生功绩可能灰飞烟灭。7 年来，恺撒以铁血政策统治阿尔卑斯山以北的疆域，几个世纪以来困扰罗马人的噩梦——高卢人，在他们自己的家乡受到压制，罗马西部的威胁消除了。但是现在，在这个 9 月，所有的一切都可能烟消云散。维钦托利率领大军来到阿莱西亚，这里也是高卢祖先的发源地。风云突变，狼烟四起，高卢人的黑暗之神将被唤醒，他们的敌人将被摧毁。命运之神将再次降临，但这一次，谁又能得到她的垂青？高卢之战在即，维钦托利站在阿莱西亚的城墙上，脸上挂着冷冷的微笑，等待着恺撒的覆灭。

选项仍然存在。恺撒可以迅速撤往南方，那里是罗马的地盘，虽然秋风乍起，但为时尚不算晚。等熬过冬天，就可以招募新兵补充力量，待春季到来再寻战机挽回败局。但是，罗马的政治家们并不这么想，卡托及其贵族派已经嗅到了不同的气味，他们就像是饥饿的狼群，急迫地等待着猎物露出破绽。单纯从军事角度考量，将决战推迟半年，是否是更好的选择？维钦托利的实力是否也将增强？或是就在当下，破釜沉舟一战定乾坤？

庞培、克拉苏和恺撒联手统治罗马已有 8 年。公元前 59 年，恺撒被选为执政官。在一年内，他实施了一连串的改革，大大限制甚至废除了贵族阶层的许多特权。贵族们被激怒了，他们试图以各种方式反击，但恺撒油盐不进软硬不吃。虽身为执政官，恺撒并未谋求自己的利益，相反，他试图改变罗马。但改革总要付出代价，那些因此而失去权力与财富的人视恺撒为大敌。高瞻远瞩的领导者总有自己的宏伟蓝图，远非树荫下妇人们的花园美景。

在恺撒所有的政敌中，有三位苦大仇深的代表人物。第一位是马库斯·卡普尼乌斯·比布鲁斯（Marcus Calpurnius Bibulus），他与卡托家族有联姻关系，与恺撒同为执政官。他曾被当众殴打，愤怒恐惧之余，躲在家中办公，试图通过遥控行使领导权。西塞罗曾嘲笑他不知天高地厚。第二位是卢修斯·多米蒂乌斯·阿诺巴比斯（Lucius Domitius Ahenobarbus），同样，他也与卡托家族有联姻关系。他一直以来都与恺撒为敌，对恺撒的仇恨，已远远超越了正常的政治分歧。阿诺巴比斯反对恺撒所做的一切。值得一提的是，阿诺巴比斯有个非常著名的直系后代——疯子尼禄。在某种意义上，这似乎佐证了其家族的基因。第三位当然是卡托。卡托是个狂热的个人理想主义者，缺乏务实的政治态度。同时，卡托也是个自相矛盾的人，他的行动直接否定了自己的理念。他与腐败作斗争，但却贿赂人们以阻挠恺撒的提案；他寄希望于纯粹的辩论，但却采用拖延战术阻止投票，以至于被愤怒的恺撒赶出了元老院。喋喋不休的卡托到死也没有停止过他的抱怨。恺撒从罗马民众的角度出发，不偏袒贵族阶层。卡托完全不接受恺撒。最令卡托难以接受的是，他的妹妹塞维利娅（Servilia）居然站在恺撒一边，成了恺撒热恋中的情人，当然，这破坏了卡托家族内部的和谐。罗马的流言甚至说塞维利娅的儿子马库斯·布鲁图斯实际上就是恺撒的儿子。卡托恨透了恺撒，恺撒的一举一动，都会激起卡托的无比愤怒！

这三个人——比布鲁斯、阿诺巴比斯和卡托——专心致志对付恺撒。但他们不敢招惹克拉苏和庞培，恺撒就是他们唯一的靶子。整个贵族阶层都被他们动员起来。这时的西塞罗躲在背后，引而不发。他一度想站在三巨头一边，因为他收到邀请，可以将三重奏扩大为四重奏，但这也意味着与另一方的决裂。在漫长的一生中，西塞罗从未真正有过自己的立场。他讨好恺撒，向庞培示好，更不忘无底线地吹捧卡托，同时，还热衷于与罗马显贵们的交往。靠着自己的努力，西塞罗一步步攀上了罗马政坛的顶层。他是一位没有根基的新人，某种意义上，西塞罗体现着暴发户心态。也正因如此，他最关心的就是自己的声望。在贵族们的围猎行动中，他试图以智者的姿态超然于众。而卡托则不然，他至少不乏行动的勇气。

只要恺撒担任执政官，就享有豁免权，但在一年任期结束后，围猎者们一定会动用所有可能的手段来推翻他的法令，并摧毁这位罗马的改革者。贵族们曾经就是这样对付格拉基兄弟（the Gracchi brothers）的。那么现在，为什么没能打败恺撒呢？毫无疑问，虽然他们人多势众，但恺撒也有自己的办法。恺撒利用罗马的法律削弱了贵族派的地位。而这也正是贵族派力图反扑的地方。一旦恺撒退缩，他们立刻就会群起而攻之，置他于死地。到那时，无论是克拉苏的钱还是庞培的军事声望，都将无济于事。没有豁免权，恺撒必死无疑，那么，就只剩一种可能：再次获得豁免权，同时，为自己建立更强大的权力基础。

对恺撒而言，唯一安全的出路就是在罗马众多的行省中找个总督的职位。执政官任期届满后担任某个行省的总督，是罗马政坛的惯例。总督同样享有司法豁免权。当然，卡托及其朋友们不会不知道。于是，他们千方百计地制造麻烦。在所有的罗马行省中，最受追捧的地区是富饶的小亚细亚、传统希腊文明地域以及矿产资源丰富的伊比利亚半岛。到这些地区任职是退役执政官们的首选。可是，恺撒与之无缘，贵族们设置了重重障碍，防止恺撒获得任何积累财富、建立同盟的机会。等待恺撒的只剩下边防前哨、遥远的边陲以及荒蛮凶悍的属地。

有这样一个地区，差到了无以复加。2000多年前，文明之光远未惠及于此。那里只有茫茫无际的阴暗森林，死水瘴气横流，冬季异常寒冷，是野蛮原始部落的领地。这就是位于阿尔卑斯山以北，当时所称的高卢地

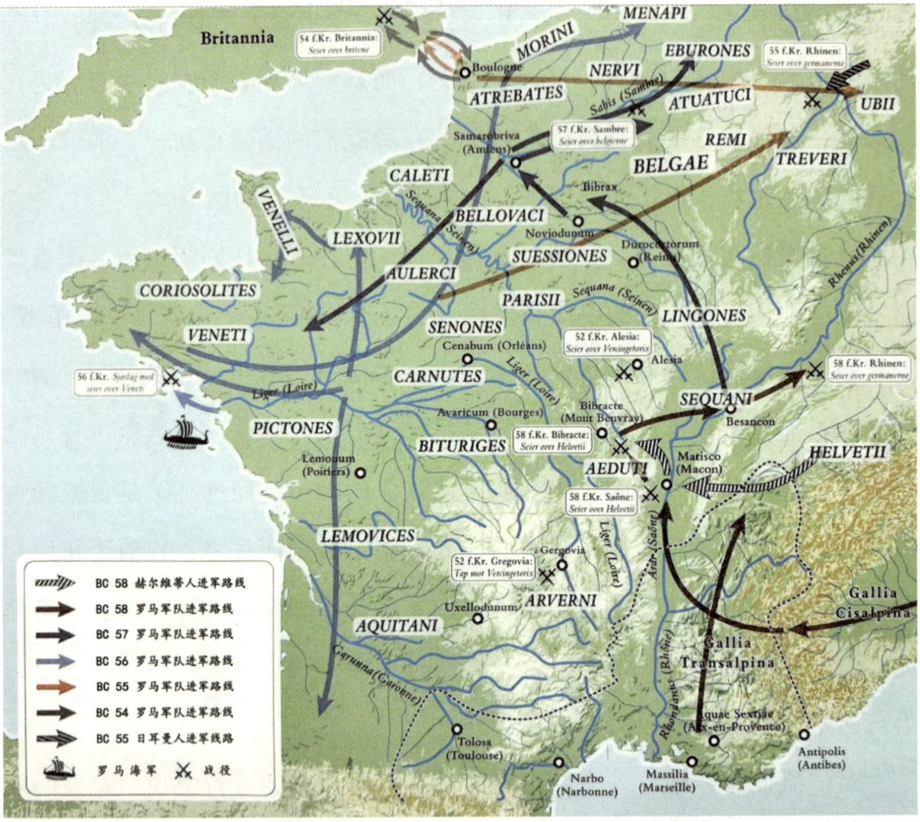

恺撒高卢战役图
Public Domain

区，大致相当于今天的法国。数百年以来，罗马人的噩梦不断，那是来自高卢地区横扫阿尔卑斯山入侵意大利半岛的异教徒与“野蛮人”。最近的一次大规模入侵是大约 40 年前。当时，恺撒的叔叔盖乌斯・马里乌斯，罗马政坛平民派的领导者，挺身而出，率领罗马大军奋力抵抗，击退了高卢人，使罗马免遭洗劫。在那些高卢人身上，隐约有一种令人敬畏的东西。他们身材魁梧，大胡子，身着涂成蓝色的盔甲。对于文明而有教养的罗马人，最糟糕的噩梦就是高卢人曾经占领了罗马广场和城市剧院。自古以来，高卢人就是罗马焦虑的根源。如果说迦太基是顶在罗马喉咙的剑，那高卢就代表了陷入沼泽时的原始恐惧。因此，罗马人试着沿阿尔卑斯南北两侧建立了一个缓冲区。阿尔卑斯山北侧的缓冲区被罗马人称为“Provincia”。这个名字一直延续至今，即今天的普罗旺斯。以当时罗马人的眼光，那就是一个位于黑暗原始森林边缘的小型贸易驿站，是文明世界的边缘。再往北，就是黑暗的地狱。对，总督恺撒的领地就在那里。

乍一看，那是个无望的选择。唯一的好处可能就是躲避罗马的政敌，但同时也远离了政治舞台。但是，联想到那里曾经发生过的故事，恺撒的政敌们不禁不寒而栗。平民派领导者马里乌斯后代的选择看似黑风孽海，实则暗藏杀机。恺撒意图在自己祖辈建立功勋的地方接过先辈的衣钵，续写家族的荣耀。细思极恐！卡托恍然大悟，迅速组织力量，出手阻止。无奈，恺撒得到了庞培的支持，任命通过了。终于如愿以偿，恺撒禁不住吐露出自己的心声：“放吾归山林，必随汝心愿。”虽然如此，但很多人并不以为然，即便是支持他的庞培，也担心恺撒是否真能制服高卢人。

眼下，一场大战即将来临。高卢的军队已在路上，整个地区的紧张气氛已到极点。坦率地讲，此时的恺撒尚不是一位经验丰富的三军统帅。初出茅庐即入此险境，他的雄心壮志，他的深切渴望，他的一切，很有可能将葬送于此。刚一离开罗马，恺撒就收到报告，高卢的军队已经从阿尔卑斯山北方的日内瓦湖出发，直指普罗旺斯。高卢人声称他们为和平而来，只是想巡视自己的领土。这真是鬼都不信的人话！恺撒知道，高卢的主要部落已经形成联盟，如同阿尔卑斯山顶滚落的雪球，如果不及早粉碎，他们将一路加速势不可挡，普罗旺斯将处于危险之中。眼前这个部落——赫尔维蒂人（the Helvetians）40 年前曾与恺撒的叔叔作战。现在，他们想再碰碰运气。恺撒迅速在普罗旺斯发起动员，征召的军队数量远远超过了元老院的授权。随即，恺撒展开行动，直接发起攻击。罗马人以攻为守，将战争带到了高卢人的家门口。这也是罗马大军首次挺进高卢。终于，高卢人自己也尝到了家园被毁的滋味，赫尔维蒂人的部落被击溃了。当阿尔卑斯山的另一个高卢部落跨过索恩（Saone）河，继续向普罗旺斯进发时，恺撒已无后顾之忧。这位年轻的统帅再次证明他无愧于公民的王冠，展示出令敌人胆寒的无畏与决心。恺撒率军连续追击两个星期，终于在比布拉克特（Bibracte）一举歼灭了敌人。卡托、比布鲁斯、阿诺巴比斯异常震惊，这个恺撒到底有几条命？！

高卢大致由三部分组成：阿基塔尼亚（Aquitania）、比利时（Belgium）及其他几个小部落。在恺撒看来，它算不上是一个国家，充其量只是个由贵族统治的松散联盟。恺撒力图彻底解决问题，一劳永逸地消除他们对罗马的威胁。他的做法是分化瓦解各个击破。某些相对友好的部落得到了特殊的对待，还有丰厚的礼物。这方面，恺撒从不吝啬，因为回报总是丰厚

高卢战争及其叙述

恺撒离开罗马去追随先辈的足迹，他需要树立自己的形象。每年冬季，恺撒都会完成一份正式的年度工作总结，发给元老院。事实上，元老院并不是恺撒真正的目标，罗马的大众才是恺撒的目标读者。恺撒需要建立个人声望，他希望为自己塑造一个传奇，为此，人们必须传颂他的丰功伟绩。于是，两位在罗马的密友卢修斯·巴尔布斯（Lucius Balbus）和盖乌斯·奥皮乌斯（Gaius Oppius）被委派进行公关造势，在整个罗马传播恺撒的故事，在大街小巷营造恺撒的形象。人们为恺撒的胜利而欢欣鼓舞，被罗马大军的英勇顽强而感动。恺撒知道，他在为谁而写。他在第一份报告，即公元前 58 年的总结报告中，“罗马人民”一词被提及了 41 次。恺撒是人民的恺撒，继承着先辈马里乌斯的遗志。通过这些报告，他构建了自己的光辉

的。对于那些拒绝臣服的部落，则坚决剿灭。三年后，高卢被彻底征服了。紧接着，恺撒又采取进一步行动以安定边境地区。一是跨过莱茵河打击日耳曼人，二是越过英吉利海峡在英伦诸岛上留下罗马人的印记。实干固然重要，宣传也必不可少。每年冬天，恺撒都会书面写下自己的丰功伟绩，不仅送达元老院，更要派人在罗马的大街小巷广为宣传。叙事创造意义，而意义造就领导者，于是，恺撒成了领导者。

桀血满袖，胜利不朽。即便是远在罗马的贵族们，也不得不称赞恺撒的功绩。但恺撒真正的成功不在于军事上的胜利，而是政治上的成功。当时只有少数人意识到这一点。恺撒刚到高卢时，罗马驻军军纪涣散，甚至发生过叛乱。面对危局，恺撒必须凝聚人心，重振军威。同时，这也是恺撒第一次真正拥有"自己的"军团，他要赢得他们的爱戴。试想一下，在今天的大型组织中，领导力到底意味着什么？你是否值得人们去追随？一

形象。10 年来，恺撒坚守在高卢，从未回到过罗马，但很少有人比他更有存在感。这些故事的生命力如此强大，甚至超越了恺撒本人。

客观地讲，以恺撒的智慧，他的工作报告不会是浮夸炫耀的宣传稿。随着高卢战争接近尾声，这些报告被收集起来，合并成册，《高卢战争》（*De Bello Gallico*）从此流传于世。2000 多年来，拉丁语系的学生们一直苦于其开篇的句子：Gallia est omnis divisa in partes tres——"高卢是由三部分组成的一个整体。"恺撒的写作方式准确客观，从不渲染情绪，而是让事实说话。当然，事实是被筛选的，少即是多。他欲说还休，并以第三人称指代自己，不为其他，只是刻意营造一个客观的视角。真相远比浪漫持久，即便真相并不十分真实，但至少叙事手法是平实客观的。因此，《高卢战争》淘汰了本地版的"真理报"。

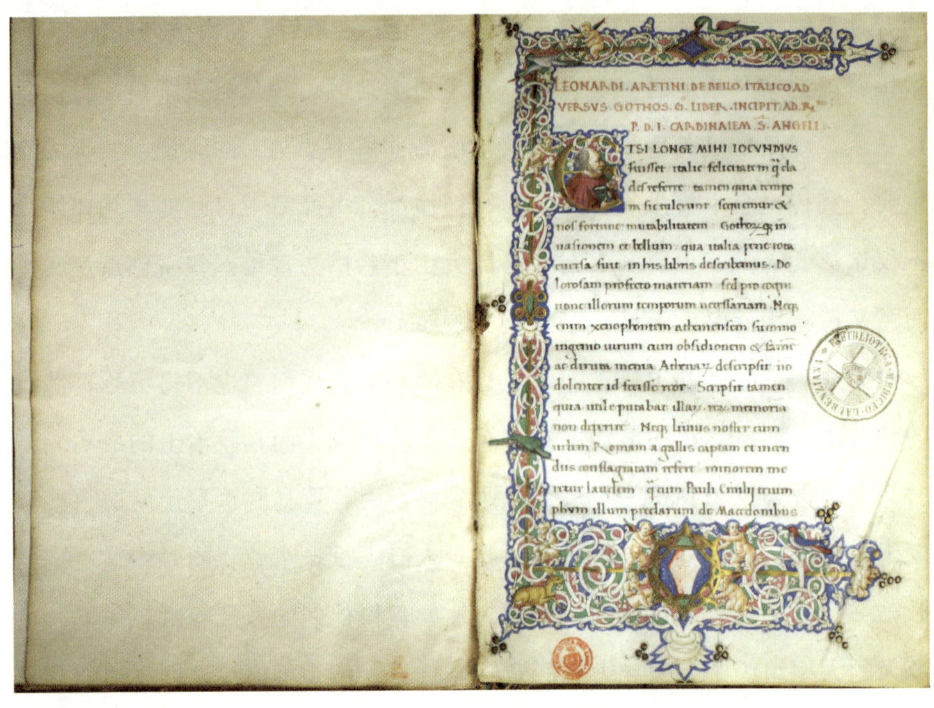

LEONARDI. ARETINI DE BELLO. ITALICO AD
VERSVS. GOTHOS. G. LIBER. INCIPIT. AD. R.
P. D. I. CARDINALEM. S. ANGELI.
ETSI LONGE MIHI IOCVNDIVS
fuisset italie felicitatem q cla
des referre tamen quia tempo
ra sic tulerunt sequemur &
nos fortune mutabilitatem Gothorum in
uasionem et bellum qua italia pene tota
euersa fuit in his libris describamus. Do
lorosam profecto materiam sed pro cogni
tione illorum temporum necessariam. Neque
enim xenophontem athenensem summo
ingenio uirum cum obsidionem & famem
ac dirutam menia Athenarum descripsit no
dolenter id fecisse reor. Scripsit tamen
quia utile putabat illarum rerum memoria
non deperire. Neque liuius noster cum
urbem Romam a gallis captam et incen
dius conflagratam refert minorem me
retur laudem q cum Pauli Emilij trium
phum illum preclarum de Macedonibus

《高卢战争》1459 年佛罗伦萨出版，美第奇洛伦佐图书馆收藏

种可能是，人们可以奉承你，把你留在那奢华写字楼的顶层，让你独自欣赏你的宏伟计划；而另一种可能是，他们与你至死相随，为你付出一切。那到底是什么决定了这一切？当然，是领导者与追随者之间的关系。恺撒是人际交往的大师，其魅力可能超出了我们今天的想象。在极短的时间内，恺撒赢得了士兵们的爱戴。士兵们追逐着他，无论寒暑，不惧危险，无须军纪的约束，不论是第一个跳下战舰踏上英格兰的战士，还是那个从沼泽中救出同伴的普通士兵，他们都乐于为自己的指挥官牺牲一切。在寄往罗马的报告中，恺撒所描述的都是他们的故事，而非首席执行官的英明决策。恺撒特别关注一线士兵，关注下层军官、百夫长，他们才是恺撒的中坚。在《高卢战争》中，恺撒讲述了一个又一个故事，讲述了他们的力量、他

恺撒的青年近卫军——第十军团

每一位领导者都会有这样的愿望：选择一群青年俊秀，精心培养，将他们打造成忠于自己的优秀团队。在高卢，恺撒打造了自己的青年近卫军，其中最著名的是他的第十军团。那是一个传奇军团，有一群卓越的战士。从一开始，恺撒就特别信任他们。奇特的是，他们甚至不是来自意大利的嫡系部队，而是来自西班牙安达卢西亚（Andalusia）的雇佣兵。他们在高卢崛起，在桑布尔和阿莱西亚的大战中证明了自己。在随后的岁月里，他们追随着恺撒，在英格兰、在希腊、在北非、在西班牙，忠诚与勇猛成就了他们傲人的战功，也成为恺撒的制胜法宝。就领导艺术而言，庞培永远无法望恺撒之项背。在决战法萨卢斯（Pharsalus）之际，面对自己的最高指挥官恺撒，百夫长克拉斯蒂努斯（Crastinus）大声宣告："报告指挥官，本次战斗结束之际，无论我是否还活着，我一定会赢得您的感谢！"克拉斯蒂努斯信守诺言，裹尸疆场。但连年征战，总有厌倦之时。终有一天，第十军团想回家了。恺撒对他们说："好吧，我感谢你们，我们就此作别，我会如数付给你们我承诺的一切。但当我与其他军团最终赢得战争之后，他们将获得另一项当之无愧的奖励，罗马公民身份……"啊？这怎么可以！他们才是他的士兵，他是他们的统帅，是他们的神，而不是什么花钱雇来的枪手。于是，他们再次回到了战场……

们的忠诚以及他们如何以自己的方式摆脱危机。其中两个典型的百夫长，沃伦努斯（Vorenus）和普罗（Pullo），后来成了HBO电视剧《罗马》的主角。在恺撒的笔下，他们是两个拼死竞争的好朋友，他们的英雄事迹交相辉映，而一旦一方陷入困境，另一方总是拼死相救。恺撒非常明了自己的作用，铁打的营盘流水的兵，中下层军官最为关键，是一支军队的核心。恺撒认识他们每一个人，叫得出他们的名字。在桑布尔（Sambre）之战的危急关头，恺撒立于大军阵前，呼叫着每一位百夫长的名字！今天，有几个领导可以效仿？

士兵们为什么喜欢他？哈佛大学心理学教授霍华德·加德纳强调，领导者必须要活出自己的故事。这不仅仅要有傲人的履历，就像是对苏拉说“不”，对海盗嗤之以鼻，你还必须始终沉浸其中，知行合一，身体力行自己的价值观。简言之，真实的你是否值得被追随？漂亮的ppt与精彩的演讲是远远不够的，行胜于言。正是在这里，恺撒赢得了士兵们的爱戴。恺撒没有待在顶层的会议室里与高管们高谈阔论，相反，他与士兵们并肩生活，共同忍受战场的艰苦。恺撒并不特别强壮，有证据表明他患有偏头痛和癫痫症。身为大军统帅，他并未借此放松自己，相反，他高度自律，以战斗来磨炼自己。他常常亲临一线，上阵搏杀，扭转战局。在蒙达(Munda)战斗中，士兵们必须越过一片开阔的平原，才能攻击山顶上的敌人。但敌人的梭镖和箭雨使士兵们裹足不前，攻击受挫。恺撒看到了危机，他抓起一面盾牌，独自向前冲锋，顿时成了敌人的靶子，他一面奋力抵抗，一面呼唤他的士兵：“主帅在此，你们不感到羞耻吗？”顷刻间，士兵们跟了上来。每当战斗结束，恺撒绝不容许自己及其高级将领私分战利品。士兵们的勇敢与战功必须得到奖赏。在恺撒眼里，学历与出身无关紧要，当下的努力与战功才是王道。恺撒不是弥赛亚式的救世主，他是与部下融为一体的三军统帅，是士兵们认同、追随的领导者。当然，我们也喜爱这样的领导，每个员工都期待以身作则关爱下属的领导者，但令人难以置信的是，大多数领导者并不想仿效这样的领导者。

只要高卢处于分裂状态，只要罗马军团听从指挥，恺撒就可以高枕无忧。当胜利的曙光初现，意外发生了。一位来自阿维尔尼（Arverni）部落的年轻人获得了部落的领导地位，并将整个高卢团结到了一起。维钦托利，这个不愿顺从罗马统治的年轻人，遭到了亲罗马部落首领的驱逐。于是，维钦托利号召贫苦的人们奋起反抗，最终夺取了阿维尔尼部落的领导权。随后，他开始了自己的铁腕统治。罗马的支持者被驱逐，那些违抗他的人被折磨、被烧死，那些稍许幸运的人或被割掉耳朵或被挖出眼睛。维钦托利知道自己想要什么，果敢的行动辅之以豪情壮志与花言巧语，几个部落组成了联盟，反抗罗马的力量纷纷揭竿而起。共同的外敌是最有效的黏合剂，能使四分五裂的部落紧密团结在一起。而维钦托利自己的目标则是整个高卢地区的王。

这位年轻的高卢酋长集军事才能与残暴本性于一身，通过屠杀高卢的罗马公民来制造恐慌，手段血腥。当恺撒召集军队进剿时，维钦托利深知自己力所不逮。他避免正面冲突，采用焦土战术，以游击战骚扰补给线，想以此拖垮恺撒的罗马军队。他们就如同一群愤怒的黄蜂，嗡嗡作响，时刻准备释放自己的毒刺，让你不得有片刻的安宁。恺撒的军队如同熊瞎子，空有蛮力无处发泄。昔日高卢的本地盟友纷纷改弦易辙，曾经的庄严承诺已形同废纸。只有自己最了解自己，高卢人毕竟向着高卢人。

罗马人终于遭受了致命的一击：恺撒输了关键一战。罗马大军试图悄悄地绕到维钦托利的背后并发起攻击，但被高卢人发觉，他们及时撤往哥尔戈维亚（Gergovia）城。恺撒率军追击，不幸遭到反包围，尽管他们奋力鏖战，并一度占据上风，但还是失败了。战斗中，恺撒的百夫长们带领自己的团队，坚守阵地，奋力搏杀，一次次击退了高卢人的进攻，最终，罗马人冲出了包围圈。虽然得以逃脱，但恺撒失去了几位忠心耿耿久经沙场的百夫长，军队也遭受重创。更糟糕的是，这是恺撒从未遭受过的失败，他的神话被打破了。一直以来，恺撒的袖子里总是藏有一张制胜王牌，总能获得最后胜利。而现在，他不得不退却。士兵们发现自己的统帅并非永

《高卢英雄传》（*Asterix*）

简单地说，《高卢英雄传》是法国人笔下的高卢战争，因此，高卢战争被注入了许多法国元素，特别是那些虚构的村庄以及神奇的魔法药水。

《高卢英雄传》第一版于 1961 年出版，共 34 集，是一部系列卡通故事。作者勒内·戈辛尼（Ren é Goscinny）和阿尔伯特·乌德佐（Albert Uderzo）将古代的故事与现代元素相结合。其中，我们可以发现城市规划者、女权主义者以及现代政党之间的辩论，我们甚至还可以辨认出当今的法国政治家。沙文主义与法式下午茶的结合造就了一部完美的卡通系列。故事的主角是阿斯特里克斯（Asterix），他被描绘成一位身材矮小但无所畏惧的高卢战士，与略显肥胖的朋友奥贝利克斯（Obelix）生活在高卢战争时期。故事中唯一没有提到的词是阿莱西亚，故事讲到酋长的心脏病发作，也讲到恺撒与维钦托利的战斗。当然，恺撒是阿斯特里克斯的死敌。但他们二人的命运却差不多。卡通故事还描绘了一个比瘦骨嶙峋、野心勃勃的罗马人更大更坏的怪物，由于这个共同的敌人，阿斯特里克斯与恺撒亦敌亦友。

《高卢英雄传》反映了法国与恺撒的暧昧关系。事实上，拿破仑非常欣赏恺撒，并称自己为罗马国王，这是对古代英雄的崇拜。不仅如此，拿破仑还复制了一座凯旋门，并以皇帝头衔加冕自己，就像真正的罗马人那样。这在拿破仑三世身上表现得更为明显。他甚至写了两部有关恺撒的著作，以此研究一个人如何才能成为世界上最大帝国的主人。恺撒主义与波拿巴主义几乎成了同义词。与此同时，拿破仑三世还下令考古挖掘以寻找阿莱西亚。当阿莱西亚被找到后，他将维钦托利视为法国英雄，并建造了一座维钦托利雕像。人们可以明显看出，那就是拿破仑三世的形象。对于法国人，崇拜恺撒与崇拜维钦托利并不矛盾。

如果没有罗马人，法国还会是今天的法国吗？罗马给法国带来了葡萄藤、渡槽、爱情与诗歌、法律以及精细的烹饪。法国文明深深植根于罗马文明之中，作为亲法派的《高卢英雄传》的热心读者，我们能说什么呢？借用奥贝利克斯的一句话：Obelix：Ils sont fous ces romains——罗马人疯了！

维钦托利雕像

远无敌，他也会输。这绝对不是恺撒希望看到的，也不是神话中的领导者形象。是的，幸运女神并不会总在你身边。一种悲观的情绪开始蔓延，恺撒的好运到头了吗？众神是否抛弃了他？罗马大军分散在整个高卢地区，后援部队难以及时赶到，他们是否会迷失在“野蛮人”出没的丛林深处？

所有高卢部落纷纷背叛了恺撒，局势岌岌可危。恺撒的军队遭受重大损失，急需支援。提图斯·拉比努斯（Titus Labienus）是另一支罗马大军的统帅，此刻，他的兵锋直指巴黎，不出意外，几天之内即可拿下。在高卢的罗马军队中，拉比努斯仅次于恺撒，也是唯一一个隶属于恺撒但拥有独立指挥权的将军。通过庞培的介绍，他们相识于罗马，并成为好朋友。随即，拉比努斯随同恺撒来到高卢，艰苦的战斗促进了他们的友谊，成就了相互之间的信任关系。在高卢，拉比努斯尽显才干。他时而狂野，为胜利不择手段；时而狡诈，以高超手段打破僵局。许多高卢酋长都认为他是仅次于恺撒的二把手。此刻，拉比努斯正在组织进攻巴黎，信使到了。得知恺撒身陷困境，拉比努斯立刻拔营起寨，绕过正面的高卢人，直奔恺撒所在的地方。不日，两位朋友会师于卢瓦尔河以北，随即挥师普罗旺斯。

但危险并未消除，在维钦托利的率领下，高卢人保持着进攻态势。他们紧随在罗马军队的后面，不断伺机骚扰。有一次，维钦托利自认为他已经准备好了，于是，他命令全体骑兵发起攻击，高卢人欢呼雀跃，他们要大显身手了！他们发誓，每个骑手要至少两次穿越罗马步兵的阵列。战斗打响，高卢骑兵从山坡上俯冲而下，杀向罗马军队的阵列，不幸的是，这正是恺撒所期待的。罗马人不想要游击战，他们期望正规的阵列式战斗，那才是他们的强项。恺撒的耐心终于等来了维钦托利傲慢的失败。罗马军队娴熟的阵列战法成功抵御了高卢骑兵的冲击，没有两次，只有半次，高卢骑兵即失去了动力。这时，恺撒亮出了他的王牌——日耳曼骑兵卫队，那是高卢人的头号劲敌，骑兵中的翘楚。高卢人倒霉了，人们一个个像石头一样倒在地上，而维钦托利则逃离了现场。终于，罗马人再次赢得了胜利，他们的统帅是无敌的，哥尔戈维亚的失误一定是个不幸的错误。恺撒再次强大起来，他在寻找战机，力图一战决胜负。

就人数而言，维钦托利仍占据优势，但他深知罗马军队的实力，不敢正面较量。于是，他在阿莱西亚安营扎寨，守株待兔。阿莱西亚三面环山，只有南面是平原地带，易守难攻，有鹰巢之称。维钦托利率 8 万人在此据守，等待恺撒重复哥尔戈维亚的错误。但这次不同，恺撒并没有进攻，相反，他在阿莱西亚周围建造了围城工事。在很短的时间内，一道 28 公里长的城墙拔地而起，加上复杂的沟渠与陷阱，将阿莱西亚围困其中。恺撒以其人之道还治其人之身。现在，轮到维钦托利操心自己的粮食了。唯一遗憾的是，在城墙合围之前，维钦托利派出一路骑兵冲破包围，去寻求援兵。

恺撒的计划面临极大的危险。他只有 6 万人，勉强可以围困维钦托利在阿莱西亚的 8 万人。但如果信使招来援军，情况就不同了，那将导致恺撒腹背受敌。阿莱西亚的敌人会由里向外冲，而援军则会从外向里攻，而且因地形所限，罗马大军将无处可逃。怎么办？清仓，回撤？那他们来到这里是干吗呢？！

作为领导者，大敌当前，恺撒临危不乱，表现得异常镇定。他清楚地知道自己的选择可能导致的后果。恺撒既不墨守成规，也不追求天衣无缝的计划。不，他更多的是侧重战略抉择，大胆地依据自己掌握的情况迅速做出果敢的决定并付之以行动。撤退不是选择，那将使维钦托利的高卢更加强大、更加团结，而罗马人则很难再回到这里。眼下，机会稍纵即逝，在阿莱西亚，就在此地，罗马有机会一劳永逸。如果击败了维钦托利及其救援部队，高卢人将被彻底征服，再无还手之力。问题是，恺撒该怎么做呢？恺撒有办法，他建了另一堵墙，在外面！用来抵御高卢的援军。这样，罗马大军既是进攻的一方，也是防守的一方。对于高卢人，也是如此。一切都可能在瞬间转换。

接下来的三个月，恺撒指挥大军围攻阿莱西亚。冬季将近，维钦托利的粮食储备即将耗尽，他变得狂暴无常。为减少粮食消耗，所有老人、妇女和儿童被赶出了自己的家园。好客的主人终于得到了回报。尽管如此，仍然无法有效解决饥饿问题，城外的罗马人可以隐约听到城中传来的哀号，情况在一天天地恶化。唉，教化这样的民族需要多长时间？2000 年？随着时间的推移，维钦托利投降的可能性越来越大。但每过一天，恺撒的风险就会增加一分，因为高卢的援军随时可能到来，他们会有多少？还有多远？留给恺撒的时间还有多少？再过几天，一周，维钦托利会投降吗？

终于，恺撒最不愿看到的事情发生了。远处的地平线上，开始出现晃动的身影，紧接着，漫山遍野的人群不断涌现，如同暴发的山洪，势不可挡，直冲罗马人而来。所有部落都派出了自己的部队，整个高卢都来了。直到拿破仑的出现，高卢再也没有过如此规模的军事行动。历史记载，高卢援军达 25 万之多，加上阿莱西亚城中的 8 万，高卢士兵与罗马士兵比例达到了六比一！恺撒再次面临巨大的危险，一边，是久攻不下的阿莱西亚，另一边，是高卢的 25 万援军。高卢人期盼的大屠杀即将开始。

面对这样的情况，你要如何与团队交流呢？“抱歉，我辞职谢罪！”或是说“上苍啊，这为什么是我？！”再或是，注意力缺损或多动症型领导者，其飙升的肾上腺素将导致组织的瓦解。在《高卢战争》中，恺撒评判过几位将领，他们有些是未能有效掌控局势而导致失败，有些是听天由命，仰天长叹“为什么是我？！”作为领导者，越是严酷危险，越应当担负起自己的职责。通过高卢的艰苦岁月，恺撒稳固了自己的地位，树立了自己的威望。恺撒与自己的团队荣辱与共、肝胆相照，没有任何一位古代领导者可以与之匹敌。在这一点上，恺撒的对手从来都不会明白。身为最高统帅，恺撒与团队的关系被描述为一种共生关系，他们朝夕相伴，笃定前行，以相互信赖为基础，各自为自己的行为负责。这是赢得阿莱西亚战役胜利的前提。据记载，恺撒与团队充分沟通，对于阿莱西亚战役的意义，他们达成了高度的共识，不仅如此，恺撒更是深入一线，与士兵们广泛交流，鼓舞士气，力图使他们摆脱绝望与失败情绪。最糟糕的时刻变成了他们最美好的回忆。

夜幕降临，敌人营地的篝火星星点点，最近的距离不过 5 英里。罗马人知道，这一次，对手非比寻常。他们中的很多人曾在罗马军中效力，熟悉罗马军队的优势和战术。某些将领还曾经服务于恺撒麾下。如科密乌斯（Commius）就曾经在与不列颠诸岛的小规模冲突中协助恺撒，还有年轻的贵族将领埃波雷多里克斯（Eporedorix）和维里多马鲁斯（Viridomarus），在那年春天还是恺撒麾下的骑兵将领。恺撒待他们不薄，而现在，他们背叛了他。当维钦托利扯起高卢反叛的大旗时，他们掉转枪口，屠杀罗马的臣民。背叛者无信誉可讲，见风使舵、趋炎附势是他们的本性。

黑暗中，茫茫敌阵杀机四伏，敌人要彻底抹掉他们。而对于罗马人，除了胜利，没有任何其他选项。深夜的风传来高卢人的讥笑与狂妄，在阿莱西亚城激起了强烈的回响，恐怖的声音荡漾在山谷。在寒冷的异国他乡，一条单薄的围栏就是这个疲惫的罗马军团所拥有的一切。如果他们在这里被摧毁，高卢人将继续屠杀普罗旺斯的罗马公民，而意大利北部则是他们的下一个目标。

第二天清晨来临，高卢援兵的骑兵部队阵前就位，准备发起冲锋。高卢骑兵非常勇猛，恺撒深知这一点，他曾经雇佣过他们，知晓他们的战法。

哀兵必胜

人类历史上，绝地反击的故事总是为人们津津乐道。恺撒是其中之一，同样的故事还有许多。在温泉关的通道上，斯巴达国王列奥尼达（Leonidas）曾率300名斯巴达人抵抗百万波斯大军；莎士比亚的剧作《亨利五世》中，在阿金库尔（Agincourt）战役开始之前，意志不坚定的士兵被遣散，以此，更加激发了参战士兵的荣誉感；最著名的反抗强敌的战争之一是丘吉尔领导下的英国，“在最痛苦的时刻，我们只有鲜血、艰辛、泪水与汗水”。人们喜欢史诗级故事，喜爱以弱胜强的英雄，他们无惧死亡赢得荣誉。即便失败，人们也会敬佩他们的勇气与担当。这正是《罗兰之歌》（*Chanson de Roland*）与《轻骑兵的冲锋》（*the Charge of the Light Brigade*）所讴歌的，勇气与担当而非结果最能鼓舞我们。

对于奋发有为的人，没有问题，只有挑战。他们会尽一切努力战胜挑战！孤独求败，真的吗？事实并非如此，水晶球与奇迹不可能总是及时出现，或许这就是意志之所在。在最简单的意义上，那就是为生存而努力。但是，在更深层次的意义上，毁灭也是一种驱动力。弗洛伊德认为，人类

高卢骑兵与弓箭手同时出击。弓箭手就如同今天的狙击手，他们躲在高卢骑兵的马匹后面，直到猎物进入攻击范围，他们才会发起进攻，然后又迅速回到马匹后面。高卢骑兵覆盖纵深长达30公里。恺撒派出自己的骑兵，但数量非常少。由于正面战场宽度有限，高卢人骑兵的数量优势受到限制。滑稽的一幕出现了，由于地势狭窄，造成了战场的拥塞。双方部队在战场周围的山脊上，观察着战友们的厮杀。战场就如同罗马圆形斗兽场，血腥的厮杀如同马戏团的表演。战鼓雷鸣，人仰马翻，血流成河。高卢人有明显的数量优势，而罗马人面对压力，越战越勇，如钉子般死死地守在阵地上。他们知道，他们此时的勇气与壮举将是未来颂扬的主题。激战持续了整整

有一种生命本能——“爱欲”，同时也有另一种与之相反的本能，即死亡驱动力——塔纳托斯（Thanatos）。死亡与灭失对人类的吸引力一直在流传。不要认为那是一种丑陋可怕的力量。某种意义上，那也是一种光荣与平和的倾向，是一种以不屈不挠的决心与勇气，去抗衡世界及其所有的力量，即便一切以毁灭而告终，包括你自己。如有必要，至死不渝！

这就是为什么洛汗（Rohan）王希优顿（Th é oden）在魔多（Mordor）的僧众前高呼“死亡！”以唤醒他的骑士，为毁灭，为世界的末日。这也是为什么亨利五世在战斗时会高声呼唤每个人的名字。莎士比亚掷地有声的名言：“我们是少数，我们是快乐的少数，我们是兄弟（We few, we happy few, we band of brothers）。”恺撒也以类似的言辞来激励他的士兵。他们的自卑就是他们的武器，除了英雄，有谁能创造这样的壮举？赢得今天，历史会为你歌颂，纵然失去生命，也将获得永生。事实上，无论是战争、危机、冲突还是某个项目，这都是制胜之道。毁灭是诱人的，荣誉在召唤，弱者也可以是无敌的怪物。

一天，到了晚上，疲惫的不仅仅是罗马人，高卢人也感到精疲力尽。此时，恺撒看出了高卢人的疲态，如同耐心的赌徒终于得到了一手好牌，没有丝毫犹豫，恺撒亮出了自己手中的王牌——精锐的日耳曼骑兵。他们精神抖擞，从围栏后面一跃而出，就像一道闪电，直奔高卢人的命门。顷刻间，精疲力尽的高卢人崩溃了，如同水银泻地溃不成军。古代战斗特别注重阵列，一旦阵列被突破，士兵们会失去左右的相互支撑与保护，整个战线就会崩溃。日耳曼骑兵乘胜追击四散溃逃的高卢人，而没有马匹的弓箭手首先被斩杀殆尽。在夜幕降临前的最后几小时，恺撒赢得了开门红。

第一回合胜利了，但不要以为整个战役就是如此。高卢人静静地舔舐着自己的伤口。第二天，什么都没发生。没有攻击，战场上一片寂静，但寂静中透露出不祥的预兆。没有战斗的呐喊，没有战鼓与旌旗，罗马人注意到了空气中的异样氛围，一定有某种东西潜伏着，伺机而动。夜幕降临，伸手不见五指，恺撒高度警惕，这种平静无法持续太久。他命令，所有的部队进入战斗位置，准备战斗。士兵们高度戒备，每个人都知道自己责任重大，都不容许自己失败。长夜如同一道阴冷厚重的黑幕，遮挡了眼前的一切。突然之间，黑幕外传来嘈杂的声音，似人非人，鬼哭狼嚎般的尖叫声充满了黑暗的山谷。同时，如同山谷的回响，阿莱西亚城也吹响了号角，低沉的咆哮声从被围困的山城中传了出来。高卢人内外配合，协同作战，最糟糕的情况即将出现。罗马人将要面对钳形攻势。

首先遭到攻击的是马克·安东尼和盖乌斯·特博纽斯（Gaius Trebonius）负责防守的部位。这两位将军可以说是恺撒的左膀右臂，前者享有恶霸与酒鬼之名，但士兵们却非常崇拜他；后者是一位古怪的诗歌爱好者，与西塞罗及其文化精英阶层多有交往，但他的战场直觉与作战谋略无人能敌。他们二位共同的特征是善于激励士兵的战斗欲望、可以有效约束令人毛骨悚然的焦虑情绪。他们的士兵，不会投错任何一支标枪，不能容忍任何一个懦夫。黑压压的高卢人渐渐接近罗马人的城墙，安东尼和特博纽斯一声令下，顷刻间，士兵们掷出三个月来准备的大量标枪、石块等，抛石器同时将巨大的石块砸向敌人。成群的高卢人纷纷倒下，但他们人数太多了，不断涌上来的人踩着同伴的尸体继续向前，渐渐接近了罗马人挖的护城河，他们将大量的树枝捆在一起，抛进河里，25 万人的队伍可以填满最深的河床。不久之后，他们突破了罗马人的护城河，冲到了防御城墙的脚下。这里，在夏季的某个时刻，恺撒强令士兵们布下了恐怖的“地雷阵”——隐藏了大量的脚套、锋利的木桩、长满树枝的尖刺以及伸出地面的铁钩等。

当时，罗马士兵非常不理解，一定以为他们的指挥官因炎热中暑而产生了幻觉。但机会永远留给有准备的人，漂亮的ppt无助于胜利，只有强迫症患者与微观管理者才能赢得战斗，因为只有他们才知道命运女神的偏爱。恺撒的“雷区”成功阻止了高卢人的步伐。黑暗之中，声声惨叫令人肝胆俱裂。前面的人一旦倒下，后面的人就会成为其杀手。密密麻麻的尖刺使高卢人再也无法向前推进。没有一座塔楼、一段城墙被攻破，罗马人成功了。在阿莱西亚的这个秋夜，某些罗马人注定为自己赢得了永恒的荣耀。安东尼和特博纽斯彻夜坚守在阵地上。高卢一战，两位将军建立起了深厚的个人友谊。往后多年，他们相互信任，风雨同舟。无奈天意弄人，最终却成了势不两立的死敌，都在遥远他乡死于非命。那是后话，但在今天这个夜晚，他们并肩作战，击退了高卢部落潮水般的进攻。

两次失败给高卢人造成了巨大损失。但是，罗马人仍然被困在两支高卢大军之间，且人数远远不敌敌军。经过一夜鏖战，黑夜退却，黎明破晓，敌军仍然占据着绝对的数量优势。而恺撒也一直在担心自己的弱点。到目前为止，由于高卢军队坚信自己的数量优势，采取强攻策略，才导致了失败。对于他们，两支部队之间的协调一直是个难题。他们并未认真考虑罗马人的弱点是什么，否则，他们也绝不会鲁莽地直接冲进恺撒的雷区。不过，在某些情况下，来自高卢北部的荷兰人也有清醒的时候。当他们醒酒之后，也会进行一定的战略性思考。在那个时候，高卢人将会发现罗马人的弱点。恺撒深知这一点，自己的防线太长，无法在所有地方建立起有效的防护体系。特别是在阿莱西亚一侧的一座小山脚下。如果敌人从山顶上直接冲下来，全力以赴从那里发起攻击，罗马人将很难防守。高卢人到底需要多长时间才能发现这一点呢？

把握机遇

恺撒从不优柔寡断，他以灵活机动随机应变而著称。一旦发现机会，他会全力以赴。有人称之为运气，但对于恺撒，那是出于对自己行动的信心，而其行动本身又会创造出新的机会。

恺撒深受伊壁鸠鲁学派的影响。伊壁鸠鲁学派倡导心灵的平静，倡导享受生活的快乐，摒弃忧愁与烦恼，不应该害怕死亡。贺拉斯的诗歌散发着精神的活力以及对死亡的蔑视，纵横今生！犹豫不决、踌躇不前不是人生应有的态度。面对困难与不确定性，规避风险通常是我们的选项，而等待则是另一个选项。但是，那都是暂时的逃避，毅力顽强的忧虑不会放过我们，机会更不会垂青我们。而恺撒并非如此，他的内心活跃着伊壁鸠鲁的灵魂。未来的日子？不！把握当下才不枉今生。从这样的信念出发，恺撒有恺撒的格局，有恺撒的道路。而旧有的、僵化的一切则失去了存在的意义。

恺撒之后约 1500 年，文艺复兴时期现实政治理论创始人马基雅维利（Machiavelli）非常推崇领导者的随机应变能力：黄金一般的机会常常突然地、没有任何征兆地显现，很少有人能够辨别。就像一位令人捉摸不定的女神，她从不休息，也不循规蹈矩，来无影去无踪，长发遮脸，悔恨与之相伴。你抓不住她，悔恨就会抓住你。等你走完了项目评审与财务分析流程，她早已离你远去。

现代混沌理论的研究成果为恺撒与马基雅维利提供了理论背书。巴西热带雨林的一只蝴蝶扇动自己的翅膀，最终在得克萨斯州引发了一场飓风。这告诉我们，一件微不足道的小事可能会产生巨大的后果，输入变量的微小差异可能会对最终结果产生巨大影响。因此，行动本身，而不是选择所谓正确的方向，才是最重要的。每个系统都有一个压力平衡点。掌握输入与输出之间的关系非常关键。但挑战在于如何辨别内在的关联。

采撷今日

勒孔（Leucon），没有人可以获知自己的命运，
既不是你，也不是我，更不用问，
无论怎样，茶树的芬芳与棕榈树的苍翠依旧，
今冬，可能就是末日，但也可能是另一个新的开始。
无尽的海浪冲击着托斯卡纳海边的岩石：
明智些，如故依然，莫要期盼明天的太阳依旧，
生命短暂，采撷今日，
未来无关你我。

贺拉斯《颂歌集》（*Ode*）1.11

第二天白天，高卢人休息，夜晚也在寂静中过去了。有时，等待比战斗还要糟糕。你有时间去思考，有时间去感受伤口的痛苦，也有时间去思念死去的战友，更有时间去感受恐惧。一个新的早晨随之到来，山谷里依然一片宁静。当太阳爬上头顶时，高卢的骑兵出动了，由两名年轻的叛将埃波雷多里克斯和维里多马鲁斯督阵。但这一次，骑兵后面跟着的是高卢所有的步兵。很显然，全部筹码都放到了桌面上。恺撒明白，决战的时刻到来了。维钦托利当然也明白。阿莱西亚城内所有能战斗的人都被动员起来，准备同时发动进攻。这是最后清算的日子，要么产生奇迹，要么一败涂地。但问题是，高卢人的谋略到底是什么？钳形战术，全场紧逼，这是明牌。但他们袖筒里的那一张牌呢？恺撒反复观察两边的高卢阵列，没什么新意，没什么不同，阵列的位置与部队的运动符合预期，老套路。这都好对付，但高卢人真就这么简单吗？难道他们还要重复自己的失败？只有英国人的脑袋是一根筋。一定会有不同的东西被隐藏起来，这显而易见。

事实就是如此，高卢人发现了罗马人的弱点，他们秘密地将部队隐藏到了罗马防线最薄弱的山丘后面，准备在战斗打响后发动突然攻击，而现在，注意力则要被吸引到正面战场。恺撒看不见他们，但感觉得到他们，他们一定就在那里，这就是高卢人的王牌。

恺撒迅速决策。这项任务非提图斯·拉比努斯莫属。如前所述，他文武双全，是仅次于恺撒的二把手。拉比努斯领兵三千作为机动，命令很明确，不必在一处恋战，一旦出现缺口，随时驰援。战斗打响了，高卢人发起全面进攻，从多个地方同时攻城。拉比努斯率领他的救援部队随时准备出击。标枪横飞，乱石飞滚，士兵们死伤无数，那是来自另一个世界的恐怖图像，是冥王打开了地狱之门。战斗在继续，突然，隐藏的敌人从那座小山倾泻而下，开始冲击罗马人防线的最薄弱之处，如同巨大的攻城锤，罗马的防线危在旦夕。拉比努斯上场了，三千人冲向前去，但这一次，占据地利的是高卢人，标枪从山顶倾泻而下，落在罗马人身上，一波又一波的高卢人涌出，沙石泥土被扔进护城河里，开辟出直达城墙的道路。拉比努斯咆哮着，鞭策士兵奋力抵抗。他是个缺乏温情的家伙，士兵们知道跟着他能胜利，跟着他能穿越地狱。随着压力的增大，拉比努斯设法调来更多的士兵，算是勉强守住了防线。

愚蠢莫过于恐惧死亡

因此，死亡对于我们，
如同虚幻，
因为心性终有一死……
当肉体与魂魄分离，
我们将进入另一种状态，
对于我们，那就是不存在，也没有以后，
可以到来，更没有感觉可以触动。

卢克莱修（Lucretius）
《物性论》（*De Rerum Natura*）

阿莱西亚之战

By Melchior Feselen. Public Domain

组织人才

拿破仑非常迷恋恺撒，或许不无道理。许多人都将这两个巨人相提并论。拿破仑以恺撒为师。“一遍一遍地阅读汉尼拔、恺撒、古斯塔夫·阿道夫（Gustav Adolf）、蒂雷纳（Turenne）、尤金（Eugene）和弗雷德里克（Frederick）的圣战，以他们为镜，是成就伟业的唯一途径！”在最终的流放地圣赫勒拿岛，拿破仑花了很多时间研究恺撒，并著有《恺撒战争简报》（*Pr é cis de guerres de C é sar*），其中分析了恺撒的领导才能。“他并不是以军事才能而著称。”拿破仑如是说。

“我来，我见，我征服（Veni, vidi, vici）！”简洁有力的短语极具号召力。恺撒之所以是最伟大的领导者之一，绝不仅仅依赖于修辞或是军事才能，作为领导者，其核心才能之一是出色的组织能力。在现代社会，我们崇拜那些具有远见卓识的领导者，但却常常忽视了他们高效的组织与行动才能。现代领导力理论非常注重这一点。法国古典管理理论的创立者亨利·法约尔(Henri Fayol)的口头禅是：预测——计划——组织——指挥——协调——控制。当然，后现代主义者寻求意义，古典管理理论常常被嘲笑。但是，如果不善于组织，再伟大的宏图也只能是空想。人们追随你，那是因为你有办法解决问题。恺撒赢了阿莱西亚之战，其防御组织是制胜之道。

在这方面，拿破仑深得恺撒真传。像恺撒一样，每到战前，他都要反复推演，仔细论证：这个侧翼，那座山头，何时进攻，如何牵制两公里外的敌人……他可以带领20万名士兵在一个月内穿越欧洲——而不被敌人发现。他确切地知道下级军官能做什么，不能做什么。“做这么多准备，就是为了万无一失。”他说。有时，他甚至可以指出恺撒准备工作的不足之处。拿破仑特别注重战场的实地考察与对手的强弱分析。在著名的奥斯特里茨（Austerlitz）战役前夕，他率领手下策马巡查，奥斯特里茨的地形吸引了他，他仔细探索，反复思考，然后他转身对他的将军们说：“先生们，请仔细看好这里的一草一木，你们将在这里建立自己的功勋。”

在指挥岗位上，恺撒纵览全局，随时调动部队，就如同一位棋手。他知道，不存在完美的作战计划，最多只能考虑三四步，要随时根据情况变化调整战术。可以预设战略，但永远无法预知战术。因此，恺撒总是保有一定的储备力量，灵活与速度更是他的强项。而此时的维钦托利已是孤注一掷，集中所有的力量全力攻击。恺撒几乎也是拼尽全力抵抗如潮水般涌来的高卢人。在最紧急的时刻，恺撒亲率士兵，投身战斗，鼓舞士气："不要放弃！我们所有的努力，都将在今天，在这一刻兑现！"维钦托利久攻不下，锐气大挫，而罗马人已感到胜利的天平开始倾斜。此时，维钦托利身后出现了真空，恺撒看到了，这将是决胜的一击。他知道，拉比努斯战斗的地方将是压垮维钦托利的那根稻草。恺撒迅速调集最后的骑兵，全速越过山顶，从背后发起了致命的一击。战斗中，恺撒总是穿着红色的皇帝斗篷，所有人都看到了，没人怀疑恺撒亲自杀了过来，拉比努斯的战线沸腾了，维钦托利的第一块多米诺骨牌在此倒下。这一刻，胜负已定！随即，高卢人陷入了意想不到的双重包围之中，溃败开始了。罗马人一鼓作气，全线反击，横冲直撞，杀敌无数。没过多久，整个高卢的部队几乎被全部打散，溃不成军。维钦托利见势不妙，率领残兵败将龟缩回了阿莱西亚。罗马骑兵继续追击，扫荡了整个战场。阿莱西亚一役，整个高卢的反抗力量都被摧毁殆尽。

第二天一早，维钦托利身着他最喜爱的铠甲，骑马离开阿莱西亚，独自来到罗马的营地，围绕恺撒的帅台转了一圈，然后下马，将武器扔到恺撒的脚下："你是最好的男人，我被你征服了！"据说，他以前也说过同样的话。

消息传到罗马，全城雷动。即便是罗马的贵族派，也不得不礼貌性地鼓掌庆贺。尽管恺撒尚未回归，罗马仍然宣布举行为期 20 天的感恩庆祝活动。

维钦托利向恺撒投降

By Lionel Royer, Musée Crozatier. Public Domain

恺撒在高卢的将军

更多的故事、更多的赞美给了百夫长，给了普通士兵。恺撒并未将自己的将军们置于聚光灯下。战报的主题是军队，是征服，当然还有恺撒本人。尽管如此，恺撒的几位大将功不可没，在报告的结尾，恺撒高度称赞了他们的贡献。因为他们值得称赞，而且，他们很快就会承担更重要的任务，虽然并非所有人都像百夫长那样赤胆忠心。

提图斯·拉比努斯（Titus Labienus）

庞培的亲信，仅次于恺撒，高卢战役中最好的将军，在卢比孔河边与恺撒分道扬镳。

普布利乌斯·克拉苏（Publius Crassus）

克拉苏的儿子，恺撒手下年轻有为的骑兵将领。追随父亲的遗志，进军帕提亚（Parthia），裹尸疆场。

昆图斯·西塞罗（Quintus Cicero）

西塞罗的弟弟，是恺撒与罗马舆论界联系的桥梁。在随后的内战中，站到了恺撒的对立面。

马克·安东尼（Mark Antony）

最忠于恺撒的将领。在恺撒被暗杀后，依然坚定地为恺撒辩护。他后来的故事很长。

阿西纽斯·波利奥（Asinius Pollio）

追随恺撒跨过卢比孔河，之后，作为忠诚的参谋留在恺撒身边。后来，写了一部现已遗失但被当时的学者广泛引用的历史著作。

德西慕斯·布鲁图斯（Decimus Brutus）

伟大的海军大将，刺杀恺撒的主要幕后推手之一。注意不要与他著名的兄弟马库斯·布鲁图斯相混淆。

盖乌斯·特博纽斯（Gaius Trebonius）

西塞罗的朋友，在高卢战争及随后的内战中为恺撒而战。但也是最早密谋反对恺撒的人之一。

因曾经的经历而被追随

似乎非常鼓舞人心：领导者特质一目了然，人人可习之。开放、尊重、勇气、诚实等，就是这么简单，就是这些耳熟能详的简单词汇。但问题是，人的个性不是公式化概念，而是瞬间的表现。

哈佛大学教授约瑟夫·巴达拉科（Joseph Badaracco）认为，我们之所以是人类，是由于某些时刻的表现：在某种情况下，必须要做出选择。但如何选择，却是无迹可寻，这么做也对，那么做也不错。这还好，有时，无论怎样都是错，这甚至超出了道德困境的范畴。可你必须要做出选择。也正是这样的时刻，让你可以了解你自己，了解你想成为什么样的人。也正是在这样的时刻，你展现了自己的人性：

· 考验你的时刻——你是否能守护自己的理想？

· 暴露你的时刻——展示出真实的你。

· 塑造你的时刻——选择具有约束力且不可逆转，你必须表明立场。

有多少领导者可以自信地宣告，自己被追随是因为自己曾经的经历，而不是因为动人的愿景，不是因为骄人的成就，也不是因为独特的魅力，主要是因为自己曾经的生活。对于领导者，这可能是最尴尬但最真实的提问。领导者必须活出自己的故事，必须活出在自己的生活中可以阅读的故事。实际上，故事就是创建于自己的生活之中。细小的片段将你定义为人，定义为领导者。你代表着什么？你值得被追随吗？

几个这样的时刻定义了恺撒：对苏拉说“不”，在亚历山大的雕像前，阿莱西亚之战，等等。在高卢，恺撒的形象愈加高大清晰，赢得了士兵们无与伦比的忠诚。而这一切都是因为恺撒活在其中。更有甚者，恺撒的故事直到今天还在诱惑着我们。这正是因为他敢于在关键时刻做出自己的选择。在阿莱西亚周围建一堵墙，啊？！在这样的时刻来临之前，恺撒已经做好了准备。时间不仅要用来行动，更要思考，要反思。当那一刻来临，你是否已整装待发？！阿莱西亚之战不久，恺撒迎来了自己一生中最高光的时刻！罗马的贵族派受够了，庞培已被收买，元老院正式召见恺撒，问题将被彻底解决，一劳永逸。命令很明确：你必须独自返回罗马，高卢军团必须留在高卢，任何违背将被视为叛国行为。罗马的边界以流经意大利北部的卢比孔河为标志，距离里米尼（Rimini）不远。恺撒率军五千抵达卢比孔河边。除恺撒外，任何一名军人跨过卢比孔河即意味着叛国行为。开会听听大家意见，讨论一下？不，等待的就是这一刻，该来的迟早会来。于是，恺撒说出了那句流传了两千年的名言：iacta alea est 。字面意思：骰子已被掷下。（开弓没有回头箭。——译者注）

历史上的卢比孔河
By OpenStreetMap contributors

推荐读物

1.Badaracco,J.L.(1997).*Defining Moments.When Managers Must Choose between Right and Right*.Boston:Harvard Business School Press.

2.Caesar,G.J.(2008).*Gallerkrigen*.Oslo:Thorleif Dahls kulterbibliotek,Aschehoug.

3.Dando-Collins, S.(2002).*Caesar's Legion.The Epic Saga of Julius Caesar's Elite Tenth Legion and the Armies of Rome*.New York:John Wiley.

4.Horats.(2001).*Odar*.Oslo:Samlaget.

5.Warry,J.(1980).*Warfare in the Classical World*.London: Salamander Books.

庞培凯旋

By Gabriel de Saint-Aubin, Metropolitan Museum of Art. Public Domain

第七章　庞培的五幕悲剧

主要人物：

格奈乌斯·庞培·马格努斯（Gnaeus Pompeius Magnus）：即庞培（Pompey），罗马著名军事家、政治家，“三驾马车”之一。

格奈乌斯·帕皮里乌斯·卡博（Gnaeus Papirius Carbo）：曾任执政官、保民官，是平民派领导者之一。

卢修斯·阿弗拉尼乌斯（Lucius Afranius）：庞培军中的得力大将，曾受命于庞培驻扎西班牙，也曾任执政官。

马库斯·图利乌斯·西塞罗：演说家、政治家，曾任执政官。

卢修斯·塞普提米乌斯（Lucius Septimius）：罗马军人，驻扎于亚历山大城。

阿基拉斯（Achillas）：托勒密（Ptolemy）王国军队的指挥官。

庞培·马格努斯

By Gunnar Bach Pedersen. Public Domain

第一幕：西西里。公元前 82 年。

一顶帐篷内，几个武装警卫。卡博双手被绑，跪着。庞培进来，合上身后的帐篷襟翼，对着犯人微笑。

卡博：手下留情！庞培。

庞培：为什么？

卡博：因为你足够强大，因为你可以；因为就在几年前，我们曾肩并肩一起为共和国而战；因为我们曾一起反对苏拉，我们是盟友。没有我，今天你也不会站在这里！

庞培：元老院已被你杀了一半，格奈乌斯·帕皮里乌斯！我应该宽恕你吗？你走得太远了，你应该承担自己的责任。如果是三年前，还为时不晚，但现在已别无选择。假如我饶了你，苏拉就会要我的脑袋。

卡博：当你投奔苏拉时，亲爱的朋友，我是执政官。那一年，我为人民而战，反对独裁。而你的新朋友自称是共和派，但任何脑袋上长着眼睛的人都看得出来，他维护的是贵族的利益。当人民挨饿时，那个暴发户只会向贵族们摇尾巴。没有公民可以免受禁令的影响，包括你，庞培！

庞培：唉，现在时局不稳，内战期间，谁是朋友？谁又会在背后捅你一刀？的确，开始时，我是站在辛纳那一边，但那可不是愉快的经历。正是他，闯进了我的房子，劫掠了我的祖产，摧毁了我的家。而你，却传唤了我，不记得了？

卡博：怎么会不记得？是我让你摆脱了麻烦！

庞培：我对此表示感谢，但我别无选择。我还不算太老。你肯定记得，我们仍然希望与苏拉达成协议。不管怎样，咱俩两清了。我们一起报复了辛纳。我一离开他的营地，士兵们就发动叛乱杀死了他。甚至有流言说是我的死引发了叛乱。你是受益者，卡博！从那以后，你变成了唯一的执政官。你占尽先机，那时，你就应该与苏拉和解！

卡博：太晚了，我年轻的朋友，太晚了！曾经，我的确有这样的念头，但苏拉放不下。这一点，你和我都心知肚明，他对马里乌斯耿耿于怀。马里乌斯无畏地死去之后，其身边的人都会倒霉，而首当其冲的肯定是我。我为什么要屈从于苏拉呢？我反对他所做的一切！请记住，我出身平民，我的职业生涯始于护民官。我希望自己被铭记，我是人民的一员，而不是曲意奉承的卑鄙小人。这就是我选择的立场。庞培，你也可以选择，选择站在正确的一边！

庞培：我打算做正确的事，卡博，现在正确的做法是把你的头送到苏拉那里。

卡博：你越来越像你父亲了。

庞培：希望如此！我所有的政治智慧都是从他那里学来的。

卡博：哈！你的父亲，罗马最鄙视的人，没有之一，即便是苏拉也不能望其项背。人民可以忍受暴君，但他们不能忍受无耻。庞培，你必须有自己的立场，人民可以忍受苏拉，因为他有自己的立场。而你的父亲，伟大的将军，是一个永远没有自己立场的人。今天是这样，明天就会变成那样。就像是栖息在树上的猛禽或是秃鹰，只有等到争斗结束，一切都尘埃落定之时，才会现身。一边卑躬屈膝地讨好强者，一边吞食残羹剩渣。的确，你父亲获得过执政官的头衔，但他并没有给你留下一条通向权力的正路。

庞培：卡博，我的父亲使我看清了权力的真相。在你的世界里，似乎存在着真理，非对即错，非黑即白，哪有那么简单！我们都是罗马人！你、我、苏拉、辛纳，是的，包括马里乌斯都认为自己是共和国的捍卫者。但是，服务罗马的方式多种多样，没有人会以自我牺牲的方式来标榜自己的主张。

从我父亲那里，我领悟了人只会忠诚于自己的胃口，没有人会去伤害喂食他的手。这就是为什么我的士兵会忠诚于我。在皮塞嫩（Picenum）郡，我照顾着父亲的老客户。没有我，西西里人什么都不行。老朋友，我得让苏拉知道，我是值得信赖的，但同时，也是不能随意摆布的！

卡博：听明白了，庞培，我知道，你会一意孤行，求饶是没有用的。我挡住了你的路。但请注意：播下不仁的种子必将收获不义。

庞培：够了，我家里还有事，罗马在等你！（向卫兵点头示意，卡博被拖了出去。）

召唤，机会的诱惑

所有的故事都始于诱惑，始于机缘，也只有诱惑与机缘会诱发故事。蛇以禁果诱惑亚当与夏娃，由此开始了人类的故事。但为什么亚当与夏娃无法抵御禁果的诱惑？是对无忧无虑的幸福的倦怠还是对未知世界的憧憬？任何英雄的内心都难以容忍平淡无奇的幸福，都希望寻找机会来昭示他是谁，他可以成为谁。或许这就是英雄的宿命。因此，英雄期待机遇，期待进入未知的领域。由此，故事产生了。至于结果如何，当然取决于英雄的选择，是糟糕的选择还是不错的选择？他成了他可以成为的人吗？这就是故事所要讲述的！

悲剧的基本结构

是什么构成了一个好的故事？又是什么驱使着我们去讲述？有许多人试图回答这个问题。历史上第一位系统论述叙事理论的人是亚里士多德。他给出了喜剧与悲剧之间的根本区别，非常简单，结局好就是喜剧，结局不好就是悲剧。《七个基本情节》（*The Seven Basic Plots*）一书的作者克里斯托弗·布克（Christopher Booker）将其重新表述如下："我们几乎可以断定，要以一种看似完整、终极的方式来表述故事，只能有两种方式：要么男女相爱，要么死亡。"这听起来非常简单。除了大脑皮层中浮现的杂念，我们基本认可布克，也认可亚里士多德的观点。对于一个故事，不仅要有恰当的结尾，同时，也要有合理的过程。对此，亚里士多德的表述同样简洁直白：一个完整的故事必须有开头、中间和结尾。这样的表述也许过于平庸，但隐含着我们对一个好故事的期望。进而，布克写道，对于一部悲剧，我们可以预期有五个区别明显的阶段。

1. 预期阶段：我们会遇到一个不完整或未成熟的英雄，在此阶段，他聚焦于自己的期望，并激励自己付之以行动。

2. 梦想阶段：英雄开始行动，进展异常顺利，所期望的一切似乎都在发生。这当然归功于主人公的决定。与此同时，主人公与读者都有些许疑虑与不安，哪里会有什么不对吗？但暂时还看不出来。

第二幕：罗马。公元前61年。

华丽的宴会大厅，许多元老院议员以及仆人们，人来人往。庞培与新当选的下一届执政官卢修斯·阿弗拉尼乌斯在一起。

庞培：亲爱的阿弗拉尼乌斯，祝贺当选，胜利的味道如何？

阿弗拉尼乌斯：好极了，将军，就像是牧神节期间年轻女孩的吻。但不要让这卑微的成果遮盖了今天真正的胜利者——庞培·马格努斯先生！

3. 挫折阶段：几乎就在不知不觉中，事情开始出错。以前导致成功的行动，现在却走入了死胡同，诱发了新的障碍。英雄加倍努力，但却越陷越深，进而导致僵局。

4. 噩梦阶段：英雄失去了对局势的控制，以前的决定和行动产生了不良的后果，厄运降临。

5. 毁灭阶段：英雄被摧毁，或是被自己触发的力量，或是被自己最后的行动。无论哪种方式，都以英雄的死亡而告终。

如此简单？是的，许多悲剧都可以代入布克的这个公式。不论是耳熟能详的《浮士德传奇》（*The legend of Faust*）、《多利安·格雷的画像》（*The Picture of Dorian Gray*）、《安娜·卡列尼娜》（*Anna Karenina*），还是《星球大战》（*Star Wars*）中的邦妮（Bonnie）和克莱德（Clyde）或达斯·维德（Darth Vader）都是如此。莎士比亚的悲剧更是忠实地遵循着这个公式，并在各阶段都配以对应的行动。其五幕悲剧《麦克白》（*Macbeth*）尤为典型。莎士比亚有两部以罗马为背景的作品，即《尤利西斯·恺撒》和《安东尼与克利奥帕特拉》，在此，我们以同样的风格呈现一部庞培·马格努斯的五幕悲剧。

庞培：别管我，兄弟，我是精疲力尽了。这为期两天的庆典真是疯狂，也许罗马人已经开始厌倦我了。

阿弗拉尼乌斯：没有啦，你知道，人们非常喜欢聚会庆典。想想看，你我一起奋斗了十多年，你的成就绝对超越亚历山大。这些年来，罗马几乎见不到你的身影。担任执政官之后，除了睡觉，你更多的时间是在战场上。现在，别想那么多啦。

庞培：是的，如果元老院能更加配合就太好了。真是搞不懂，难道他们不明白我是为了什么吗？我们现在的繁荣是哪儿来的？可恶的卡托，他应当闭嘴！他总是煽动贵族们反对我，质疑我的共和倾向！没办法，我只能联合西塞罗，可我永远搞不懂那个家伙，更谈不上信任，甭管他当面如何称赞我，我总感觉他不怀好意。但不管怎样，我还需要他的影响力。我曾经试图与卡托家族建立联姻关系，他有个侄女挺适合我，还有个漂亮的妹妹，我大儿子应当会喜欢，他们的妈妈也都非常支持！但卡托一直从中作梗，真是头倔牛！其实我并没有什么要求，我也不是为我自己，这你最清楚，阿弗拉尼乌斯！这一点都不过分，明摆着，不言而喻的事。只有付得起的酒才是好酒。哦，现在该我讲话了，帮我拿着这杯子，咱们一会儿再喝！

庞培走到凸出的大理石讲台前，转身面对会场。

庞培：乡巴佬？！罗马人？！今天是我 45 岁生日，（热烈的欢呼声响起，直到庞培示意安静）但在这里，个人毫无意义，今天我们要纪念的是永恒之城罗马（Urbs Aeterna）！帝国从未如此广大，也从未如此强大，从未如此繁荣昌盛！（热烈的欢呼再起，庞培并未阻止）自从你们派遣我去讨伐米特里达梯王朝，终结那里的恐怖统治，确立罗马的威严，消除亚细亚受到的威胁，时间已经过去了五年。今天，在这里，在这个大厅里，你们看到了曾经属于他们的琳琅满目的财宝，今天之后，这些财宝将属于我们的国会大厦！在过去的五年，超过 1200 万米特里达梯人连同他们的土地并入了罗马帝国，（口哨声响彻整个大厅）超过 1500 座米特里达梯的城市被我们征服，超过 800 艘米特里达梯战舰被我们俘获、摧毁。在过去的五年，我们各省的收入翻了一番！海盗、瘟疫等所有帝国的耻辱被彻底根除。（疯狂的欢呼）在过去的五年，提格兰内斯二世（Tigranes the

Great），米特里达梯的女婿，那位来自亚美尼亚（Armenia）的麻烦制造者，已彻底臣服，米特里达梯本人已被消灭，我们帝国的边界已经扩展到了世界的边缘（欢呼声再起）！亚细亚（Asia），本都（Pontus）、帕弗拉戈尼亚（Paphlagonia）、卡帕多西亚（Cappadocia）、西里西亚、叙利亚（Syria）、阿尔巴尼亚（Albania）、伊比利亚（Iberia）和克里特，所有这些曾经的外邦都已并入了罗马的版图。在过去的五年，我征服了耶路撒冷，迫使犹太人跪在我脚下。我径直走进他们的圣殿，看到了所谓外邦人从未见到过的东西。我不屑于他们以及他们的圣物，让他们自生自灭去吧！在过去的五年，我们俘获了众多战俘，他们将被送回自己的家乡，罗马的荣耀将被彰显，是的，即使是年轻的提格兰内斯，亚美尼亚的王子，也将被释放并允许回到他父亲身边。目前，在亚细亚，我们已获悉，任何反对罗马的力量都将受到惩罚。议员们，骑士们，官员们，让我们为共和国举杯！（雷鸣般的掌声经久不息，阿弗拉尼乌斯走上大理石讲台，为庞培递上酒杯）

阿弗拉尼乌斯：庞培·马格努斯！（将手臂指向庞培，庞培微笑着鞠躬致意。阿弗兰尼乌斯试图说些什么，但几次被欢呼声打断。最后，他示意大家安静，开始了自己的讲话）现在，让我们为这个罗马人欢呼，他比任何人都更配得上乡巴佬的称号！（大厅里又爆发出一阵欢笑）嗨，你初出茅庐时苏拉就称你为马格努斯，（笑声）（马格努斯 Magnus，意即大人物。——译者注）现在，你成了真正的大人物。（转身面对庞培）也许我们该叫你马格尼西姆斯（Magnissimus）！（最伟大的。——译者注）听着！我们大家可能都相信自己知道这位是谁，对，是庞培。在城里，你肯定见过他，也会从西塞罗以及其他伟大的演说家的口中听过他。你知道他关爱自己的家人，他尊重罗马公民。但是对于我，即将担任下届执政官的我，我想和庞

马库斯·利西尼乌斯·克拉苏
Public Domain

培做一笔交易，我想用我们宽松的托加（Toga）长袍来换下庞培身上那血迹斑斑的罗马战袍。因为我熟悉在座的各位所不熟悉的另一个庞培。那是一个体贴的朋友，一个心系部下的军人，一位无畏的战士，一位睿智的、始终秉持正义无私奉献的共和国公民。在战场上，他一次又一次地接受挑战，展现了他最真实的一面。这些年来，我们曾并肩作战，在伊比利亚，在斯巴达，在大海上，在亚细亚。我要告诉在座的各位，这个人永远不会

克拉苏死于沙漠

公元前55年，作为与恺撒和庞培协议的一部分，克拉苏，罗马三巨头之一，得到了行省叙利亚。这是个不错的交易，因为叙利亚是个富有的行省。但是，在镇压斯巴达奴隶起义之后，庞培赢得了巨大的荣誉。这令克拉苏感到非常难堪。事实上，那项成就应主要归功于克拉苏的军队。现在，克拉苏想要在战场上赢回自己的荣誉。于是，他将目标锁定于帕提亚。这个巨大的波斯帝国从幼发拉底河（the Euphrates）的北端，也就是今天的土耳其，一直延伸到伊朗东部。帕提亚从未被罗马征服，一旦击败帕提亚，将会赢得巨大的荣誉。

无奈，克拉苏并不是一位经验丰富的三军统帅，且不善听取建议。亚美尼亚国王曾提议派遣4万名士兵，并建议克拉苏取道亚美尼亚，因为那

退缩，永远不会失去理智，他就是当代的亚历山大！对，就是亚历山大再世！（惊讶的呼声，欢呼声）向你致敬，庞培·马格努斯！（响亮的欢呼声直到落下帷幕）

第三幕：庞培在罗马郊区的别墅。公元前50年。

在一个明亮宽大的房间里，庞培和西塞罗躺在各自的躺椅上。仆人们端着食物与饮料，来来去去。西塞罗的椅子旁边，一位仆人站在那里，腰间的短柄斧上环绕着一个月桂花环。

庞培：哦，西塞罗，在乡下过得怎么样？

西塞罗：挺好，我的朋友，这段时间，在官方履职报告出炉认可我的成绩之前，休养一段，非常惬意。不是说我在乎那些东西，你知道，接受

是最安全的道路。可那不是最短最快的线路，因而不被克拉苏所接受。这个灾难性的决定不仅使他失去了可靠的后援，而且还必须穿越叙利亚与伊拉克的沙漠。行军途中，罗马人不断地遭到帕提亚骑兵的袭击，他们的机动能力与弓箭的威力对罗马军队造成了致命的威胁。军官们试图让疲惫的步兵组成防御阵型，但克拉苏坚持认为敌人只是偷袭，箭矢很快就会用尽，就会退出战斗，罗马军队应继续前进。最后，军人们不再听从指挥，克拉苏被迫同意与帕提亚的谈判。

谈判期间，多疑、紧张的罗马人自乱阵脚。可怜的克拉苏最终在沙漠中被斩首。罗马帝国时代的希腊历史学家普鲁塔克（Plutarch）写道，后来，他的头被用作戏剧表演的道具。具有讽刺意味的是，那是一部希腊悲剧：《克拉苏死于沙漠》。

西里西亚总督的职位，对于我，纯粹是一种责任感。但是，毕竟在烈日下辛苦了一年，没功劳也有苦劳，应当有个官方认可。你知道，对于共和国，我毫无保留。和你在这儿，既不会错过什么大事，也图个清静，挺好。

庞培：哦，你说得我有点不好意思了，我想我在你的外派中起了关键作用，并不是说我一定要把你送到地中海的东岸，而是我盘算着让你们这些退下来的执政官多为国家做点贡献。

西塞罗：理解，庞培，这是应当的。我想提醒你的是，共和国正在受到严重威胁，你和恺撒玩的游戏非常危险！

庞培：不，西塞罗，那绝对不是游戏！我总是尽力满足他，但他的胃口似乎越来越大。

西塞罗：凯利乌斯（Caelius）来找我，他想让我说服元老院，派你去处理帕提亚的问题，为克拉苏报仇。我告诉他，尽管元老院会听从我的建议，但时下局势不稳，不应当让庞培离开，因为那将使罗马处于危险的境地。

庞培：（点头）对，帕提亚的问题，必须要解决，但目前他们并不能直接威胁到罗马，只是叙利亚有点麻烦，可以缓一缓，稍后再做处理。

西塞罗：后来，凯利乌斯出了个主意：派恺撒去那里！

庞培：这个家伙！有什么理由这么干？恺撒和他那庞大的军团在高卢，我们的麻烦还不够吗？他确实挺幸运，被包围在阿莱西亚，差点全军覆没，靠掷骰子定战略的赢家！大言不惭的《高卢战争》，自吹自擂，还以他人的口气写作，为了出名真是费尽心机！居然要我派兵去叙利亚！这是恺撒的诡计吧？

西塞罗：我相信凯利乌斯有参与。

庞培：那就没必要再讨论这事了！世道险恶，人心不古。西塞罗，咱俩都非常清楚，这些所谓忠于共和国的家伙们都是在为自己谋私利。克劳狄乌斯那个混蛋玩弄把戏，挑拨你我的关系。他还告诉我说要闭门不出，以躲避招惹他的那些暴徒。真是疯了！还有，他把你也折腾得够呛！现在，克劳狄乌斯总算是完蛋了，卡托又出来捣乱，世道真是坏了，你我不易啊！

西塞罗：庞培，我们都在尽力维护罗马的尊严。不要让陈旧的宿怨侵蚀了我们的友谊，你向我敞开了心扉，我相信你是为共和国的利益而战。现在，我们必须找到出路，摆脱困境。

庞培：确实如此！现在，就是不知道恺撒是怎么想的。过去，我俩当面交流时，他就像对待儿子一样。不过有段时间他确实是我的岳父！唉，我亲爱的朱莉娅，阎王过早地带走了她。要是朱莉娅还活着，有些事情就好办多了。前些日子，恺撒委派马克·安东尼来元老院讲演，那家伙奚落了我整整一个小时！我的职业生涯被说得一塌糊涂，不留一点情面。我为罗马、为共和国做了那么多贡献，一字不提。要是恺撒控制了罗马，有人这样说话，他能容忍吗？

西塞罗：我没去听马克·安东尼的讲演。庞培，但我知道那家伙是个恶棍。如果他们这些人上台，鬼才知道罗马将会变成什么样子。最近，恺撒派来信使，提出一个和解方案，希望避免内战。

庞培：恺撒想怎么样？

西塞罗：交出整个高山高卢（Transalpine Gaul），包括所有新征服的地区，但控制山南高卢（Cisalpine Gaul）与伊利里亚两个地区，并留在山南地区直到下次当选执政官。

庞培：军队呢？

西塞罗：保留两个军团。

庞培：嗯，对于军队的去留，我曾经表达过我的看法，如果只是一部分的话。

西塞罗：你的意思是？

庞培：在元老院，我们讨论过几种可能的情况。现在这样的状况非常荒谬。我早就说过，行省的安排只有元老院有决定权。我们预留了 3 月 1 日一整天来讨论这个问题，执政官将被授权做出最终决定。当然，恺撒明白，那样做的结果可能不合他的胃口，所以，他想让护民官来行使否决权。元老院也已经预料到了这一点，因此，他们制定了一项补充法令，规定所有此类阻止议事程序的企图都将被视为对共和国的颠覆行为。

西塞罗：是这样，看来形势比较明朗了。

庞培：的确如此，护民官果然否决了补充法令！元老院同样还以颜色，否决了恺撒有关军人复员的提案。至此，解决问题的官方渠道走入了死胡同。于是，他们来找我，我的态度很明确：即恺撒每次试图否决元老院的努力都是违背现行法律流程的行为。他们进一步询问我对缺席选举的看法，事实上，那是我为恺撒量身定做的一项法案，我当然会支持。我全心全意地希望恺撒能回到罗马，罗马需要他，我们只是为了吓唬一下某些自负的议员。随后他们又问我，如果恺撒参与缺席竞选，但同时保留军队，我会怎么说，这就是他目前的提议！

西塞罗：那你会怎么说？

庞培：我说：这就像是问一个父亲，如果他的儿子拄着拐杖朝他走来，他能怎么样呢？

西塞罗：我明白了。

庞培：我不想要战争，绝对不要。但恺撒也必须明白，他不能脚踩两只船，既是军队指挥官又是行政官员。他担心的是如果没有豁免权，自己可能会被提起诉讼。这我明白，他树敌太多，其实，我并不是他的敌人。所以说，可以参加缺席选举，但不能既当文官又当武官。

西塞罗：如果回来，他肯定会感觉是活在你的屋檐下。

庞培：就这样吧！希望他不要那么敏感。克拉苏死了，朱莉娅也死了，元老院准备将他撕成碎片。如果认为我有能力拯救他，那就要付出一些代价。否则，结果会更糟！去年夏天，我差点死去，康复后，整个共和国都为我欢呼，只要在意大利，无论我走到哪里，都是前呼后拥！

西塞罗：好，下周我就返回罗马，去回应使者。但我担心的是恺撒，他从不接受任何人作为他的上级。

庞培：那总得有第一次！

双方起身，相互致意，庞培离开了房间。

以政治视角为导向

根据 Bolman & Deal 领导力模型，可以从四个维度来理解一个组织。每个维度都有自己的特征，有自己的优缺点。这也被称为四框架模型。其中之一就是所谓的“政治框架”，它致力于从权力基础与政治策略的角度来解读现实。基于该框架，组织的行为以五个假设为前提：

1. 组织是不同的个人与利益集团的联盟。

2. 联盟成员之间在信仰、价值观、认知能力、利益追求以及对现实的理解等方面长期存在着差异。

3. 最重要的决策是稀缺资源如何分配——谁将获得什么。

4. 在组织运行过程中，资源的稀缺性与其他差异所造成的冲突发挥着至关重要的作用，并使得权力成为最重要的资源。

5. 目标和决策是不同利益集团谈判、竞争以及妥协的结果。

组织就如同个竞技场，最能解读政治游戏的人将会获胜。罗马的政治版图与庞培的政治观点不是秘密，那是他们日常生活中再自然不过的组成部分。在道德与正义的范畴，权谋与政治诡计并非不可接受，许多人甚至真诚地相信，公正有效的政治制度与治理模式正是产生于此。但是，在共和国的末期，这种信念不再被接受。那么，各政治派别会做些什么呢？他们只能继续其政治游戏。

第四幕：法萨卢斯。公元前48年8月9日。

清晨，一顶军用帐篷外，庞培和阿弗拉尼乌斯站着，面向眼前辽阔的平原，背景是一群罗马军官。

庞培：就这样了，这就是今日决战之处。

阿弗拉尼乌斯：不出我们所料，恺撒拔营了。

庞培：哈！我们伟大的指挥官没信心啦？在底拉西乌姆（Dyrrachium，现阿尔巴尼亚一带），我们凌晨发起的攻击打破了他的美梦，他不应当按时作息，特别是在罗马最伟大的指挥官面前！

阿弗拉尼乌斯：他的士兵，那些他引以为豪的人，只知道夹着尾巴逃跑，30多名百夫长曝尸战场，近千名士兵被剿灭。据说恺撒从未经历过那样的损失。

庞培：那是他从未和我交过手。明天，我们要做个了结。

阿弗拉尼乌斯：我们这样做，真的明智吗？

庞培：不，等待应当是更加明智的选择。通过陆路与海路，包括拉里萨（Larisa），我们可以获得源源不断的物资供应，而骑兵又可以保护水源。但是，目前这个地方也是恺撒的选择。如果我们只是紧紧地尾随着他，那他最终将被迫接受在我们选择的地方进行决战。

阿弗拉尼乌斯：所以，我们应当耐心等待？

庞培：你我知道什么是明智，亲爱的老战友。但是看看我们的周围，那些自负的家伙们，不知道天高地厚，七嘴八舌，自认为无比正确，更缺乏耐心。再看看那些议员们，急切地想找回自己的位置，去享用他们的美酒和情妇。而对于共和国的官员，这场战争中断了他们的职业攀爬比赛。所有这些人的共同之处就是缺乏耐心，想尽快结束战争。当然，最糟糕的还是那些有机会从这场战斗中受益的人，我们的胜利将为他们带来实实在在的好处。这些人都是权谋大师，但对于战争，他们狗屁不通。告诉我，阿弗拉尼乌斯，我是不是跟他们一样愚蠢？

阿弗拉尼乌斯：我们是要在战场真刀真枪地干，不是在罗马耍嘴皮子，现在你死我活的战争，不能失败，阿谀奉承可不是我们的强项。

庞培：确实如此，最明智的决定可能就是像上个月你说的那样。当时，恺撒一逃跑，我们就应当立即收复罗马。但可惜我不能临机专断。老朋友，我就像是个人质，自从恺撒出人意料地非法进军罗马，我就不得不乖乖地顺从整个体系的步调。当然，我要钱有钱，要人有人，还有威望，因为就军事指挥而言，非我莫属。但是，那时他们不敢让我直接夺回罗马，因为怕我想要王权。他们从来就不理解，我看重的是认可！是尊重、尊严与荣誉！这是他们无法理解的地方。而他们所追求的是权力，所以他们认为庞培·马格努斯也一定如此！

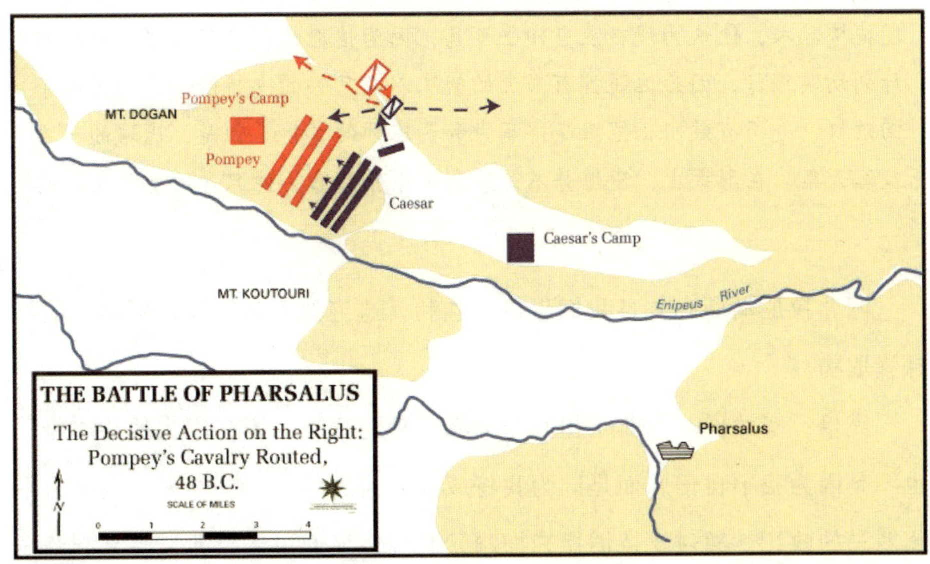

法萨卢斯之战 红色为庞培阵营
By The Department of History, United States Military Academy. Public Domain

法萨卢斯之战

公元前49年1月，恺撒率领军队跨过了具有重要象征意义的卢比孔河。随后，快速向罗马进军。庞培以及元老院大部分成员随即逃离了罗马。庞培逃到了希腊。在那里，他组建了一支忠于元老院的庞大军队。这一年的大部分时间，恺撒都在忙于稳定罗马局势，剿灭庞培在西班牙的势力。直到公元前48年初，恺撒才率军启航前往希腊进行讨伐。这是个出人意料的举动，因为在冬季出海非常罕见。当然，这有效突破了逃亡政府的封锁。但恺撒面临的问题是兵力不足，不仅如此，他还必须留下其中一半以保卫罗马。这就是为什么在整个讨伐行动期间，恺撒的军队一直处于劣势。底拉西乌姆一战，庞培重创了恺撒。但庞培并没有乘胜追击，部分原因是担心误入恺撒的圈套。后来，普鲁塔克引用恺撒的话说："假如他们有一位聪明的指挥官，今天胜利应属于敌人。"恺撒的军队一路向南，逃到了希腊，共和国的军队一路尾随，但庞培小心翼翼，避免直接对抗。现在，大部分补给线都在庞培的控制之下，而且其军队数量是恺撒的三倍。庞培力图拖垮敌人，他认为现在应当回击罗马，因为恺撒被困在了希腊。庞培的计划切实可行，因为他还拥有强大的舰队以及足够的支持者，完全可以夺回政权，进而有效阻止恺撒赢得高卢和西班牙的支持。但是，庞培的一方政客云集。在形式上，庞培并不是最高军事指挥官，他只是元老院决议的

阿弗拉尼乌斯：一旦我们赢得了胜利，这当然不是问题，罗马依旧如探囊取物。

庞培：实话说，我非常担心今天将带来的变局。不是因为战斗本身，也不是因为我不自信，而是因为我将成为众矢之的。十多年来，我努力平衡罗马的政坛，通过支持恺撒来抑制元老院，又通过支持元老院来制约恺撒。但今天，无论发生什么，这种平衡都将被打破。如果恺撒赢了，我毫

执行者，必须听从元老院的指示。而那些受到羞辱的议员们则一心想要尽快击败恺撒。于是，一场决定性的大战在法萨卢斯，即今天希腊的塞萨洛尼卡（Thessalonica）展开。应当说，直到现在，庞培依然占尽优势：地形、物资、士兵数量都远远胜过恺撒。但不幸的是，这些优势反而约束了庞培的手脚，他变得瞻前顾后，谨小慎微。而恺撒则不同，他已经失去了一切，跟随他的士兵们也都知道，他们只有背水一战。这些来自高卢的军人完全信赖他们的指挥官。恺撒更不受制于政治官僚，可以乾纲独断。因此，他可以与马克·安东尼这样身经百战的军事将领一起，精心制订战斗方案。面对共和国正统的三排十人阵型，恺撒也以三排阵型对应，但暗中精简了人员，以安排预备队来抵御敌人的优势骑兵。当庞培释出最后的骑兵确认胜利时，恺撒的骑兵虽然被击败，但预备的步兵阵列及时出现，他们被命令不要向马匹投掷标枪，而是要尽力刺伤骑兵的脸。庞培的骑兵措手不及，被迫逃离，随即，其左翼完全失控。而恺撒的骑兵则趁机反扑，他们迂回到庞培的背后，发起了猛烈攻击。此时，庞培已无预备队可用，整个共和国的军队溃败了。庞培带着少数亲兵逃离了战场。这是6000人对1200人的战斗，法萨卢斯之战被认为是恺撒最伟大的胜利之一。毫无疑问，罗马新的权力版图就此确立。

不怀疑他将实行独裁；如果他输了，太多人担心我也会那样做。今晚，失去的朋友可能会多于伤亡的士兵。

阿弗拉尼乌斯：船到桥头自然直，庞培。现在，最重要的是打败恺撒，朋友们依然会在你周围。

庞培：希望如此，阿弗拉尼乌斯。真希望他们和你一样！与这些军团士兵一起战斗！今后，他们将很难再遇到恺撒这样的对手。靠谋略才能赢，男人不应蛮干。他们将成为恺撒的砧，而我们的骑兵就是锤，从后方发起攻击，恺撒本人就将成为被压碎的坚果。（转向身后的军官们）我说过我宁愿拖垮恺撒，但你们想要这场战斗。去吧，就如了你们的愿，进攻！

第五幕：亚历山大海岸附近的一艘小船上。公元前 48 年 9 月 28 日。

塞普蒂米乌斯和阿基拉斯站在船上，扫视着地平线。奴隶们一边有节奏地划着桨，一边和着船舱里的歌声。

船舱里的人：庞培昨天早上被打死啦！

法萨卢斯之战与庞培之死

By Marco del Buono. Public Domain

奴隶们：嗨，把那个人砍倒！

船舱里的人：庞培昨天早上被打死啦！

奴隶们：嗨，恺撒戴上了胜利的花冠！

我们不再划船！我们不再划船！

为了庞培，这个倒下的人！

我们不再为庞培划船，

恺撒戴上了胜利的花冠！

塞普蒂米乌斯：看，他们的船来了！

阿基拉斯：他以为你在迎接一位老朋友。

塞普蒂米乌斯：某种意义上，是的，多年前，我曾在他的麾下效力。

阿基拉斯：他是个什么样的人？大祸临头了，他还不明白？

塞普蒂米乌斯：他是他自己参与的事情的受害者，是一个在成年之前就被称为大人物的天真男孩，他从不梦想着强大，只是梦想着被认可。但我心里清楚，我在做正确的事，带着刀去完成恺撒在法萨卢斯没有完成的事。看，就在那里，他的妻子站在他身边，他以为他到了忠于罗马的埃及国王统治的领地，他以为埃及会与他站在一起，而正是他将罗马带入了内战，陷入了无法无天的境地。

阿基拉斯：那他该死！

塞普蒂米乌斯：谁该死？又由谁来决定？他并不邪恶，但他不明白当权者会如何看待他的行为。他完成了一个又一个任务，元老院会怎么看？

自我背叛

庞培陨落了，确切地说，他被自己所毁灭。这个曾经可以拥有天下的人，这个曾经被称为伟大的人，孤独地、屈辱地在远离家乡更远离梦想的地方走到了生命的尽头。在这个意义上，庞培的一生就如同一部完美的悲剧，如果说法萨卢斯是噩梦般的舞台，那么，抵达埃及就是无情的毁灭，是悲剧的结局。

希腊人称之为傲慢，我们现在称之为狂妄自大。实际上，那都是指过度，即越过了某种边界。在悲剧的意义上，那意味着破坏了使世界平衡的力量，即扰乱了自然的秩序，也就是促生了不公正。起初，似乎是那么的微不足道，在一条几乎看不见的界线上迈出了一小步。那又会怎么样呢？当然，我们不会立即发现致命的结果。但是，这样的行为会产生影响，进而诱发新的响应，在不知不觉中，你就会陷入无法逃脱的困境。更有甚者，你并不知道到底为何如此，即便知道，也无法挽回。为人父母者都有过类似的经历，弟弟哭着跑来告哥哥的状：“哥哥打我！”然后，弟弟领着我们去问罪，哥哥辩护说是弟弟先咬了他。“你为什么咬哥哥呢？”“哥哥当然，那会被看作是获取权力的手段。但他们没有看到的是，在出人预料地快速获得权力后，他同样出人预料地放弃了权力。但诚实的行为对不诚实的人能有什么用？在罗马的斗兽场里，奴隶向野兽伸出的手会有用吗？他们从来都不明白，伟大的庞培最爱的是他的声誉，而不是他面临的机会。

阿基拉斯：看来事出有因啊，也许是我们的国王错了？尽管托勒密不太关心正义，而是更关心谁将是胜利者。就算庞培现在仍然是罗马的正式领导人，他也担心庞培不会维持太久，无论有没有他的帮助。

塞普蒂米乌斯：哈！不管在哪里，男人永远是男人。他们所看到的只有利益，就好像他们的鼻尖就是世界的边缘。事实上，是庞培将小男孩托勒密推上了王位！

抢走了我的圣诞礼物——乐高拖拉机。”“你为什么抢弟弟的玩具呢？”“因为他打翻了我的乐高城堡。”……父母可以如同仁慈的上帝，可以引导着天真的幼童去追寻真相。但通常的响应却都是一声疲惫的抱怨：“你们就不能好好相处吗？！”日常生活中的越界容易理解，但我们需要故事来警示自己不要犯错。

悲剧式英雄并不“邪恶”。他原本拥有选择的机会，可以成为真正的英雄，本可以“很好”。但就像电影《星球大战》中的阿纳金（Anakin），他选择了黑暗的一面。正是这一选择导致了棘手的问题。透过选择，悲剧式英雄暴露出其性格中的缺陷，错失了本该做出的“正确”选择，最终导致错失了“好的”结局。

悲剧均以英雄的死亡结尾。“Succeed”这个词具有两种含义：一是成功，二是遵循。而这恰恰就是英雄能够带给我们的，是英雄应有的遗产，证明英雄值得拥有自己的传奇。成年意味着“遵循”父母。成功的人——父母、领导者、专业人士，无论你的人生目标是什么，成熟的心态、深邃的思想与敏锐的洞察力都如同水之于鱼。只有这样，你才能是自己生命中的英雄。

阿基拉斯：是的。

塞普蒂米乌斯：可是，之所以庞培的故事令人感叹，是因为其他的东西。一个人一生都在保卫元老院免受敌人的侵害，但作为回报，他得到的却是越来越多的怀疑。他是一个被动入局的人，开始是配角，一度渴望成为主角，但缺乏正确的台词。所以，现在他会被遗忘。

他们默默地注视着庞培的船，越来越近了。

塞普蒂米乌斯：或许不会！这个人死了，他的故事不会结束，此时此刻，就是书写历史的时刻。总之，他不可能被遗忘。阿基拉斯，真正困扰我们的是，在这个故事中，我们自己对自己的角色理解甚少，知之甚少。我们是杀死暴君的英雄，还是杀死捍卫罗马的自由与元老院的尊严勇士的罪犯？你不想拥有选择的权力吗？唉，到了，藏好匕首，接庞培上船。

全剧终。

推荐读物

1.Bolman,L.G.& Deal,T.E.(1998).*Nytt perspektiv pa organisasjon og ledelse*.Oslo:Ad Notam Gyldendal.

2.Booker,C.(2004).*The seven basic plots.Why we tell stories*.London:Continuum.

3.Masefield,J.(1914).*The tragedy of Pompey the Great*.New York:The MacMillan Company.

4.Seager,R.(2002).*Pompey the Great*.Oxford:Blackwell Publishing.

5.Sheppard,S.(2006).*Pharsalus 48 BC.Caesar and Pompey - Clash of the Titans*.Oxford:Osprey Publishing Ltd.

恺撒之死

Wellcome Collection Gallery

第八章　恺撒之死

空气中充斥着不安的味道，异样的感觉四处飘荡，似乎有什么不对劲。街道上冷清了许多，人们尽量避开彼此的视线，甚至语气也变得低沉。城市雕像和纪念碑上出现了一些神秘的符号。众神播下了不祥的预兆，预示着一个凄惨的未来。恺撒处于危险之中。

庞培死在埃及，北非与西班牙的抵抗力量被摧毁，所有的敌人或战死疆场，或死于非命。竞技场上，只剩恺撒一人！恺撒赢得了一切。10月，胜利之师凯旋，万人空巷，举国同庆。罗马开启了和平繁荣的新篇章。人们真切地意识到，罗马内战是一场政治博弈，无关个人荣辱。恺撒的胜利为罗马带来了翻天覆地的变化。退伍军人与城市贫困家庭获得了意大利南部的良田，政敌的财产被没收并分给了那些一无所有的人，失业的公民在罗马以及殖民地找到了工作。穷人的绞索——债务负担被消除，高利贷被消灭，贷款利息被削减至合理水平。最为重要的是，恺撒宣布，无法偿还债务的人不再沦为奴隶！罗马焕然一新，恺撒是一位真正的平民派。

然而，胜利的时刻通常也是最危险的时刻。神秘怪诞的气氛渐渐笼罩了罗马，每个人似乎都在称颂恺撒的胜利与政治改革，但掌声却是那么虚

恺撒大帝

By Clara Grosch - Own work (photo). Public Domain

幻，帝国变得那么不真实，继而是令人不安的寂静。即便最大的受益者罗马人，也退避三舍，踌躇张望，以致发出低沉的杂音。上流社会的行为则更加离谱。在元老院里，议员们高声赞美着恺撒，但在背后，他们的目光中却充满了狡黠。在私人晚宴上，在黑暗的角落里，他们聚集在一起，彼此发泄，彼此鼓舞。某些事情正在酝酿之中，有人提议，也有人复议即将会发生些什么。

谁是幕后主谋？一个名字浮现在人们的脑海——马库斯·布鲁图斯，即传说中恺撒与旧情人塞维利娅的儿子。在刚刚过去的内战中，大家都以为他会支持恺撒，但他却出人意料地站在了庞培一边。恺撒特别喜爱布鲁图斯，甚至有人猜测恺撒才是布鲁图斯的亲生父亲。但那不应当是事实，因为恺撒与塞维利娅的关系是后来的事。无论如何，恺撒喜爱布鲁图斯是不争的事实。在法萨卢斯，恺撒曾明确指示不得伤害布鲁图斯。战斗结束后，恺撒绝望地寻找布鲁图斯，害怕失去这个男孩，最后，在战俘中找到了他。恺撒非常高兴。对布鲁图斯的选择，恺撒表示尊重，但是现在，庞培战败了，恺撒给布鲁图斯提供了一个他身边的位置。罗马需要重建，必须和解，必须团结。布鲁图斯应该起到示范作用。布鲁图斯当然乐于接受。从那以后，他就再也没有离开过恺撒。对于这样的安排，恺撒的老兵们颇有微词，毕竟，靠老妈脸蛋换来的职业晋升不会为人所齿。

在罗马，到处都有针对布鲁图斯的流言。“布鲁图斯，别再装睡了！”“你真正属于布鲁图斯家族吗！”这些流言挑逗着布鲁图斯的神经，敦促他挑头造反。恺撒肯定知道这些，但他什么都没有做。匿名的消息刺激着布鲁图斯，让他不要忘记自己的祖先。500 年前，是他的祖先将罗马国王赶下王位，创立了罗马共和体制。布鲁图斯背负着沉重的精神负担。卡托，即布鲁图斯的叔叔，是布鲁图斯的母亲同父异母的兄弟，也是布鲁图斯的引路人。不久前，在非洲，卡托自行结束了自己的生命。当时，在塔普苏斯（Thapsus）附近，恺撒击败了贵族派的军队，下一个目标就是尤蒂卡，那是卡托驻军的地方。卡托明白，他已经输了，但他并不想接受恺撒的怜悯，他宁愿去死也不愿意接受政敌的赦免。于是，卡托用剑刺穿了自己，但并没有立即死去。仆人们发现了他，替他包扎，然后把他放在床上。士兵们围绕着他。卡托恢复意识后，依然不改初衷。而得知消息的恺撒则表示一定会宽恕他。无奈，卡托心意已决，他反对所有人，包括他自己。夜晚，他自行撕开了绷带，默默失血而死。这就是布鲁图斯的叔叔卡托，因蔑视政敌而死。他的死，给布鲁图斯带来了巨大的刺激。

卡托死后，布鲁图斯承担起了照顾家庭的责任。他娶了卡托的女儿，寡妇鲍西娅（Porcia）。鲍西娅的丈夫死于疾病。她的丈夫不是别人，正是卡托的盟友、恺撒的宿敌比布鲁斯。恺撒的宠儿与卡托的女儿相结合，自然成了罗马高层社交圈中炙手可热的一对。可以合理推测，从此，暗流涌动的罗马高层社交圈与呼呼作响的耳边风使得布鲁图斯不得安宁，在家族荣耀、社会责任以及个人荣辱驱使下的布鲁图斯一定认为自己应当有所作为。因此，应当有所计划。

布鲁图斯觉得自己被恺撒利用了。也许布鲁图斯是对的，他可以是个完美的傀儡：卡托的后裔加入了恺撒的阵营。许多情况下，布鲁图斯都在为恺撒站台，以突显其价值：高贵的布鲁图斯，斯多葛派的布鲁图斯，演说家布鲁图斯，支持内战的布鲁图斯。但这能持续多久呢？面对恺撒的强势，布鲁图斯只能退让。事实上，布鲁图斯非常不喜欢恺撒组织的内战胜利大游行。在他看来，那是恺撒对他们这些反对派的侮辱。同样，他也非常不喜欢恺撒在元老院里的无礼行为。恺撒通常是坐在那里，就如同坐在帝王的宝座上，而议员们则要为他起身，这是对共和国传统的蔑视。最不

罗马内战——恺撒的时间表

公元前 49 年，渡过卢比孔河。

公元前 49 年，在西班牙莱里达（Ilerda）战役中，对抗庞培的将军阿弗拉尼乌斯和彼得雷乌斯（Petreius）。

公元前 48 年，在希腊围攻底拉西乌姆，几乎被庞培击败。

公元前 48 年，在希腊法萨卢斯战役中，大败庞培。

公元前 47 年，在埃及尼罗河战役中，打败了托勒密十三世，并将其姐姐克利奥帕特拉扶上王位。

公元前 47 年，在亚细亚的泽拉（Zela）战役中，对抗米特里达梯的儿子，留下了他的名言之一："我来，我见，我征服！"

公元前 46 年，在非洲塔普苏斯战役中，剿灭卡托和庞培的残余部队。

公元前 45 年，在西班牙蒙达战役中，击败庞培的长子盖乌斯·庞培（Gnaeus Pompeius）和提图斯·拉比努斯。

能让布鲁图斯接受的是恺撒对卡托的批判。卡托自杀后，西塞罗写了一篇悼词，高度赞美卡托。事实上，西塞罗夸大了卡托的言行，为卡托注入了多不实的荣耀。在西塞罗笔下，卡托被推上了道德的制高点，成了罗马公民的典范。后来，西塞罗声称那是受布鲁图斯之邀，迫于情面，不得已而为之。对此，恺撒当然不会退缩，必须予以坚决回击。一篇名为《卡托批判》（*Anticato*）的文章随即发表，直指卡托的死穴。文章指出，卡托并不是什么圣人，他只是个彻头彻尾的怪胎、酒鬼，是个伪君子。不仅如此，文章还揭示了许多不为人知的宿怨。可以想象，尽管文章不无可取之处，但布鲁图斯一定会非常愤怒。因为在他看来，那不仅是对卡托个人的侮辱，也是对卡托道德遗产的抹杀，更玷污了整个家族。至于鲍西娅的耳边风会

为什么领导者会失败之一 ——原谅他们，因为他们不知道自己在做什么

我们注重理性沟通。发件者有意传递信息。信息用书面语言、图像或语音编码表示，点击“发送”，一瞬间，书面语言、图像或语音编码被直接传送到接收者手中，接收者阅读并理解了发送者所要传递的信息。在整个过程中，似乎只有系统错误才能导致信息的错误。早在 1967 年，心理学家保罗·瓦兹拉威克（Paul Watzlawick）和其在帕洛阿尔托大学（Palo Alto University）的同事们就出版了《人类交流中的语用学》（*The Pragmatics of Human Communication*）一书，从根本上否定了这个过于简单的认知。他们认为，在交流中，无论是信息的含义还是交流的意图都不重要，交流的结果才是最重要的。在这个意义上，所有行为都是交流的组成部分。无意识的交流可能更为重要。因此，他们提出了第一个假设：你不可能不交流。几十年后的今天，领导者一路走来，可能依然不理解保罗及其同事们到底在说些什么。

对于许多领导者而言，失败的根源就在这里。像恺撒一样，领导者不了解自己的行为所带来的后果，他们认为，沟通可以由一个开关来控制，可以打开也可以关闭。事实上，你永远无法关闭那个开关。也就是说，无论何时何地，也无论是否愿意，你都在不停地向外发送着信息。一脸严肃、一言不发地坐在会议室里与积极欢快地参与讨论所传递的信息截然不同，缺席危急情况的处理也会是一个明确的信号，一小笔额外的领导津贴可能会导致非常不幸的后果，尤其是当它登上报纸的头版时。无论你的意图是什么，或者你是否被误解，都必须沟通。沟通与不沟通会导致明显不同的后果。对于自己，领导者很难有全方位的观察，一旦出错，事后召开的事件澄清说明往往会于事无补。

刮到几级，只有上帝才知道。

某些记录表明，巨大的阴谋正在酝酿之中。恺撒应当也有所察觉。但这些记录并非指向布鲁图斯，背后一定另有其人，而布鲁图斯则再次被利用了。他们利用了他的负罪感，也许这就是布鲁图斯的命运，总是被别人所利用。在思想上，布鲁图斯是斯多葛派，因而他不会贸然采取行动，也不想玷污自己，更不愿意迎合卡托对恺撒的仇恨。如果说有什么不同，那就是因为他的身世以及与恺撒的关系。这当然会令他受到某种束缚。此外，就个性而言，布鲁图斯从来都不是一位伟大的战士，他更适合用笔而不是握剑，他既没有力量也没有意愿去实施什么。而那些躲在他身后的人才是真正的幕后推手。

恺撒本人曾经说过："与那个苍白瘦弱的家伙相比，我不担心这些长头发的家伙们。"大家都知道恺撒指的是谁——盖乌斯·卡修斯（Gaius Cassius）。卡修斯的品性与布鲁图斯完全不同，他从小就痛恨暴君。当苏拉的儿子吹嘘其父亲的权力时，遭到了卡修斯的一顿暴打。卡修斯颇具战略思维，目光长远，可以忍受逆境，等待时机。帕提亚战役时，他在克拉苏麾下效力，是为数不多的意识到他们正步入陷阱的军官之一。克拉苏与他的儿子殒命沙漠后，卡修斯带领着幸存的罗马军队经过艰苦跋涉，安全抵达叙利亚。其后两年，他担任叙利亚总督，建立起了抵御帕提亚人的第一道防线。虽然瘦弱，但这个男人像钉子一样坚韧。

卡修斯与布鲁图斯家族有联姻关系。他的妻子是布鲁图斯同父异母的妹妹。事实上，整个罗马上层社会的人际关系错综复杂，联姻关系泛滥、近亲通婚是贵族没落的一大原因。此外，卡修斯与西塞罗长期保持着良好关系。这很奇怪，因为卡修斯放弃了斯多葛派哲学信仰，转而信奉伊壁鸠鲁哲学，从而投身于恺撒的哲学阵营。因此，许多人指责他阿谀奉承、虚伪。

然而，对于西塞罗，他们本应是不共戴天的敌人，但却一直可以友好相处。

对于刚刚过去的内战，卡修斯并不是热衷的参与者。内战期间，他基本处于观望状态，没有偏袒任何一方。尽管他有共和情怀，但他不屑庞培阵营中的那些人，他认为他们愚蠢、固执且邪恶。尽管如此，他还是一度站在了贵族派一边，并为他们而战。法萨卢斯战役之后，他改弦易辙，随即，在西里西亚，恺撒赦免了他并委任他为将军。大约也就在那时，卡修斯改信伊壁鸠鲁哲学。

在西里西亚，曾发生过一起未遂的谋杀案，恺撒幸免于难。西塞罗似乎知道那个计划，他曾暗示卡修斯企图谋杀恺撒。所有赦免的言论有可能纯粹是为了掩盖那个未曾实施的计划。当时，恺撒并没有遵循预期的行程，是否是因为恺撒的疑心所致，我们不得而知。事实上，尽管卡修斯被任命为将军，但他并不被容许跟随在恺撒身边。有些人你只是不想和他在一起。

卡修斯不怀好意。对于西塞罗诠释的伊壁鸠鲁哲学，他嗤之以鼻。他们两人你来我往，夸张地辩论，卡修斯坚称自己才是伊壁鸠鲁哲学的践行者。但无论怎么看，他的行为更像是他曾经笃信的斯多葛主义。卡修斯不爱享乐，禁欲主义与自我牺牲精神驱使着他坚定地奔向自己的目标。他聚精会神，就像竞技场上的角斗士，调动自己所有的潜能，时刻准备着发起致命的一击。他是恺撒阵营中的内奸，就像是一条潜入卧室的毒蛇，阴险狡诈。他和他的朋友们极力吹捧恺撒，编织出各种头衔与称谓以示敬意，而他们的真正意图在于刺激民众，激起人民的反感。他们力图养肥恺撒以备宰杀！

卡修斯是贵族利益的坚定维护者。他讨厌暴君，因为暴君会剥夺贵族们的自由。对于恺撒，他恨之入骨，因为恺撒是平民派，极大地损害了贵族阶层的利益。富人的税收被提高，福利被削减，并被设定了个人财富的上限。同时，恺撒还制定了新的法律来防止恶意的剥削与欺压。难怪卡修斯会耿耿于怀，贵族们曾经的美好生活被破坏殆尽。无论在政治领域还是在经济领域，贵族们都受到了打压。当然，任何人都不会乐于放弃自己既有的权力。作为贵族派，卡修斯接过了前辈的火炬。但他更加狡猾，不敢公开反对恺撒，而是耐心地等待时机。作为一个卑鄙的阴谋家，他躲在布

为什么领导者会失败之二——变化会引发反作用力

所有系统都有一个平衡状态，权力格局也是如此。人们不一定惧怕权力、利益冲突或是争斗，人们担心的是权力平衡被打破后的不可预测性。任何系统都会自然地趋向平衡状态，所有偏差都会渐渐消失，这种机制被称为负反馈。这里所说的“负”并不是道德意义上的不好，而仅仅表示相对于稳态的修正。也就是说，系统会自动纠正偏差或异常。所有稳态系统都是如此。在这个意义上，每个系统、每个组织本质上都是趋于保守的。

一旦有新的领导者攫取权力或是推行大规模变革时，原有的平衡状态就会被打破。我们无须列举保守派或是邪恶王子会如何作祟，就系统本身而言，会自发产生阻力，以阻止系统偏离原来的平衡状态，即变化引发反作用力。在组织中，这将表现为一场旨在恢复原貌的斗争。相对于原系统而言，任何一场变革的推动者或是渴望权力的领导者都将被视为一个巨大的偏差，其热切的变革渴望会遭到无情的阻力。军事胜利即万事大吉，这种想法未必太过天真。当恺撒胜利回师罗马，开始热切地推行其政治变革时，一场更加危险、更加隐蔽的战争随时可能爆发。

鲁图斯身后，为其出谋划策。而布鲁图斯太过天真，根本无法理解这一切。

卡修斯肯定是主谋之一，但单凭他的力量是远远不够的。最坏的兆头出现了。这次，是恺撒依赖的中坚出了问题——发生了兵变。谣言已经流传了一段时间，渣滓总会浮上水面。但这一次，不是厌战的退伍老兵，而是恺撒手下的将军们，甚至都不是外围的军人，而是跟随恺撒征战高卢的军人。若果真如此，那么，恺撒的根基就会动摇。显然，卡修斯不可能是唯一的策划者，他可以控制布鲁图斯，但绝不可能影响、控制那些跟随恺撒出生入死的军人。问题是，在恺撒自己的阵营中，幕后黑手到底会是谁?

在高卢，恺撒身边聚集着一群年轻有为的将领，他们大显身手，快速成长，名利双收。虽然如此，但不可否认，在思想上，他们并不都是恺撒的坚定支持者，并不都认同恺撒的政治取向，也并不是每个人都能理解恺撒改良罗马的愿望。况且，他们其中一些人原本就来自贵族阶层，可以暂时服从，但内心依然保有自己的见解。特博纽斯就是其中之一。

当恺撒及其“三驾马车”躲在克劳狄乌斯身后打击西塞罗时，特博纽斯与“三驾马车”为敌。他清楚地看到西塞罗的翅膀被束缚，而克劳狄乌斯就如同燃烧的武器。许多罗马人不喜欢特博纽斯，但这并不妨碍他为西塞罗辩护。西塞罗也从未忘记这个朋友。长期以来，他们一直保持着良好关系，即便特博纽斯投身恺撒阵营之后，他们依然是好朋友。内战期间，西塞罗完全被边缘化，但他依然确信与特博纽斯的友谊：“我不相信任何人爱自己胜过你爱我！”这听上去会令人感到不适，但特博纽斯却天真地回应道：“是的，这就是我们相互之间长久的、真正的爱。”可怜的灵魂！这似乎超越了正常的男性间的对话尺度。

多年来，特博纽斯深受恺撒的信任。在高卢，特博纽斯是重要的指挥官之一，他与马克·安东尼联手，在阿莱西亚的夜色中顽强抵御了高卢人的进攻。内战中，他与德西慕斯·布鲁图斯协同配合，围攻并征服了马赛。即便如此，特博纽斯从来都不是恺撒俱乐部的核心成员。因为他太任性了。内战即将结束时，恺撒派遣他去西班牙。那时，有些事情发生了。

在法萨卢斯、亚历山大和塔普苏斯，恺撒相继取得了胜利。贵族派唯一残存的地区就是西班牙。那里有庞培的两个儿子，即盖乌斯和西克图斯（Sextus），还有一位，也是最重要的一位，即庞培的老朋友——也是恺撒征服高卢时的得力战友——拉比努斯。特博纽斯奉命率军前往剿灭。事实证明，那是一项比最初预期要困难得多的任务。特博纽斯的所有努力都以失败而告终，贵族派残余势力有做大之势。恺撒不得不亲自征战，历经了激烈的蒙达战役，贵族派被彻底剿灭。“我经常为胜利而战，但这一次，是为生命而战。”战斗结束后，恺撒感叹道。事实上，并不只恺撒一人这样想。对于交战双方都是如此，每个人都知道这是最后的决战。在整个内战中，没有一次战役进行得如此决绝、如此惨烈。最后时刻，庞培的两个儿子落荒而逃，而恺撒的士兵们则穷追不舍。长子盖乌斯躲进了山沟，被士兵们发现，乱刀砍死。小儿子西克斯图斯侥幸逃脱，后来在西西里做起了海盗。只有拉比努斯一个人不想逃跑，他竭尽全力，就像在阿莱西亚那样，坚定地守在自己的阵地上，直至战死。

人们经常将拉比努斯视为叛徒。在高卢战争期间，他是恺撒麾下最有才华的将领，智勇双全，也是唯一一个可以在战略层面上匹敌恺撒的将军。但以卢比孔河为界，他切断了与恺撒的所有联系，回归庞培的阵营。内战期间，拉比努斯四度与恺撒交手，其中两次在希腊，一次在非洲，最后一次是蒙达战役。当其他人都倒下的时候，他是唯一一个站着的人。在蒙达，他以狮子般的勇气搏杀到最后一刻，向恺撒的士兵们展示了一个真正的英雄形象。拉比努斯是他们中最优秀、最值得信赖的人。

拉比努斯为什么与恺撒分道扬镳？在战场上，面对自己的战友，拉比努斯曾大声质问："难道你们都是白痴吗？"这是什么意思？在某种程度上，拉比努斯比其他人更接近恺撒，也更了解恺撒。事实上，有很多人也注意到了，恺撒有个致命的弱点，也可以看成是其伟大形象的阴暗面：恺撒过于迷恋自己的成功，否认巧合与运气的成分。事实上，并非所有的胜利都完全归咎于恺撒的天才。某些情况下，恺撒确实靠的是运气。但在恺撒看

为什么领导者会失败之三——水仙王子的故事

罗马诗人奥维德（Ovid）讲述过一则水仙王子的悲剧故事。在希腊诸神中，水仙王子最为俊俏，但他找不到自己的爱人，因为没有人能满足他挑剔的眼光，所有候选人都不够出色。只有厄科（Echo，回声女神）曾经与他擦出过爱的火花，但由于赫拉的诅咒，厄科无法表达自己的爱慕之情，只能不断地、被动地重复他的话语，因而，他们的关系无疾而终。苦苦追寻之后，水仙王子最终找到了自己的最爱——他自己。"我爱我自己，为自己而感动，为自己而燃烧！"每天，水仙王子都待在池塘边注视着自己水中的倒影。水仙王子的爱情是不幸的，因为他永远无法触及自己的爱人，单相思之苦折磨着他。"我拥有我想要的一切！但我的财富使我贫穷！"终于，他再也无法忍受爱的折磨，投身池塘，化身水仙花，与自己心爱的人合二为一。

或多或少，许多领导者都有水仙王子的特质。权力具有腐蚀性，其自我腐蚀作用尤其强烈。一旦掌握了权力，领导者可能会失去他们最初的理想，忘记自己的谦卑，甚至失去与现实世界的联系。美国精神分析学家迈克尔·麦考比（Michael Maccoby）认为，在某种程度上，许多高级管理人员都可以被归类为自恋者，他们具有如下特质：

- 对外界的批评非常敏感。
- 不善于倾听。

来，那是天意，是众神赋予他的礼物。恺撒进而认为，众神之所以青睐他，并非偶然。恺撒越来越频繁地提及自己的家族、祖先，并宣称埃涅阿斯就是维纳斯的后裔。在法萨卢斯、蒙达，恺撒军中的口令是“维纳斯必胜”。作为一个神话，那是美好的，但要将其认定为事实，某些人就不会同意。拉比努斯就是其中之一。

特博纽斯也是其中之一。他是一位共和体制的坚定维护者。特博纽斯

· 对他人缺乏同理心。

· 认为自己不需要他人的建议与指导。

· 具有强烈的竞争本能。

可以自我对照检查以上特质，或许在他人的帮助下，可以得出更为客观的观察结果。对于领导者，权力确实意味着某些东西，特别是当身边有一群唯唯诺诺的人时。甲骨文公司创始人、董事长拉里·埃里森（Larry Ellison）的一位前同事曾表示，上帝和拉里的区别就在于，上帝不认为他是拉里·埃里森。

恺撒同其他领导者一样，也有类似的特质。他不是神，也并非维纳斯的后裔，除非你相信超自然的存在。恺撒只是一个与水仙王子有类似情怀的人，他为自己创造了一面小镜子，以欣赏自己的倒影。绝对权力导致绝对腐败。将抵制自恋者的措施制度化，罗马人并非没有道理。当伟大的征服者得胜归来，圣道上的胜利大游行是必不可少的仪式。在征服者身边，站着一个奴隶，他的职责是为征服者戴上象征胜利的月桂花冠。但这个奴隶还有另外一个任务：在整个胜利游行过程中，他必须一遍又一遍地在征服者的耳边低语：“记住，你终有一死（Memento mori）！”这就是罗马的传统。

不相信超自然的力量，而恺撒自诩为神，自诩为维纳斯的后代，这让他感到非常厌恶。1 月，恺撒任命自己为终身执政官。特博纽斯彻底失望了，既是神，又是独裁者，这彻底突破了特博纽斯的底线。他无法理解的是，恺撒需要绝对权力来推动他所希望的政治改革，恺撒不想浪费时间，不想将自己的精力花费在贵族派设计的迷宫中。事实上，恺撒本人并不信奉自己的神话，但他需要神话的加持。而在特博纽斯眼中，却只有一位自负的将军，一个将自己提升到了众人之上的人。于是，他开始从老朋友中招募同谋者。

罗马流传着一个谣言，说上一年秋天，特博纽斯与马克·安东尼曾经有过密谋，据说西塞罗对此有所记载。那时，恺撒刚刚结束了蒙达战役，率领大军从西班牙返回罗马。沿途，各地官员无不夹道迎送，特博纽斯与安东尼也不例外。他们两人是好朋友，一起从高山高卢的纳博讷（Narbonne）骑马出迎他们的指挥官。一路上，特博纽斯与安东尼分享了自己对恺撒的看法。那应当只是些试探性的谈话，不太可能直接邀请安东尼参加反对恺撒的政变。因为当时恺撒刚刚剿灭了贵族派，如日中天，新的和平也随之到来。在那时，特博纽斯无论如何也不敢再次打开地狱之门。据称，那天安东尼的听力不太好，没有响应，也许他把特博纽斯的话当成了疯子的呓语。不管怎样，当他们见到恺撒时，安东尼并没有向恺撒报告此事。

安东尼的冷漠并未能阻止特博纽斯，计划在一点一点地被推进。下一个会是谁？如果我们为特博纽斯列出一个朋友名单，下一个最有可能的应当是德西慕斯·布鲁图斯。在围攻马赛期间，他们两人结下了深厚的友谊。许多迹象表明，德西慕斯与特博纽斯的价值观相近。假如真是这样，恺撒就会遇到麻烦。因为德西慕斯是恺撒最信任的将军之一，甚至有人说，恺撒对德西慕斯的信任超越了安东尼。如果德西慕斯与特博纽斯联手，那么恺撒脚下的地面就将会松动。可以推测，在后来的某个时候，他们也发现了卡修斯的计划，或者说卡修斯早已观察他们很久了。

安东尼与特博纽斯的传闻有些奇怪。安东尼为什么从未对恺撒提起过此事？安东尼以忠诚而著称，在众人眼中，他就如同一条忠诚的导盲犬，永远护佑着自己的主人。如果恺撒需要一个保民官来承担骂名，否决贵族派的提案，安东尼会毫不犹豫地出面担当。如果恺撒需要一支部队，在暴风雨的冬夜穿越亚得里亚海，安东尼就会不顾个人安危，直奔对岸地狱般的悬崖。无论走到哪里，安东尼都欢快地吠叫，摇着尾巴，跟随自己的主人。尽管有些粗鲁笨拙，但他忠心耿耿，出色地完成了大部分任务。只有一项任务，安东尼搞砸了。恺撒在征战埃及期间，授权安东尼管理罗马，缺乏经验的安东尼左右摇摆，激怒了罗马人，致使整个城市陷入叛乱的边缘。恺撒归来，处罚了安东尼，并将其打入冷宫。每个领导者都知道，一旦这种情况发生，也就意味着你失宠了。

忠诚老实的安东尼是士兵们的好酒友、女士们的好男人。但忠诚不等于一切，尤其是当奖赏没有及时兑现时。安东尼为什么没有把特博纽斯的事告诉恺撒？当时，恺撒似乎嗅到了什么。有一次，有人警告他说安东尼有问题，但恺撒却置之不理，他不认为安东尼会构成什么威胁。“我不担心这些长头发的家伙们。”他回答道。在安东尼看来，大家都在嘲笑他，而恺撒也并未给予他安慰。在众人眼中，安东尼是个硬汉，是个粗鲁的酒鬼。但人们低估了安东尼，假如安东尼真是个粗鲁的酒鬼，像特博纽斯这样的人也就根本不会寻求安东尼的帮助。事实上，虽然安东尼缺乏礼仪，简单粗鲁，与温文尔雅的上层社会格格不入，但他拥有农民式的狡猾。这是恺撒圈子中的其他人所不具备的。

2月，发生了一件奇怪的事情。罗马庆祝一年一度的牧神节（the Feast of Lupercalia）。在节日那天，在帕拉蒂尼高地，参加游行的人们向哺育自己祖先的母狼致以敬意。事实上，并不是每个罗马人都认同这个传说。在活动仪式中，安东尼领头扮演神职人员，他带领着游行队伍，挥舞着家族的徽标一路前行，最后抵达罗马广场。随后，他登上恺撒主持活动的高台，不知从哪里拿出一顶皇冠。皇冠！放在了恺撒脚下。刹那间，整个现场都静了下来。怎么回事？恺撒要加冕？一些狂热的恺撒的支持者开始欢呼雀跃，但明显地，大多数人感到不安，一些人发出嘘声，有些人甚至大声抗议。恺撒自己也感到很困惑，他不明白安东尼要做什么，随手将皇冠推到一边。但安东尼并没有轻易放弃，他还有个帮手卡修斯，就站在他身后。可以肯定，卡修斯一定不怀好意。卡修斯向前一步，抓起皇冠放在了恺撒的膝盖上。人声嘈杂，恺撒再次推开皇冠，他明白那意味着什么。安东尼和卡修斯的举动就如同挑衅，民众发出的噪音似乎刺激了安东尼，也可能是安东尼误解了恺撒的不悦，在卡修斯的协助下，安东尼爬上高台，双手高举皇冠，郑重其事地扣在了最高指挥官的头顶上。整个广场再次寂静下来。恺撒的反应是一把扯下皇冠，并伸长脖子，说道："有谁愿意，可以从这里砍断！"人们沸腾了，似乎整个城市都被激怒了。罗马不要皇帝！那天，马克·安东尼杀死了尤利乌斯·恺撒，西塞罗事后说道。那次事件引发了民众的蔑视，他们认为恺撒渴望王位。于是，某些人必然要有所动作。安东尼将恺撒的名字写在了死亡名单上。

安东尼是个狡猾的恶魔。大多数人都认为牧神节事件是过度狂热的偶然事件，是由天真的支持者们造成的麻烦。事后，支持者们慌乱地试图消除负面影响，但显然低估了这件事带来的后果。可怜的、天真的安东尼？不，他没那么傻，他很清楚自己在做什么，他毫不怀疑民众的反应。毫无戒心的恺撒被“忠诚的”安东尼推上了断头台，没有比这更加高明的手法了。看似天真的崇拜变成了致命的危机，任何行动都于事无补。人们已嗅到了血腥味，而安东尼的手上、衣服上却一点血迹都没有，他成功地扮演了自己的角色，其他人自然会接手下面的工作。还有个问题，为什么卡修斯会在那里？因为他既是监军，又是战友，鼓舞着安东尼扮演完成自己的角色。

安东尼献冠

By Unknown author British Museum. Public Domain

忠诚是一种脆弱的商品。但是，多数领导者，特别是那些自信的领导者，常常想当然地认为忠诚是免费的。那些掌握重要资源的领导者，尤其如此。但事实上，忠诚是一种典型的商品，在易货贸易中大受欢迎。为获取忠诚，你必须付出代价。以前，恺撒是这种易货贸易的大师，没有人比他更了解士兵的需求。恺撒的出价赢得了自己所需要的东西，即士兵们的忠诚与勇猛。恺撒知道，自己应当在何时召见谁，应当何时出现在什么地方。他会让你会感受到他的凝视、他的存在、他真诚的关注，就像一个忠实的朋友。如果这还不够，他会毫不犹豫地送上一份礼物或是在需要的时候助你一臂之力。不过现在，恺撒好像忘记了自己曾经娴熟的魔法。从埃及归来，看到陷入困境的安东尼，恺撒并未以老领导、老朋友、老战友的身份拉安东尼一把，相反，他颂扬了安东尼的对手，例如多拉贝

为什么领导者会失败之四——嫉妒

“嫉妒不仅与生俱来，而且是最基本的、无处不在的人类情感之一，它涉及人际关系的各个方面。”美国心理学家大卫·巴斯（David Buss）引用了另一位心理学家鲍里斯·索科洛夫（Boris Sokoloff）对嫉妒的描述，作为自己著作的开篇。的确如此，虽然人们不愿意承认，但只要有人存在的地方，就会有嫉妒的种子存在。在最简单的意义上，嫉妒是一种响应，即对重要关系受到威胁时的响应。从进化论的角度，大卫·巴斯解释了嫉妒，即这种情感的存在旨在保护我们最核心的关系。嫉妒提示我们注意危险，有外人正在入侵你现有的体系。这就是嫉妒的作用。一方面，嫉妒会带来大量鲜花、礼物、关爱以及忠诚等，另一方面，嫉妒也会带来猜疑甚至暴力。

对于情侣关系，嫉妒的响应程度最高，因为那是你生命中最重要，也是最需要保护的关系。但对于兄弟姐妹、朋友甚至权力机构，它同样适用。

拉（Dolabella），即西塞罗桀骜不驯的女婿，并以牺牲安东尼为代价提拔了一些人。如此残酷的方式必将带来不良的后果，绝对的权力是不够的。安东尼再憨厚，也不会忘记这样的伤害。就如同失恋，那是最深刻的伤害，爱之愈深，伤害愈大。最忠诚的仆人甚至也可能将自己的主人钉死在十字架上。安东尼要报复恺撒。

但安东尼不太可能是主谋，也不太可能主动出击，因为他既没有智慧也没有相应的人脉，充其量，他只是个帮手，就是为了发泄自己的私愤。但安东尼的出现，就如同一阵清风，吹散了水面上的浮萍，暴露了水中的大鱼。在罗马政坛，无论你转向何方，都能发现一个人的身影，他就像是一个无处不在的幽灵，感受得到，却抓不住。他就是那位罗马政坛的元老，圣经中记载的第一个暴力行为即是源于嫉妒——该隐谋杀了亚伯，因为该隐嫉妒上帝偏爱亚伯。对于该隐，嫉妒是一个强大的驱动力。如果领导不喜欢我，那他也不应该喜欢别人。但问题是，领导不会考虑该隐的感受。也就是说，有意无意间，领导经常会触发嫉妒。与领导搞好关系几乎是所有人的目标。谁不想在午餐桌上和领导窃窃私语，或是下班后陪领导喝一杯。想象一下那些领导身边的红人，那些跟领导一起讨论机密的同事！这很正常，人性就是如此。

在这样的关系中，受宠的下属通常会自愿地付出一切。而作为被忠诚的对象，领导、偶像、朋友等可能无法体验到如此无私的爱，那是热情的付出，在接近燃烧的边缘。直到第三者的出现，领导不再约你下班后一起喝一杯，因为那个家伙取代了你。这个混蛋到底是谁？自然而然地，嫉妒产生了。该隐的印记永远烙在了人类的额头上。被蔑视的忠诚是痛苦的，常常呼唤报复。而报复令你失望的领导者并不困难。于是，领导就这样失败了。

坐在罗马南面的高地上，曾经扮演过重要的角色，但现在却沦为了旁观者。然而，他并未放弃，而是时刻注视着罗马政坛的一举一动，伺机反扑。如果要用一个词来形容他，“口蜜腹剑”无疑是最贴切的。对，这个人就是西塞罗。他才是一切的中心！

这并不是说西塞罗要亲自动手，不，那不是西塞罗，况且他也太老了。罗马政坛的这个老人喜欢待在幕后。他特别推崇布鲁图斯已故的叔叔，同时也赞扬布鲁图斯的共和理想。以此，共和使命悄然落在了年轻人的肩上，驱使着布鲁图斯走向了不归路。长期以来，西塞罗一直耕耘着与卡修斯的亲密关系，并在密谋期间，帮助协调各方。我们可能永远无法知道其中的细节。以同样的方式，西塞罗引领着特博纽斯，直至将其带入卡修斯的阵营。不仅如此，在恺撒的阵营中，西塞罗还是幸存的贵族派与平民派之间的纽带，没有谁可以像他那样横跨两大阵营。作为一条狡猾的鲇鱼，西塞罗同时在两大阵营中培植自己的关系。在内战期间及之后，西塞罗保持着与恺撒的友谊，可惜恺撒并不知道这个所谓的朋友的真实想法。可怜的、被抛弃的安东尼呢？牧神节期间，卡修斯是从哪里冒出来的？他协助、怂恿安东尼将恺撒赶进了屠宰场。是谁想出的这个主意？西塞罗本人后来表示，那是促发民众反对恺撒的关键事件。如此精确的评估非常奇特。这位老人很清楚自己在做什么。每个棋子都在统一的策略下移动，棋盘上的轮廓越来越明显。西塞罗就是幕后棋手。

过去的几年遭遇改变了西塞罗。内战期间，他被双方所抛弃。作为政治家，作为曾经被誉为国父的政坛元老，其模糊的立场摧毁了他的声望。这应当归结于他的狡猾。他试图像以前那样，八面玲珑，多方受益，但罗马内战造成的政治格局不同以往，非黑即白，再也无法假装智者超然于上。西塞罗的做派既导致了卡托的不满，也被恺撒所讥笑。更糟糕的是，到了最后，他还不得不寻求恺撒的庇护。当“国父”在国家的危机中被取代时，那种感觉不好受。西塞罗被巨人的身影所遮蔽，他所谓的正直与气节也渐渐消失殆尽，如同一只眼睁睁地看着自己被沼泽渐渐吞没的狐狸。

就个人生活而言，西塞罗过去的几年也是不堪回首。首先，西塞罗和自己的弟弟昆图斯发生了激烈的争吵，兄弟间的亲密情谊被彻底摧毁。随后，他和妻子特伦蒂亚（Terentia）的婚姻也走到了尽头。他们之间既有理念的争执，也有生活琐事的矛盾。多年以来，特伦蒂亚一直陪伴着他，从默默无闻走向人生的巅峰。应当说，特伦蒂亚家族的影响力极大地帮助了西塞罗。但是最终，西塞罗还是抛弃了她。之后，西塞罗没有浪费自己的时间，很快就娶了一位年轻美丽但头脑空虚的女人。但是，西塞罗不仅未能得到慰藉，相反，他成了整个罗马的笑料。原因显而易见，无论是生活习惯还是老年人的身体能力，西塞罗都无法满足年轻女性的需求。没过多久，他们就离婚了。留给西塞罗的只有孤独与羞辱，甚至还有个人财务的进一步紧张。打击还不止于此，内战爆发后，在政治格局发生剧变的紧要关头，西塞罗又失去了他唯一的掌上明珠——女儿图莉亚（Tullia）。自此，西塞罗变得无依无靠。西塞罗非常喜爱自己的女儿，他是她的保护伞，他为她遮风挡雨。图莉亚的婚姻非常不幸，她的丈夫多拉贝拉装腔作势、华而不实，总是沉迷于罗马奢华的聚会，并时常虐待图莉亚。恺撒有时会利用他，而安东尼则非常讨厌他。多拉贝拉摧毁了图莉亚，当她身怀六甲时，他抛弃了她。在独自生下儿子仅仅几周后，图莉亚就去世了。西塞罗受到了极大打击，悲痛欲绝。他内心深处最后保留的某些东西被永久地摧毁了。那个渴望带给大家乐趣，渴望赢得民众爱戴，渴望得到同僚尊重的、雄辩的演说家消失了，只剩下一个刻薄的、心胸狭隘的人。西塞罗要清算这些年来受到的不公。

与其他阴谋家不同，西塞罗并不讨厌恺撒。相反，他们保持着脆弱而奇特的友谊。他欣赏恺撒的魅力，喜欢听到恺撒对自己的赞美，也乐于与恺撒进行私密的、理性的谈话。但与此同时，西塞罗深信有个恶魔存在于恺撒的灵魂深处。对此，他非常痛恨。那是长期以来西塞罗观察的结果，也是他拒绝恺撒“三驾马车”的深层次原因。同时，也导致了内战期间他最终倒向了庞培的阵营。在西塞罗的想象中，那个恶魔隐藏在恺撒的内心深处，它将摧毁西塞罗所信奉的一切，无论是与恺撒的友谊，还是他们共同偏爱的伊壁鸠鲁哲学都将于事无补。西塞罗始终坚信共和体制，始终维护罗马的宪法。他认为，不管有多少困难，都不应当动摇这两个根本。当然，具体的政策有好有坏，但唯有共和制才能拯救罗马。而恺撒内心的恶

为什么领导者会失败之五——竞争性叙述

领导者的故事不会只有一个版本。哈佛大学心理学教授霍华德·加德纳指出，达尔文式的竞争同样存在于叙事领域。由于认知的不同，对同一个事件可能会出现完全不同的叙述版本；同样，由于价值观的不同，也会产生不同的叙述策略。因此，同一个事件在不同人眼中，可能是完全不同的故事。换句话说，叙事存在着竞争，也就是说，不同的人完全可能对同一位领导者产生不同的看法——无论是官方的还是非官方的领导者，都是如此。甚至都不需要有意识或有计划地去做什么，只要经历一段紧张的生活，对于同一个领导者，就会产生不同的认知，也就会产生不同的叙述，因为生活本身会引发意义与取向。事实上，竞争性叙述根本不需要特定的叙述者，竞争性叙述本身就可以作为基本叙事而存在。例如都市传说，总有一群人在分享，即便它已经成为神话，已经成了某种理念的代表，但在不同的地域，不同的时代，完全可能被演变成不同的故事。因此，领导者的故事从来都不会只有一个版本，不同版本之间很可能存在着竞争关系。

在生命的最后几年，可以说，恺撒非常失败。他低估了竞争性叙述的力量。以常理看，恺撒胜利了，他掌控着所有的权力，但这一刻也正是他最虚弱的时刻。他忘记了真正的力量不在于军队，而在于意义。你无法通过消除叙述者来消除叙述。即便卡托死了，庞培也死了，但总有人继续叙述：罗马不需要国王！罗马是人民之城！在罗马，还有一个人，他的专长就是叙述。西塞罗从未认同恺撒发动的变革。他代表着另一种政治取向，另一种叙述策略。他不需要公开对抗恺撒，只需要唤醒那些已经昏昏欲睡却又不安分的竞争性叙述。

魔却想要扼杀共和制，那就是西塞罗所认定的。现在，悲伤与挫折让西塞罗变得坚强，与恺撒的友谊也不再是负担。因而，相比其他对手，西塞罗才是恺撒最危险的敌人。西塞罗喜欢恺撒其人，但讨厌其思想。

那么，什么样的叙述能最终赢得这场死亡竞赛？一定是最能创造意义，最能创造强烈身份认同，最能连接过去、现在和未来的叙述。太过空洞的叙述只能引发空洞的回声，而太过复杂的叙述会自我坍塌，也有某些叙述会因意义与叙述者之间的不匹配而自行消失。冠军只有一个，即便不是永远，至少也是那一刻的永恒，但已经足够了。

对此，难道没人有所觉察吗？难道恺撒自己也不明白西塞罗的险恶用心吗？天知道！终于，西塞罗从幕后走了出来，但依然像一只狐狸，蹑手蹑脚地东张西望。最近，恺撒赦免了一位宿敌马塞勒斯（Marcellus），西塞罗要借此机会重出江湖。他已多年未登上过元老院的讲坛，现在，在历经了政治孤立与个人不幸之后，西塞罗要打起精神重返政坛，到元老院的讲坛去发表演讲。一只狐狸的演讲！他要说，但又不敢堂而皇之地说，只能将自己想要传递的信息严密地包裹起来，让人不知所云，只有那些小圈子里的人才明白他到底想说什么。在演讲中，他首先奉承恺撒，赞扬恺撒容光焕发，好一个赳赳武夫！不仅英勇无敌，而且胸怀宽广、悲天悯人，宽恕自己的宿敌更显宽宏大量！进而开始设下陷阱：虽然战争已经结束，敌人已经消灭，但恺撒绝不能卸下肩上的千钧重担，将军必须要领导我们重振罗马的尊严。只有这样，恺撒才算得上是真正的伟大！最后，西塞罗剑指恺撒的喉咙：罗马离不开恺撒。在战争岁月，只有恺撒才能拯救罗马；在和平岁月，我们也只能依靠恺撒。“城市的未来，全仰赖于恺撒一个人的气息！”真的吗？西塞罗不是共和理念的坚定维护者吗？他在说些什么？演讲到此，西塞罗戏剧性地停顿了一下，然后，他预言了一场谋杀，他说：“唯一可以摧毁一切的，就是某个疯子决定要杀死罗马最宠爱的儿子。那将是多么可怕！因为罗马的未来、人民的幸福安康全都系于恺撒一人之身，失去他，我们该怎么办？”西塞罗进而设问：“这些疯子会是谁？既然恺撒已赦免了自己的宿敌，那唯一的可能或许就出自恺撒自己的阵营。”不得不说，狐狸就是狐狸，他已经在受害者眼前勾勒出了整个阴谋，并以这种方式表达了对恺撒的极度蔑视！最后，他一把火将自己的演讲推向高潮：他号召元老院所有成员共同保护恺撒的安全，必要时为恺撒献出自己的生命，都要做恺撒的保镖！不愧为古罗马第一修辞学家！欢呼声中，西塞罗离开了元老院。没有人知道自己该做什么，除了少数罗马人。他们意识到，采取行动的时候到了。西塞罗已吹响了行动的号角。

空气中充满了躁动的味道，不祥的预兆不断显现。闪电划过黑暗，隆隆的雷声刺破夜空。许多人声称在街道上看到鬼魂，好似人影，燃烧着，四处游荡。一天，恺撒为诸神献祭，但祭坛上动物的心脏却不知所终。仿佛所有的生命都消失了。在刚刚过去的冬天，一位预言家警告说将有不幸的大事发生，当心3月中旬！就在3月15日前夜，一场暴风雨袭来，卧室的门窗好似不堪重负。恺撒辗转反侧，他的妻子卡珀尼娅（Calpurnia）则喃喃自语，不安地蠕动着。

元老院会议将于3月15日举行，所有重要的议员都确认出席。这次

伊壁鸠鲁学派如何看待死亡

伊壁鸠鲁学派很容易被误解为及时享乐主义者。事实并非如此，伊壁鸠鲁主义者的思想深度远非享乐主义者可以比拟。很少有思想家可以像伊壁鸠鲁主义者那样正视死亡。他们认为，因为惧怕死亡，所以人们逃避生命。伊壁鸠鲁学派正视人类内心深处的恐惧感，并给出令人信服的勉慰，以消除人们的忧虑。伊壁鸠鲁主义者认为没有来世，更没有令人恐惧的地狱。伊壁鸠鲁学派诗人卢克莱修说过一句名言：“活着的时候，死不存在；死了以后，我们不存在。”所以，会有什么问题呢？

逻辑上讲，死亡可以引发四种恐惧，伊壁鸠鲁学派一一予以反驳。第一种，你可能认为死后的“生活”会很痛苦。但问题是你都不存在了，哪里来的“生活”？何谈痛苦？不仅没有痛苦，也没有快乐。地狱不存在，天堂也不存在。因此，这种恐惧不应当存在。第二种，也许你并不惧怕死后的世界，但你却害怕失去生命，因为生命就是生活本身。伊壁鸠鲁学派认为，恰恰是因为死亡，因为最终会失去生命，生命才弥足珍贵。在希腊神话中，宙斯曾经感叹人类拥有众神所没有的东西，即死亡，而众神却只有永生。因此，人类比众神更加珍惜每一天，人类的生活更加美好，因为正是死亡赋予每一天的生命以意义，而永生只是一个诅咒。所以，你也无须惧怕失去生命。第三种，恐惧是可以理解的，即害怕过早地死亡，害怕在充分体验生活之前或是在实现自己的生活目标之前就死去。但问题是，长寿就一定快乐吗？事实上，生命的长短与生命的快乐之间既无必然联系，也无因果关系。相反，活得快乐比活得长久更难做到。历史上，有许多我们敬佩的人，其生命短暂，但精神永存。相比之下，空虚漫长的生命更像是可怕的地狱。因此，生命不在于长短，而在于意义。第四种，也是最后一种，是对死亡过程带来的痛苦的恐惧。我们都知道，情况并非如此，就死亡本身而言，它并不一定会有多么痛苦，并不一定比生活中所经历的痛苦还要痛苦。

综上所述，还有什么值得我们恐惧的呢？对死亡的恐惧困扰着我们的生命，我们试图忘却、压制甚至不得不与之为伴。一想到某一天死亡会夺走一切，我们就会发抖。但是，如果不接受生命有终点，也就无法享受生命的过程。看，这就是人类拥有的无价之宝！

这就是为什么恺撒不仅不惧渡过卢比孔河，而且不惧于 3 月 15 日迎接自己的死亡。即便有所怀疑，但他还是说出了莎士比亚使之不朽的那句话：“在死之前，懦夫已死过千次，但勇士只会死亡一次。对于我，最无法理解的是，想到死亡，人们会感到恐惧，但那个必然的结局，该来的时候就一定会来。”

恺撒之死

By Edward John Poynter. Public Domain

会议，不在通常的议事大厅，而是于庞培在战神广场上建造的剧院内举行。它就坐落在国会大厦的正后方。清晨，恺撒起身正冠，准备出门。卡珀尼娅试图阻止他。夜间的睡眠是一场漫长而连续的噩梦，她恳求恺撒不要出席会议。“如果你相信我，相信我的梦，那你就应当遵从预兆。”梦境中，卡珀尼娅弓着背，坐在那里，怀抱着一具尸体哭泣。这个画面不断重复，贯穿了整个梦境。恺撒犹豫了，但不参加元老院的会议将被看成是软弱的表现。可卡珀尼娅的梦境确实令他感到些许不安，就好像他自己也感觉到了一样。恺撒一度打算取消当天的会议，但是，他被一个老朋友玩弄了。清晨，德西慕斯来了，他唯一的目的就是确保恺撒出席当天的会议。恺撒向他谈及卡珀尼娅的噩梦，并要求德西穆斯推迟会议。但德西慕斯太了解恺撒了：“那么，你想让我怎么说？伟大的恺撒将不会出席会议，因为他的妻子昨晚做了一个噩梦，等她做个好梦时，我们再召开会议吧。”还能说什么呢？恺撒转向卡珀尼娅：“我走了，你待在家里，别出门。”恺撒出门走向会场，德西慕斯紧随其后。

前往会场的路上，恺撒看到了那个占卜者。“看，3 月中旬到了。”恺撒调侃地说。占卜者看看他，淡淡地说道：“是的，但还没结束。”走过国会大厦，恺撒继续走向会场。那里已经聚集了一大群人。前一天晚上的暴雨打湿了街道，但这并不能阻止人们参加会议。恺撒看到了自己的老将军，特博纽斯向他点点头，而安东尼则站在柱廊的阴影中。德西慕斯引领恺撒登上阶梯进入会场。突然间，有个人匆匆冲破人群，来到恺撒面前，递给他一张小纸条，低声且急促地说道：“读读这个，恺撒，赶紧看看！”然后，这个人就消失了。恺撒拿着纸条，还没来得及展开就被拉进了会场。通过眼睛的余光，他看到安东尼被旁边的廊柱所遮挡，特博纽斯朝他挥挥手，随后，他们消失了。

恺撒之死
By Karl von Piloty. Public Domain

恺撒进入会场时，几乎所有的人都到齐了。西塞罗是为数不多的表示不出席的人之一。恺撒看到布鲁图斯和卡修斯靠近他的座位，也有人挑衅性地将自己的座椅放在庞培雕像的旁边。恺撒坐下时，那个神秘的小纸条依然捏在他手里。突然，有个人跑到恺撒面前，请求恺撒赦免他因内战而被流放的弟弟。恺撒将他推到一边，这个时间、这个场合根本不适合讨论这样的问题。但这个人并没有放弃，他趴在恺撒脚下，乞求怜悯，并顺势紧紧地抓住恺撒的长袍，使恺撒动弹不得。这是行动的信号！在不知不觉中，十几个议员已经汇聚到了恺撒身后，刺杀行动开始了：首先出手的是当时的保民官卡斯卡（Casca），他用匕首刺伤了恺撒的脖子。恺撒反手扭住卡斯卡的手臂，顺势将匕首刺入他的身体。“这是暴力！”恺撒喊道。

没有人上前协助恺撒。议员们目瞪口呆，眼看着三十多个人围攻一个人。起初，恺撒还在尽力反击，奋力用手臂抵挡他们的进攻。卡修斯冲到正面，用刀刺向恺撒的面部，更多人则从恺撒的背部与侧面刺杀他。恺撒紧紧抓住其中几把刀，鲜血从他的手掌中涌出，但血肉之躯毕竟无法抵挡群殴的匕首。他曾英勇地与敌人作战，曾与他的战友生死与共，也曾赦免过他的敌人，而今天他面对的，依然是这些人。直到他看到了一张脸，一张他非常看重的脸，那是布鲁图斯，就在凶手之中。恺撒放弃了：“你也是？我的孩子。”他叹了口气，倒在地上，用红色的斗篷遮住了自己的脸。他不想再看了，也没人能再看到他的痛苦。凶手们继续猛刺，直至恺撒死亡。最后，他们站起来，为屠戮而喝彩。布鲁图斯高举起手中的匕首，大声宣告：“西塞罗，这都是为了你！”

推荐读物

1.Cicero(2001). *Letters to friends.Vol.III.*Cambridge,Mass.:Harvard University Press.

2.Gelzer,M.(1968).*Caesar.Politician and statesman.*Cambridge,Mass.: Harvard University Press.

3.Suetonius(1957).*The Twelve Caesars.*London:Penguin Classics.

4.Watzlawick,P.,Bevalas,J.B.&Jackson,D.D.(1967). *Pragmatics of human communication:A study of interactional patterns,pathologies,and paradoxes.*New York:Norton.

罗马广场维纳斯神庙遗迹
By Radosław Botev, CC BY 3.0

第九章　布鲁图斯：朋友们，罗马人，同胞们

恺撒之死应归功于西塞罗？那真是无稽之谈。事实上，我才是主谋！是我制订的计划，是我握着匕首结束了恺撒的性命。在整个计划中，西塞罗从未扮演过任何角色，因为我们不想让他参与。这个老头是好人，但他管不住自己的嘴，跟谁都可以聊，我们不认为他能保守秘密。况且，他既没有胆量，也没有自己一贯的立场。关键时刻，他会因恐惧而瘫痪，也会

马库斯·尤尼乌斯·布鲁图斯

By Marie-Lan Nguyen. Public Domain

背弃原则、背弃朋友及一切。不错，西塞罗是最伟大的演说家，但在行动上却是个侏儒。我们利用他的演讲来唤醒、激励、鼓舞民众，这就是为什么在完成壮举之后，我呼喊了他的名字。

我对自己的行为负全部责任。刺杀恺撒，非因私怨，也非私利，我旨在保卫罗马。我爱恺撒胜过他人，我的母亲也爱恺撒。恺撒曾有恩于我。在内战中，是他救了我，不仅如此，还重用我，为我设计了一个光明的未来。而庞培从来都不是我的朋友，我们甚至有杀父之仇。我个人及我整个家族的爱与忠诚都系于一人，即恺撒大帝。然而，我却杀了他。因为我爱恺撒，但我更爱罗马！

恺撒必须死，因为他正在摧毁罗马。在他的统治下，暴政取代了代议制政府，我们历经数世纪奋斗得来的权力正在被践踏，被喂饱了的罗马公民浑然不知铁链已加身，奴隶的封印已烙在额头。所有这一切，都源自一人——尤利乌斯·恺撒。罗马的历史不容暴君，无论他是谁。罗穆卢斯曾贵为罗马的缔造者，而他一旦滥用权力，即被人民所诛杀。我的祖先也曾奋起反抗罗马国王，并创立了今天的罗马共和国。现在，我也要终结恺撒的暴政。但我不要以暴制暴，因而，只取恺撒一人性命。卡修斯曾想要更多的杀戮、流更多的血，但我拒绝了。特博纽斯也将马克·安东尼的名字划掉。因为我们不是要寻求报复，我们所从事的是一项伟大而光荣的事业，是符合罗马最高利益的壮举。我们——罗马的解救者——解救了罗马。

罗马公民能有如此的认知吗？如何唤醒麻木昏睡的他们？要看清楚恺撒的本性，首先必须要淡化他的战功，忘记他带来的财富，摧毁他的个人魅力。只有这样，人们才有可能认清恺撒的暴君本性。为此，必须从肉体上铲除这个野心勃勃的暴君，并使其党羽保持沉默，净化罗马。只有这样，才有可能启动新的征程，罗马才能重现伟大。现在，全世界的目光都汇聚于此。

杀死恺撒之后，我和我的朋友们直奔罗马广场。恺撒死去的消息迅速传遍了整个城市，市民们渐渐聚集于此。我走上讲坛，向罗马人民发表了讲话。

仁者无敌，我们将为恺撒举行葬礼。刺杀恺撒并不是野蛮的杀戮，而

朋友们，罗马人，同胞们！

请安静，我以我的名誉、我的尊严，在此请求你们的信任！

这里，是条条大路的起点。站在这里，我想起了罗马的尊严、罗马的伟大！对，这就是我们现在所处的罗马广场，我确信我们将再次重振罗马——有尊严的罗马！这就是为什么今天我站在你们面前——毫无悬念、毫无遗憾、毫无愧疚地向你们宣告：“我，杀了恺撒！”

今天，面对恺撒的亲朋好友，我要说：“对恺撒的爱，布鲁图斯不亚于你们！”我不是不爱恺撒，而是更爱罗马。你们情愿恺撒活着，而自己像奴隶一样死去，还是让恺撒死去，而你们自己像自由人一样活着？恺撒爱我，我为他哭泣；恺撒凯旋，我为他高兴；恺撒勇猛，我以他为傲。但恺撒要专制，我就杀了他。

今天的一切，我承担全部责任。虽然我并不是老成持重的议员，但我深知罗马政治的历史与现状，我深知，罗马必须改变！我们的祖先奠定了共和制的基础。我们必须勇于正视自己，因为我们曾经一次次地拯救过罗马。面对暴君的压迫，我们将其赶下王座；面对汉尼拔的进攻，我们将其摧毁；面对高卢人的侵扰，我们将其歼灭。每当危机来临，新一代罗马人都会崛起，都会不辱自己的使命。今天，我们再次被召唤——历史的责任落到了我们肩上。因为我们有强大的信念，当最强大的敌手再现，热爱自己国家的人就要挺身而出！

我，杀了恺撒。为他的爱，我哭泣；为他的成就，我欢喜；为他的勇气，我敬佩。但为他的野心，我杀了他！

思想型领导者

魅力型领导者常常会引发关注，鼓舞人心的愿景也常常能赢得大众，但并非所有的领导者都具备领导者的魅力，都能营造、展现宏伟的愿景。近年来，心理学教授迈克尔·芒福德（Michael Mumford）及同事们仔细研究了思想型领导者与魅力型领导者的区别。思想型领导者呼唤传统美德、弘扬社会公正并提供解决之道，更加注重意识形态、社会传统与道德规范。两种类型的领导者可以通过以下因素加以区分：

· 时间：思想型领导者关注过往的不公正以及必须解决的问题；魅力型领导者面向未来。

· 价值：思想型领导者关注需要改进的事项；魅力型领导者更加注重未来的前景。

· 目标数量：思想型领导者专注于有限的目标；魅力型领导者注重未来的广阔空间。

· 起源：思想型领导者基于个人信念与理想；魅力型领导者注重发掘自己以及组织之外的流行趋势、发展机遇以及创新性空间。

因此，思想型领导者创造意义，并以自己的价值观塑造组织文化。也许他们并不像魅力型领导者那样光彩夺目，但他们的影响力强大持久。戴高乐总统、特蕾莎修女，包括布鲁图斯等都是思想型领导者。布鲁图斯并不以未来宏伟的愿景而著称，但他指出了亟待解决的问题：恺撒正在摧毁共和国，正在腐蚀罗马所代表的价值观。布鲁图斯的理念基于斯多葛哲学，着眼于对罗马最有利的未来。他是一个高尚的人。这就是为什么布鲁图斯被历史铭记。

是处死一个暴君，仅此而已。但我们也应该尊重恺撒曾经的成就。卡修斯犹豫不决，但我非常清楚，恺撒值得拥有一个体面的葬礼。那么，由谁来致悼词呢？目前，没有男性恺撒家族成员住在罗马，他们最近的男性亲属屋大维在马其顿。因此，马克·安东尼将勉为其难。恺撒死后，安东尼惊恐不安，东躲西藏。但我们行的是正义之道，绝不加害无辜。渐渐地，安东尼就像丧家之犬，夹着尾巴回到了元老院，谦卑地与我们和解。因为他已经听到了召唤，并愿意在重振罗马的过程中贡献自己的力量。因此，我们允许他为恺撒致悼词，代表我们对死者表达尊重与哀悼。

葬礼举行当日，人们将恺撒的遗体从位于帕拉蒂尼高地的家中抬到

亚细亚风格与雅典古风——感性与理性

就哪种演讲风格更好，罗马人曾经进行过激烈的辩论。其中两种风格最为引人注目。西塞罗属于主流的亚细亚风格——一种源自小亚细亚的华丽风格。这种风格注重艺术表现力，强调情感因素，其形式甚至大于实质。演讲者力图以精彩的表演、饱满的热情感染、打动受众。激情飞扬的声音、模棱两可的隐喻以及甜蜜的逸事等均属此类风格。如今，复兴主义传教士、总统候选人乃至公司年会上的 CEO 深谙此道。此类风格特别适用于四肢发达、头脑简单的受众。

然而，唾弃这种风格的反叛青年出现了，罗马年轻的一代开始拒绝腐败的言辞。他们推崇古代雅典的朴素风格，讲究清晰的语音、简洁准确的描述，尽力避免迎合廉价的情绪，力图以理性的辩论来阐明观点。比起西塞罗饱含激情的演讲，他们更喜爱恺撒《高卢战记》的风格。在现代社会，简洁明了、朴实无华的交流非常重要，摒弃表演式的演讲，最简单、最直接意义上的沟通常常尤为有效。

马库斯·布鲁图斯更喜欢雅典风格。在当时，他同样以擅长演讲而著称，但风格与西塞罗明显不同。西塞罗曾著有一部罗马演说史，并将其命名为《布鲁图斯》，以此献给他年轻的朋友、演讲风格的对手。当然，在自己的书中，西塞罗战胜了对手，将自己定义为罗马最伟大的演说家。

了罗马广场。安东尼走上前去准备致悼词。这个命运的小丑，从未发表过一次好的演讲。或许我们并未认真考虑过此举可能带来的风险，或许我们的运气的确不佳，安东尼开始了他那唯一一次精彩的演讲。众神怎么会安排这样的游戏？！安东尼结结巴巴地说，自己并不适合在这里致悼词。但是，他越是语无伦次，听众也就越多。渐渐地，群体的情绪将安东尼推上了顶峰，不是修辞的高度，而是情绪的高度。人们开始抽泣，进而怒不可遏。最后，安东尼一把撕开裹尸布，向公众展示了恺撒身体上的累累伤口。就在那一刻，民众爆发了！他们为恺撒举行了火葬，并点燃火把，发起暴动。我们的房子被烧毁，别无选择，我们只能逃离了罗马。

罗马广场恺撒火葬台遗迹

By Giovanni Dall'Orto. Own work, Attribution

我们中的一些人在罗马南部的安提姆（Antium）会合，讨论应对之策。安东尼已掌控了罗马。出人意料的胜利使他利令智昏，所有和平的希望就如同阳光下的露水蒸发殆尽，复仇与权力成了他的目标。恺撒昔日的盟友纷纷登场，加入了安东尼的行列。新的暴君诞生了，安东尼立志继承恺撒的遗志，我们已无回归罗马的可能。不得已，我决定向东前往希腊与小亚细亚地区，到那里去召集新的力量。

我的离开使鲍西娅非常伤心。她将自己比作荷马笔下那些伟大悲剧中的女性角色——那些失去了男人、失去了所有幸福的女性。在此之前，她已经失去了自己的父亲与第一任丈夫。与此同时，西塞罗向我们保证，他会留守罗马，守护自己的底线。这位老人突然展现出的勇气令我们感到非常惊讶。他曾经发出的召唤也是对他自己的召唤：热爱自己国家的人，就应当挺身而出去保卫它。西塞罗要在元老院抗击安东尼，他要以自己的言辞为武器，在元老院的议事大厅里向安东尼宣战。在那里，没有人相信安东尼可以继续他的好运。

卡修斯动身去了叙利亚，我前往雅典。我们的目标很明确：说服当地的行政长官与军队支持我们。目前，有许多人同情我们，我们收到的反馈令人鼓舞。德西慕斯已经向北前往山南高卢，而特博纽斯则向小亚细亚航

安东尼的讲演

By George Edward Robertson. Public Domain

污蔑性演讲

西塞罗在其著名的“腓力二世”系列演讲中无情地攻击安东尼。西塞罗将这些演讲比作德摩斯梯尼（Demosthenes）反对马其顿国王腓力二世（Philip II）的演讲，因此而得名。西塞罗无所不用其极，利用所有可以利用的手段发起攻击。他将安东尼比作罗马喜剧《吹牛军人》（*Miles Gloriosus*）中的小丑——一个一事无成只知吹牛的士兵。以下是西塞罗列出的安东尼的恶劣品质。设想一下，将其中任何一项强加给某位领导者，足以使之离开领导岗位。

- 徒有其表，脑袋空空。
- 永远以自我为中心：我，我，我。
- 懦弱、吝啬。
- 口若悬河、自相矛盾。
- 愚蠢至极。
- 怕老婆。
- 贪杯的酒鬼。
- 滥交、好色。
- 被自己的妻子背叛，头戴绿帽子。
- 奴隶的女婿。
- 滑稽的小丑。
- 爱吹牛皮的骗子。
- 同性恋、妓女。
- 易装癖。
- 挥霍无度。
- 毫无文学素养的笨蛋。
- 狂妄自大、自欺欺人。

行。我们可以联合起来组建一支足以打败安东尼的军队。目前，尚不能确定立场的主要将领有驻守西班牙的波利奥（Pollio）、驻守高卢的莱皮杜斯与普兰库斯（Plancus）。

不出所料，在元老院，西塞罗赢得了掌声。安东尼完全不是西塞罗的对手，他慌乱地辩称西塞罗才是谋杀恺撒的幕后黑手。事实上，那只是街头巷尾的流言，安东尼并没有任何证据。安东尼试图继续煽动议员，西塞罗则立即予以反驳，他提示大家注意牧神节上安东尼的表现，如果说有人导致了谋杀的发生，那就是安东尼。他的恶作剧激起了整个罗马的警觉。他们两人就所谓刺杀恺撒的阴谋相互攻击。可那毫无意义，我早已说过，

朋友们，罗马人，同胞们！

几个月前，没有人相信我们能走到今天。我们被践踏，被暴君踩在泥土里。我们知道，我们的斗争不会一帆风顺，但我们依旧挺身而出，我们要革命！我们的声音、我们的行动清楚地表明，罗马正在发生变化。当暴君被处死，革命随之到来，某些事情一定会发生；在帝国遥远的边陲，当士兵们聚集在我们的旗帜下，某些事情一定会发生。当一个自封的暴君被修辞学大师鞭挞时，某些事情一定会发生。我们已经就位，我们将引领共和国走向全新的未来。这就是罗马正在发生的一切。

我们要团结人民、团结不同的派别、团结各家族。我们要防止富人、防止权谋者压榨、抢劫我们的城市和人民。我们将治愈战争的创伤，创造和平。

我们知道，这场战斗将是漫长的，但没有人能阻止我们呼吁变革的权力。愤世嫉俗的人嘲笑我们，嘲笑我们永远无法达到自己的目标，嘲笑我们奔向虚幻。因此，有人试图妥协，试图软化我们。不！我们矢志不渝，不达目的誓不罢休。并不是随便什么目标我们都可以接受，并不是随便什么力量我们都希望联合，我们抵制任何形式的暴政，我们不接受暴君的同情。没有痛苦的奴役仍然是奴役，善良的暴君依然是暴君，我们的祖先不

我对我的行为负责。

然而，鹬蚌相争，总有得利的渔翁，权力的赛道上出现了一位新的竞争者。在遗嘱中，恺撒意外地收养自己姐姐的外孙为义子并任命他为继承人。安东尼曾希望得到恺撒的青睐，或许德西慕斯更为恰当，就其信任程度而言，甚至可以选择我。但所有人都没有料到，恺撒选择了自己姐姐的外孙——年轻的屋大维作为自己的义子、继承人。屋大维只有 18 岁，但他继承了恺撒的名号。

年轻人总是雄心勃勃。得到衣钵的屋大维立即前往意大利南部，拜会了追随恺撒征战多年的退伍老兵，并正式启用了自己新的名字——盖乌

接受，我们也不接受。我们宁愿生活在对新罗马的期望之中。

传奇的罗马，我们的期望并非虚幻。当面临无法战胜的力量，当被质疑我们是否在为海市蜃楼而战，当被问及我们是否可以，作为罗马人，我们的回答非常简单：是的，我们可以——Vero possumus！（拉丁语，的确，我们可以！——译者注）

这就是罗马最古老的石碑上的信条，伴随着共和国的命运：Vero possumus！在最黑暗的时刻、在沮丧与失败中，我们的士兵高唱着：Vero possumus！在荒凉的海岸与高原，在向野蛮进军时，我们的士兵高唱着：Vero possumus！是的，我们可以拯救共和国；是的，我们可以纠正所有的错误；是的，我们可以为罗马伸张正义。Vero possumus！

我们面临的是战争还是和平，并不以我的意志为意志。但我不会因惧怕战争而接受牵强、耻辱的和平，我们不接受一个暴君取代另一个暴君。我唯一可以肯定的是：我永远不会成为奴隶！我们的队伍不会分裂，我们就是人民，我们就是罗马！

斯·尤利乌斯·恺撒·屋大维（Gaius Julius Caesar Octavian）。这意味着什么？一切！忠诚的退伍军人们聚集在他周围，屋大维继承了恺撒享有的最忠诚、最核心的军事力量。但安东尼并不接受屋大维，也并未给予屋大维起码的认可。作为恺撒的合法继承者，屋大维自然不会轻易放弃，他就像炎炎夏日中令人讨厌的黄蜂那样，搅得安东尼不得安宁。就在此时，西塞罗嗅到了自己的机会。屋大维拥有军事力量，但缺乏政治盟友，特别是重量级的政治人物。而西塞罗虽然控制着元老院，但缺乏军队的支持。这只老狐狸不会放过这样的机会，况且，成为年轻政治家的顾问一直是西塞罗的梦想。二者一拍即合，迅速走到了一起。

当代最伟大的演说家

美国总统巴拉克·奥巴马善于在演讲中运用各种修辞手法，其卓越的演讲才能铺就了他的白宫之路。无论是顺境还是逆境，奥巴马的演讲总是能激起民众的热情，为他赢得更多的选票。其竞选演讲中的许多口号成了奥巴马的代名词，如“改变（Change）”“是的，我们可以（Yes, we can）”“更完美的联盟（A more perfect union）”。

当然，奥巴马并不需要自己亲自撰稿，他有自己的竞选团队。当时，年仅25岁的乔恩·费儒(Jon Favreau)是奥巴马的撰稿人。对于总统候选人，这个角色极为重要，著名的美国总统背后一定有一位出色的撰稿人。例如，肯尼迪的撰稿人是泰德·索伦森(Ted Sorenson)，里根的撰稿人是佩吉·努南（Peggy Noonan）。对于总统候选人，撰稿人就如同缪斯女神。竞选期间，乔恩与奥巴马密切合作，一起讨论演讲稿。乔恩必须清楚地了解奥巴马的想法，他们常常一起工作到深夜。乔恩的团队也会参与其中，大家不分彼此，没有规定的流程与级别，各自从不同角度贡献自己的想法，唯一的目的就是打动受众。他们如履薄冰，没有任何一场演讲可以掉以轻心，奥巴马常常修改演讲稿到最后一分钟。

三场标志性的竞选演讲

· 斯普林菲尔德，2007 年 2 月 10 日，在伊利诺伊州旧议会大厦前，奥巴马宣布竞选总统。亚伯拉罕 · 林肯（Abraham Lincoln）曾在此发表了著名的《分裂的议院》（*House Divided*）的演讲，开启了自己的总统生涯，最终废除了奴隶制。在奥巴马的演讲中，林肯总统被多次提及，但巧妙地回避了种族问题。

· 新罕布什尔州，2008 年 1 月 8 日，在初选中，奥巴马出人意料地输给了希拉里·克林顿。他们必须紧急修改为获胜而准备的演讲稿。事实上，他们只修改了一点，即祝贺希拉里获胜。在此，奥巴马发表的演讲成了他战斗的檄文："是的，我们可以。"实际上，他们窃取了 20 世纪 70 年代一位墨西哥工会领导人口号："Si, se puede！"

· 费城，2008 年 3 月 18 日，奥巴马与自由派牧师耶利米·怀特（Jeremiah Wright）的友谊造成了麻烦。在谈到种族问题时，怀特没有退缩。奥巴马将这次演讲视为一次考验。事实上，这次演讲堪称奥巴马最精彩的演讲之一。事后，他也并未怪罪怀特，而是切实努力去创建一个"更加完美的联盟"。

在这些演讲中，奥巴马既是智者，也是牧师，更是表演家。他坚定有力的嗓音传递出必胜的信心。但在奥巴马执政之后，演讲天赋与执政能力的关系备受质疑。

西塞罗在玩火。我曾多次写信警告他，希望他能明白我是多么忌惮那个年轻人。屋大维不应当被信任，他的血管里流淌着暴君的血液？他有自己的目标！对于我的警告，西塞罗置之不理，自信一切尽在他的掌控之中。他想利用屋大维，再在适当的时候甩掉他。他曾经就是这样对付安东尼的。但西塞罗太欠考虑。卡修斯和我在马其顿与叙利亚已集结了强大的军事力量，很快我们就会打回罗马，现在，我们应当专注，绝不应当节外生枝。我们必须始终忠诚于驱使我们前进的理想与使命。而屋大维与我们南辕北辙，他想要的是恺撒的遗产，是罗马，他想成为新的恺撒。我必须要和我的人谈谈。

西塞罗一意孤行。如果思想被野心所左右，错误的言行将不可避免。若我们急于消除眼前的问题，则很可能会引发更大的麻烦。既然西塞罗选择了屋大维，他就必须对未来可能的结果承担责任。西塞罗无原则地吹捧屋大维，已远远超出了一个青年可以承受的范围。但我知道，他的内心并非那么笃定。在给其密友阿蒂克斯（Atticus）的信中，西塞罗曾表达过自己的踌躇："我们到底应当与谁联手？记住他的名字。记住他的青春。"

一开始，似乎一切顺利。屋大维带着他的军队以及元老院的盟友北上。德西慕斯攻下了穆蒂纳（Mutina），站稳了脚跟。安东尼命令他的手下发起反攻，以消灭他以前的战友、现在的死敌。德西慕斯坚守不退，当屋大维抵达时，运气来到了我们这一边。德西慕斯被解救，安东尼的部队被打垮。安东尼带着剩余的部队逃往阿尔卑斯山，到高卢避难。德西慕斯紧追不舍，以彻底消灭安东尼，一劳永逸地结束这场冲突，但元老院及屋大维都不同意德西慕斯的计划。他们认为，安东尼不足为惧，就让他流落为寇，自生自灭吧。真是愚蠢至极！这会毁了我们。

事实上，安东尼不容小觑。许多人嘲笑他是酒鬼、嫖客，却都不了解他内心的坚强。西塞罗不喜欢他，但我未反对过他，我们是朋友，我很了解他的品性，他有钢铁般的意志。此刻，在危急关头，他表现出了坚定的意志，带领部队穿越阿尔卑斯山，不顾寒冷，忍饥挨饿，与士兵同甘共苦。他们喝脏水、吃树皮，但从未如此强大。士兵们爱戴他。他才是我们最危险的敌人。

阿尔卑斯山的另一侧，是列庇都斯（Lepidus）的营地。列庇都斯曾是恺撒的手下大将，还是我的姐夫。恺撒被刺杀后，列庇都斯几乎背叛了我们。他控制着罗马城内的军队，我们劝他改弦易辙。那段时间，他顺从地履行了职责。后来，他奉命前往高卢阻击安东尼。安东尼一行狼狈不堪地越过阿尔卑斯山后，就在列庇都斯的军营旁安营扎寨。后来，我们听说，衣衫褴褛的安东尼独自去了列庇都斯的营地。可以想象，安东尼热情地与将士们交谈，当然包括第十军团的人。那些人都曾是高卢战争与罗马内战时期的战友，他们感慨于安东尼的壮举。列庇都斯非常尴尬，无地自容，出于忠诚，将士们转而拥戴安东尼。就这样，不费一枪一弹，安东尼就获得了一支新的军队。更有甚者，附近的驻军也纷纷效仿，加入了安东尼的行列。首先是波利奥，然后是普兰库斯。安东尼宽宏大量，不仅未追究列庇都斯，还将他留在了自己身边。

随后，羽翼丰满的安东尼杀了回来。他率领着一支庞大的军队，再次

恺撒被刺杀之后——时间表

公元前 44 年

3 月 15 日，恺撒被刺杀。

3 月 20 日，安东尼为恺撒致悼词。

5 月，屋大维抵达罗马。

8 月 9 日，布鲁图斯和卡修斯离开意大利。

秋季和次年春季：西塞罗发表“腓力二世”演讲，抨击安东尼。

公元前 43 年

4 月 21 日，穆蒂纳战役，屋大维和德西慕斯击败安东尼。

5 月 29 日，列庇都斯与安东尼联手。

11 月，屋大维、安东尼和列庇都斯形成第二个三巨头。

12 月 7 日，西塞罗被杀。

公元前 42 年

10 月 3 日，第一次菲利比战役爆发。

10 月 23 日，第二次菲利比战役爆发。

阴谋家的结局——特博纽斯

西塞罗非常尴尬地表达了对特博纽斯的哀悼。在某种意义上，是西塞罗将特博纽斯引入了刺杀恺撒的行动，而他的前女婿多拉贝拉却最终杀害了特博纽斯。

恺撒被刺杀之后，多拉贝拉毫不犹豫地赞扬了刺杀行为。而对于自己的导师与恩人之死，他却没有表现出丝毫的悲伤。多拉贝拉总是能够在食物面前张开自己的嘴。安东尼掌控罗马之后，扔了几块骨头给他，多拉贝拉立即改变了自己的立场，接受安东尼的任命，出任小亚细亚地区特使。就是在那里，他遇到了特博纽斯。

特博纽斯不知道该如何对待西塞罗的女婿，到底他是恺撒支持者的盟友还是罗马解放者的盟友？特博纽斯知道多拉贝拉的为人，但他毕竟曾是西塞罗的家人，也声称支持罗马的解放者。多拉贝拉适时地讨好特博纽斯，并担保和平与安全。于是，特博纽斯放松了警惕。很遗憾，一天晚上，多拉贝拉对士麦那城（Smyrna）发动了突然袭击，他的手下偷偷爬过城墙，抓住了熟睡中的特博纽斯。特博纽斯被鞭挞、折磨了两天，但并未屈服。最后，他们折断了特博纽斯的脖子，砍下了他的头颅，并将尸体抛入大海。而特博纽斯的头颅被士兵们当成球，最后被踢成了碎片。

西塞罗听到消息后震惊不已，他诅咒了自己的前女婿。此后不久，卡修斯率领军队进攻小亚细亚，实施了一场可怕的报复。多拉贝拉东躲西藏，最后被逼自杀身亡。

穿越阿尔卑斯山，杀向罗马。元老院惊慌失措，罗马陷入了混乱。慌乱中，他们指派屋大维与安东尼谈判。西塞罗彻底输了，输在自己完全押错了牌。而屋大维则露出了真相，那也是我一直担心的事情，现在终于发生了。屋大维明白，他的天然合作者不是西塞罗，西塞罗一直支持我们，是杀害自己义父的凶手。尽管有谣言说安东尼参与了3月15日的阴谋，可他并没

阴谋家的结局——德西慕斯·布鲁图斯

德西慕斯·尤尼乌斯·布鲁图斯·阿尔比努斯（Decimus Junius Brutus Albinus）曾经是恺撒最信赖的人之一。作为后起之秀，德西慕斯在高卢战争期间就受到了恺撒的青睐，并被委以重任，甚至被恺撒列为继承人之一。但德西慕斯最终却背叛了恺撒，也因此而付出了生命的代价。后人将其视为最大的叛徒。

在穆蒂纳战役之后，德西慕斯就被孤立了。他赌上了自己的一切，但一败涂地。他备感孤独，因为他的同谋 ——特博纽斯、卡修斯和布鲁图斯都已离开了意大利，只有他，还在与从前的战友作战。在此期间，他与西塞罗建立了紧密的联系。虽然他不完全信任西塞罗，但已别无选择，必须有人了解他们所处的险境，并促使元老院采取行动。在西塞罗改弦易辙并与屋大维建立联盟之后，德西慕斯决定逃往马其顿，以便与布鲁图斯会合。当时他尚有四万多人，有朝一日，还可以卷土重来。但不幸的是，老兵们纷纷病倒了，而新兵们又都缺乏作战经验，无法抵抗安东尼的进攻。

德西慕斯不断收到老战友们倒戈的消息：列庇都斯、波利奥，然后是普兰库斯。后来，他甚至被自己的部队抛弃。最后时刻，德西慕斯再也无心恋战，他遣散了队伍，让所有人自行回家。他的十几个亲信不忍抛弃他，于是，这一小队人打扮成高卢人。德西慕斯可以说一口流利的高卢语，他们想借此伪装穿越危险地带。安东尼与屋大维的间谍遍布这一地区。在一次突袭中，他们被高卢氏族抓获。原来，高卢氏族首领早就见过并曾受益于德西慕斯。氏族首领拥抱了他的老朋友，但同时也偷偷通报了安东尼。安东尼不想再见到曾经生死与共的老战友德西慕斯，因为他不忍目睹最后的清算。于是，他要求氏族首领处决其客人，并把头颅送交于他。这就是德西慕斯的结局。

有直接参与刺杀行动，他因胆怯而回避了。相反，为恺撒致悼词的是安东尼，也正是他的悼词复活了恺撒。那是西塞罗从未预料到的，他对自己的操纵能力太过自信。屋大维和安东尼走到一起只是时间问题，因为他们有共同的敌人。唯一可以使他们反目的，是谁将成为罗马的下一个暴君。

罗马的理想是如此不堪！屋大维、列庇都斯和安东尼都集聚在博洛尼亚附近。很快，相互对立的各方化敌为友，恺撒所有的支持者再次凝聚在了一起，没有其他军事力量可以与之抗衡，罗马也为他们所占据。就行为而言，他们甚于恺撒，更像是苏拉。对于他们来讲，仅仅胜利是远远不够的，他们还要从肉体上消灭所有敌人。于是，像苏拉那样，一份名单出炉了。恺撒至少还有理想，但这些人什么都没有。共和派被彻底摧毁，两千多名罗马公民被杀害，血流成河。我们失去了许多朋友，包括德西慕斯、特博纽斯等。最后，可怜的老西塞罗也必须要为自己的天真付出代价。

西塞罗一生徒劳无功，最终败于所谓的弟子脚下。屋大维看透了他，将其玩弄于股掌之间。起初，他谦卑地恭维西塞罗，吹捧其所谓的智慧与政治成就。那如同丝竹之声，令西塞罗飘然若仙。这个老头总是吹嘘自己如何战胜喀提林，拯救了罗马。但老实说，那应当主要归功于卡托。恺撒被刺杀后，我们大家都闭口不谈谋划的过程。然而，只有西塞罗到处吹嘘，就好像是他谋划了一切。屋大维出现后，以亚历山大与亚里士多德的师生关系来比喻、讨好西塞罗，既抬高了自己，又让老头迷失了方向。而现在，屋大维一伙占据了罗马，没有丝毫犹豫，就把西塞罗的名字写在了死亡名单上。就是这位青年，恺撒的继承者，年仅 20 岁，有着天使般的面孔，但其心肠如蛇蝎般恶毒。我一直非常担心他。

当时，西塞罗和他的弟弟昆图斯已经赋闲在家。他们搁置了过去的分歧，一起居住在托斯库勒姆（Tusculum）的乡间别墅。得知罗马发生大屠杀后，他们一起逃往意大利南部。不知是出于什么原因，昆图斯又回到了托斯库勒姆，似乎是要取回一些东西，但安东尼的士兵们早已等在那里，当场就杀死了他。后来听说，悲痛与困惑的西塞罗不知道该做些什么。是继续逃跑还是待在原地？那恰恰就是他一生的真实写照！的确如此，一生中，西塞罗自己从未真正做出过什么决断。他茫然地坐在那里，坐在死亡

阴谋家的结局——卡修斯

克拉苏入侵帕提亚的计划以失败而告终。卡修斯曾一再警告他不要进入帕提亚人设下的陷阱，但无济于事。克拉苏和他的儿子殒命沙漠。他们其中一位是恺撒的保护者，另一位则是恺撒麾下勇猛的骑兵统帅。后来，卡修斯骗过了帕提亚人，挫败了他们的游击进攻，拯救了剩余的罗马军队，并带领他们抵达了叙利亚。在随后的两年时间里，他们抵抗入侵的帕提亚军队，并取得了巨大的成功。

卡修斯远比布鲁图斯富有作战经验，他是卡雷（Carrhae）战役的英雄。而布鲁图斯则因其高贵的品格与利他主义精神受到士兵们的爱戴，甚至连对手也钦佩他，他可以使自己超越愤怒、贪婪，并能够抑制自己的野心。但布鲁图斯是一个理想主义者，缺乏卡修斯的战场经验。卡修斯非常强硬，也非常冷酷，他通过灌输恐惧与钦佩来统帅军队，士兵们知道自己的统帅要做什么。卡修斯坚信一件事：永远不要被活捉。卡雷战役之后，卡修斯就一直在训练他的一名亲信，以便在必要时杀了自己。

在菲利比战役中，卡修斯遇到了强劲的对手。他撤出战场并试图重新集结，但慌乱之中发生了误判。当布鲁图斯派遣骑兵前去营救时，他误以为是敌人来袭。于是，他派出士兵前去打探，布鲁图斯的骑兵欢呼着奔向他们，而卡修斯却误以为那是敌军。于是，悲剧发生了！“我热爱生命，我不愿意被俘。”卡修斯错误地实施了他的最后计划，他跪下，将斗篷帽摘下，露出脖子。亲信砍下了卡修斯的脑袋。

朋友们，罗马人，同胞们！

请安静，我将埋葬西塞罗。他是我的朋友，他公正、忠诚，但屋大维和安东尼希望他死。他们杀了他，还杀了2000多位罗马公民。罗马人被变成了囚徒。他们用受害者的钱装满了自己的口袋。这就是安东尼和屋大维的新罗马吗？

20多年前，我与西塞罗相识，他向我讲述罗马的美德，向我讲述我们热爱的共和国及其公民的责任。他为他的国家服务。在他的演讲中，罗马的故事栩栩如生，布鲁图斯、辛辛那图斯和西庇阿（Scipio）的故事在我眼前展开。那是关乎生存、关乎自由与希望的故事。那些故事，最终变成了我们的故事、我的故事。他们的鲜血就是我们的鲜血，他们的眼泪就是我们的眼泪。我们是他们的传承者，我们要将他们的故事传递给我们的子孙后代，传递给全世界。我们赞美那些故事，我们的记忆建立在那些故事之上。过去既没有死去也不会被埋葬。事实上，所谓的过去并没有过去。

西塞罗并非没有过错。在其生命的最后几个月里，西塞罗做了许多糊涂的决定。这位老人，也许并不完美，就像我自己的家人一样，但他正视共和国的矛盾——善与恶。对于西塞罗的离世，我备感悲痛，备感羞耻。我们都是罪魁祸首，这是我们自己造成的。我们曾袖手旁观。我们早就应当有所行动，我们不应当放纵敌人。现在，指责安东尼和屋大维无济于事。我们受压迫者应当承担责任，是我们自己把自己变成了奴隶。

我们必须承担自己的全部责任，我们永远不会绝望，不会放弃，曙光就在前面，罗马将会改变。那将是众神赐予我们的礼物，未来的成就赋予我们希望与勇气，我们一定能够实现我们的目标。否则，我们只能忍气吞声，只能接受少数人的欺压，只能对袭击与谋杀视而不见，只能屈服于暴君！不，不行！我们要反击，我们要制止所有的不公正。罗马终将取得胜利。我们将建立一个更加完美的联盟，共和国也许永远不会完美无缺，但一代又一代人的努力将不断完善罗马。

我们，要么胜利并复兴罗马公民的自由，要么死去以结束奴隶生活！

的接待大厅，而他的敌人正在迅速靠近。最后时刻，还是他的仆人做出了决定：西塞罗被塞进一驾马车，继续逃亡，无奈为时已晚，安东尼的士兵追了上来。西塞罗渐渐清醒过来，他告诉仆人，不要再跑了。面对追上来的士兵，西塞罗说道："来吧，士兵，你们的所作所为非常不妥，可能唯一值得称赞的就剩刀法了！"他伸出自己的脖子，笨拙的士兵砍了三刀才砍下他的脑袋。

大屠杀之后，屋大维、安东尼等弹冠相庆。在安东尼举行的晚宴上，所有政敌的头颅都被摆在那里，他的妻子富尔维娅幸灾乐祸地看着西塞罗的头。这个老头曾经侮辱过她的几任丈夫，包括克劳狄乌斯。她诅咒西塞罗，并朝他脸上吐口水，然后，她拉出西塞罗的舌头，并用发夹刺穿它。修辞学家永远沉默了。后来，西塞罗的头颅被挂在他曾经的竞技场——元老院议事大厅的讲坛上，以此警告那些胆敢反对新统治者的人。自由的声音被掠夺，共和国的拥护者被谋杀，公民的财富被劫掠。屋大维、安东尼、富尔维娅三个人欢天喜地地占据了罗马，并试图将其永远踩在脚下。

这就是结局。在马其顿的菲利比城附近，卡修斯和我集结了我们所有的军队，将在这里进行决战。这是一个有特殊意义的地方，这座城市的创立者是马其顿的暴君腓力二世，他也是西塞罗著名的"腓力二世"系列演讲的灵感来源。我们的部队总计约有 11 万人。安东尼和屋大维也正在带领更多的人越过亚得里亚海（the Adriatic Sea）来到这里。罗马从未有过如此规模的大战。

敌人拥有老兵军团，有最优秀的军官，但我们的年轻人有坚定的信念，充满热情。许多共和派被杀害，幸存者都聚集在我们身边，我们志同道合，共同处死了暴君恺撒。比布鲁斯、阿诺巴比斯也在这里，甚至我们的下一代，如卡托的儿子，还有庞培的儿子西克图斯·庞培等也在这里，但我们不会邀请意志不坚定、不公正的人加入我们。

我们必须坚定自己的信念。记住3月15日，那一天，我们处死了恺撒。我们中间也有腐败的人，必须消除他们，否则，我们的理想就毫无意义。与其我们自己做不到公正，不如容忍恺撒。不，我们必须做到公平正义。我们不能容忍那些三心二意的人混入我们的阵营。我知道，有些士兵对此有所怀疑，他们曾为恺撒而战，但作为领导者，我们必须坚定地维护我们的价值观，忠诚于我们的使命。我担心即便是卡修斯也会遭到质疑，因为在进军叙利亚时，他曾中饱私囊，且放松了对士兵们的道德约束。我们曾多次激烈地谈及此类事情，这让某些人感到不解。但到目前为止，我们尚可友好地相处。我们必须有个明确的、统一的底线，必须坚持崇高的道德标准。这是我们的优势，也会带给士兵们勇气。

似乎我的演讲不再能打动听众。以前，我能够说服人们并使之参与其中，能够唤醒人们采取行动，但事情似乎正在发生变化。是我的语言失去了力量，还是我失去了信仰？在演讲结束时，人们的鼓掌变得更加礼貌，或许还可以听到零星的赞许声，但我担心那是我的朋友们在欢呼，以掩盖

朋友们，罗马人，同胞们！

最后一个罗马人死了。他今天倒在了战败的时刻，他从敌人手中夺取了活捉自己的胜利。他拥有自己生命的权力，拥有高贵的精神，拥有自由罗马的梦想。今后的罗马将难觅卡修斯。

是命运捉弄了他，绝望之中的卡修斯结束了自己的生命。他的行动太鲁莽，缺乏理智，没有意义，是阿波罗联盟的诸神杀了他。那本应是属于我们的一天，我们赢了，直至命运捉弄了我们。

今天，我应当站出来迎接挑战，正视问题。两年过去了，我们在努力，

但不容否认，我们并未获得胜利。我对此负责。昨天的教训告诉我们，没有人可以独自胜利，我们必须协调一致。我不会营造海市蜃楼，我们的确面临着诸多困难。卡修斯走了，我们失去了一位坚强的领导者。我不否认我们曾经的分歧，但是现在，我们要集中精力应对挑战。

没有捷径，也没有雄壮的檄文可以战胜挑战，哲学也不可能赶走战场上的敌人，更不存在什么天才的将领，但我看到了战斗的希望，看到了胜利的希望。因为我相信你们的战斗精神，罗马曾经战胜过数倍于安东尼与屋大维的敌人，因而才变得更加强大。胜利可能来得很慢，甚至很痛苦，但它一定会到来，因为我们在努力，因为我们相信它。

我们必须尽快发起下一次攻击。我知道你们正在为卡修斯而悲伤，但卡修斯已经解脱了。我知道你们疲惫不堪，但敌人也是如此。阿诺巴比斯与西克图斯·庞培的海军已经切断了敌人的补给，他们正在失去勇气与力量。我保证，胜利后，每一位士兵将得到 2000 枚银币，用来奖励你们的成就。我允许，胜利后，自由掠夺塞萨洛尼基（Thessaloniki）和拉刻代蒙（Lacedaemon）。我们将会胜利！

多数人的沉默。

几周以前，我看到过夜间的异象。我听到有人进了我的帐篷，那个人影就站在我面前，阴森可怕。他什么也没说，只是静静地站在那里。我问他想从我这里得到什么，他回答说：“我是你的恶灵，布鲁图斯。你将在菲利比城见到我。”鬼魂想从我这里得到什么？他是谁？我把异象讲给卡修斯听，他只是耸了耸肩，说他不信鬼神。他暗示说，那异象是我自己的愧疚造成的幻影。我相信我知道那鬼魂是谁，我懂得它的意思，我准备为我的行为负责。我们菲利比城见。

这就是结局。士兵们在菲利比城外就位。卡修斯负责指挥左翼，他面对的是安东尼。我与屋大维对垒。然而，一切都在突然之间以灾难而告终。

给我一个修炼者!

无论从哪个方面讲，布鲁图斯都很优秀。他演讲能力超群，严于律己，以身作则。即便是敌人也不得不敬佩他。但所有的正确却导致了错误的结果。直到最后，布鲁图斯才有所放松。

思想型领导者与魅力型领导者都非常容易与现实脱节。他们一个会迷失在过去，另一个则会迷失在未来。迈克尔·芒福德教授指出，存在有第三种类型的领导者，他们既缺乏深邃的思想，也缺乏动人的魅力，但他们也能成功。他们就是务实型领导者。发现问题、分析问题、解决问题是务实型领导者的强项。当然，他们给人的总体印象是精于算计，甚至玩世不恭，缺乏价值管理理念。他们既不懂得什么是远见卓识，也缺乏身体语言。在我们这个时代，他们难以登上大雅之堂。但是，如果你迷失在原始森林，你需要一个人带领你走出那片荒野，如果你即将被打垮，你需要一个能拉你一把的人，那个时候，深邃的思考与美好的愿景都救不了你。我们似乎忘记了组织才能的重要性，一个脚踏实地的CEO可能更为重要。如果你认为不是这样，那就请想想飘忽不定的海市蜃楼与闪闪发光的崇高理想。

作为思想型领导者，布鲁图斯陷入了困境。所有思想型领导者都会面临这样的风险，组织与团队面临的现实远比理想状态复杂，而思想型领导者往往会导致教条主义并缺乏创造力。因此，他们的演讲不再鼓舞人心，不再能凝聚力量，进而堕落为老生常谈，而实用主义者将会最终胜出。

这怎么可能？我的士兵突破了屋大维的阵营，并直奔其统帅大帐，屋大维望风而逃，我们胜利在望。但在左翼，卡修斯却被安东尼打了个措手不及，被包围了。当我发现时，我急派骑兵前往驰援，无奈卡修斯却没有看到，他以为我也被打败了，于是，他命令自己的卫兵杀了自己，因为他不想当俘虏，他要光荣地死去。我的朋友，我的至亲，就这样结束了自己的生命。这是众神在捉弄我们！我们原本胜利了，我们本该在这一天摧毁安东尼，但是现在，我们必须再次投入新的战斗。

在菲利比城，我们输掉了最后的战斗。我的手下说服我主动出击，事实上，我很清楚，我们应当拖延时间，饿死安东尼与屋大维。我们有食物，而他们没有。但我担心士兵，担心军心不稳，失去斗志。他们曾经为恺撒效力，而现在却为刺杀恺撒的凶手而战。事实上，太过于倾听他人的意见是一个弱点。士兵和军官的行为都远远超出授权范围，我被推入了另一场战斗。他们从不敢这样对待卡修斯。卡修斯依靠恫吓与威严治军，命令就是命令。但卡修斯不在了，我们错误地与饥饿和绝望中的敌人开战，这有悖于所有计划，也有悖于常识。

战斗的前夜，我再次看到了那个鬼魂。我认出了他，他的举动令人生畏，我有种不祥的预感。我知道他想从我这里得到什么，在黑暗的帐篷中，他静静地站了一会儿，然后就消失了。

第二天，战斗打响了。一开始，我们似乎占了上风，但不久之后，敌

菲利比战役

By Pauwels Casteels. Public Domain

布鲁图斯之死

By Anonymous. Public Domain

人突破了我们的阵列，恐慌开始蔓延。我看到有些士兵依然在英勇抵抗，并带动了周围的同伴，我也看到卡托的儿子，他一次又一次地冲入敌阵，但敌人越聚越多。绝望之中，他抛开头盔，露出自己的脸，并大喊着自己是卡托的儿子，仿佛只求一死。无奈，众神再也没有留给我们任何机会，我们被击溃了，安东尼继续追杀，荡平了我们剩余的部队。

夜幕降临，我退入山中，少量亲兵与忠诚的朋友跟随着我。我们不会逃走，我一度希望与安东尼达成协议。他是一个实用主义者，也是个怀旧的人。恺撒被刺那天，是我救了他的命，卡修斯曾想杀了他，西塞罗也曾想杀了他。我想安东尼不会忘记我的救命之恩。恺撒死后，我们曾通力合作重建罗马，但屋大维登上了舞台，这个男孩不仅要复仇，他的野心也远非安东尼可比。永远不会忘记，朱庇特带给我的痛苦！屋大维不会怜悯我。

我最后试图孤注一掷，但所有人蜷缩在一起交头接耳，他们得出结论：那将非常不利于任何可能的投降谈判。太可怜了！如果是这样的态度，那么，共和国对我已经没有什么用了。

曾几何时，我批评卡托，认为他不应当自我了结，我认为那干涉了神的计划，逃离神赋予你的命运是错误的行为。但如果神是邪恶的呢？《伊利亚特》中的帕特洛克罗斯（Patroclus）是对的。杀死他的是神，而不是他的敌人，是神在玩弄他的生命："可怕的命运和阿波罗神夺走了我的生命！"现在，我对生命有了新的看法：一旦失去了希望，没有了前途，错失了使命，生命也就失去了意义。3月15日，我就已经把生死置之度外。只是好久未见过鲍西娅了，想必她要疯了。我完全走上了另一条道路，但

阴谋家的结局 —— 鲍西娅

布鲁图斯与鲍西娅的婚姻堪称坚贞不渝。鲍西娅是一个意志坚强的人，她与她的家人都与恺撒不共戴天，她支持布鲁图斯为恢复共和所做的一切努力。当布鲁图斯计划刺杀恺撒时，她感觉到有些事情正在发生，但布鲁图斯却守口如瓶。于是，她用指甲刀刺伤了自己的大腿，伤口不浅，血流不止，最后导致感染。她痛苦万分地把伤口展示给自己的丈夫看："我不是妓女，也不是你床上的临时伴侣，我是你的妻子，卡托的家族成员，无论是好运还是噩运，都应与你分享……任何痛苦或悲伤都无法战胜我。"布鲁图斯深受感动，当场坦白了一切。从那一刻起，鲍西娅就参与了所有的计划。

布鲁图斯在外征战期间，鲍西娅备受煎熬，日夜为亲人的命运担忧。当自己的丈夫与兄弟的噩耗传来，她崩溃了！朋友们极度担心她的安危，日夜监视着她，但并未能挽救她。那天，她从壁炉里抓起一把滚烫的余烬吞了下去，然后，她紧紧地闭着嘴，窒息而亡。

自由而光荣!

夜幕退去，地平线渐渐亮起，我将朋友们叫到身边，我要逃离，但不是用我的双足，而是要借助他们手中的剑。

推荐读物

1.Berry,M.F.&Gottheimer,J.(2010).*Power in words.The stories behind Obama's speeches,from the State House to the White House*.Boston:Beacon Press.

2.Plutarch(1965).*Lives:Brutus i《Makers of Rome》*.London:Penguin Books.

3.Mumford,M.D.(2006).*Pathways to Outstanding Leadership:A Comparative Analysis of Charismatic,Ideological,and Pragmatic Leaders*.Mahwah,NJ:Lawrence Erlbaum Associates.

4.Shakespeare,W.(1995).*Julius Caesar*.Oslo:Aschehoug.

安东尼与克里奥帕特拉

By Giovanni Battista Tiepolo. Public Domain

第十章　安东尼：没有故事的人

我实在是受够了，那些自吹自擂的家伙们！真是一群该死的混蛋！在这个时代，好像谁都想要跟神沾点边。他们特别关注的问题是：我是谁？我会成为谁？我希望如何被铭记？这是个问题，但答案可能并不是他们所能接受的。至于我，很多人认为我就是个酒鬼、恶霸。如果真是这样，也没什么好丢人的，这至少说明我不是个懦夫，总比那些夸夸其谈的人好。

我不想回家，罗马已不再是我心中的那个罗马，而是一座令我失望的城市。回家，为什么？在这里，在克利奥帕特拉温柔的怀抱中，我可以尽情享受雄性动物的快乐。她真是个天赐尤物，温柔若水，又危险俏皮！很多时候，我自得其乐。我真是个幸运的混蛋！以前，我结过婚，和一个上流社会的干瘪女人。我知道，我自甘堕落。去他的吧！有酒就好。

我躺在浴缸里，半醉半醒，看看我遍布伤疤的身体，即便是松弛状态，肌肉上的疤痕也依旧是那么狰狞。这个躯体到底经历了什么？！我，曾在阿莱西亚与士兵并肩作战，丝毫不屈服于野蛮的高卢人；我，曾与恺撒一起横扫罗马，统治罗马，剿灭庞培·马格努斯；我，曾追捕刺杀恺撒的凶手，杀死他们。我比任何人都更加频繁地、近距离地面对死亡，在别人灭亡的

马克·安东尼

地方，我幸存了下来，因此，我有机会在活着的时候思考死亡。尤利乌斯·恺撒死了，他的对手死了，刺杀他的凶手们也都死了。适者生存的地方很小，因为生活并不像人们希望你相信的那样不可剥夺，也并非那么美好。死亡也是一样，于是，也就有了半死不活。克利奥帕特拉天真地说我们是否应当同年同月同日死，为什么不呢？！

让我们铭记所有死去的人，因为他们都曾是鲜活的生命，也许并不尽然，并非所有人都活出过自己。马库斯·图利乌斯·西塞罗就是一个华而不实、懦弱狡猾的农民，只是长了个能言善辩的舌头。对于他，我无话可说，他度过了可悲的一生，甚至他的生命也以极其可悲的方式结束，那是只有失败者才不得不接受的屈辱。想象一下，面对刀斧手，西塞罗抽泣着走下马车的场景！我承认，以这种方式来谈论一位政治家可能很荒唐。他年轻时，我祖父是他的支持者。西塞罗以政治家、演说家的形象为人所知，但他内心深深隐藏着一种源自自卑情结的不安全感。人永远无法摆脱自己的背景，西塞罗身上那些做作的贵族行为非常滑稽。他接受过法律与修辞方面的训练，这类人，靠的就是这些小伎俩，即他们所谓的知识与智慧。事实上，他们就如同狗皮膏药，不可能拥有自己的梦想。脑袋大，脖子细，弯腰驼背，我并不想戏谑政客们，但他们从来都不是真正的男人，他们的一生都在努力证明自己的价值。没有哪个女人会真正看上这样的男人，尽管她们嘴上不说，但心里明白，这样的男人味道不足。天哪，这么粗鲁的谈话！有些人会说，男人只要善良就好，但问题是，你是个男人还是仅仅是一份资产。这帮家伙，除了一张嘴，什么都不是。

恺撒死去的时候，我哭了。恺撒有能力制约谬误，刺穿伪善。我为他献出过鲜血，那时的他值得追随。对我来说，几乎没有什么比他打击贵族阶层更有意义。我爱恺撒，我为恺撒而战。但是后来我却非常失望。在阿莱西亚，绝望地站在高卢人面前的不是恺撒，而是我，还有我的士兵，是我们在血腥的厮杀中，在最后一刻，击败了“野蛮人”。在法萨卢斯，当其他人纷纷退却时，是我们，航行在狂风暴雨中的海面上，守住了右翼，最终得以击溃庞培。我们勇于献身，因为那是我们的本性。很多时候，只要有必要，我们就会牺牲自己。只有一件事可以摧毁我们，那就是：我们为之奋斗的人忽视、忘记了我们。恺撒忘记了我。在他生命的最后几年里，无论我怎么做，恺撒都不以为然。相比于以前，我就像是他的一条狗。因此，我恨他。在牧神节的欢庆活动中，我三次为他献上王冠，他都拒绝了。我以他的傲慢为乐，我知道什么时候按什么按钮。恺撒愈发变得自高自大，这令我非常厌恶，他似乎以为自己已经征服了世界。不，那是我们这些战士做到的，不是恺撒。恺撒只是一个着装时髦的虚弱男子，由女人抚养长大，长着一张讨人喜欢的脸。没有我们，他什么都不是。这就是为什么我们一个接一个地背叛了他。作为挑剔的男人，他无时无刻不在忧虑别人是否会注意到他那日渐稀疏的头发。他爱虚荣，不时流露出女性的体态。他的身体与四肢协调性偏差，健康不佳，并伴有癫痫病。所有这一切都完美地掩盖在华丽的外表下，就如同暴君试图通过征服世界来证明自己一样。正是这样，你就越想打倒他，让他知道他并不是最好的。就像是看见一个流着鼻涕的顽皮的小混蛋，你就想揍他，或者是一只嗡嗡作响的昆虫，你就想撕掉它的腿，让它落到地上。我想要让他知道我的存在。他的死就像是一场梦，挥之不去拂之又来，我既想令之继续，又想出手阻止，那既是他应得的报应，又不是他应有的归宿。后来，我哭了。当我知道恺撒将要死去的时候，我内心产生了某种兴奋的感觉。许多人想知道我是否也担心自己的性命，在某种意义上，这说明了人们常常会低估人性中最自然、最野蛮的一面。事实上，我并不害怕，我只是感觉到血脉偾张。

“朋友们，罗马人，同胞们，请听我说，不必赞美恺撒。恶行永存，而善行常随肉身而逝。恺撒恰恰验证了这句话。高贵的布鲁图斯曾经说过，恺撒的野心昭然若揭。若果真如此，那的确是十恶不赦。恺撒必须为此付出代价。在布鲁图斯与其他人的允许下，我来到这里，为恺撒致悼词。因为，布鲁图斯与其他所有人一样，都是具有荣誉感的人。恺撒是我的朋友，对于我来说，他公正、诚实。但布鲁图斯说他有野心，而马库斯·布鲁图斯是一位具有荣誉感的人。恺撒将许多囚犯送回到罗马，其赎金归公共所有，这似乎是恺撒对权力的贪欲？穷人哭泣的时候，恺撒也会哭泣——权力的欲望一定会促生冷酷的个性吗？但布鲁图斯确实说他野心勃勃，布鲁图斯是一位极具荣誉感的人。在牧神节上，你们每个人都曾看到，我三次为恺撒献上王冠，而恺撒三度拒绝，那是野心勃勃的表现吗？但布鲁图斯真的说过恺撒野心勃勃，几乎可以肯定，布鲁图斯是一位具有荣誉感的人。我并不是要反驳布鲁图斯，我只是想表达我所知道的。从前，你们喜爱恺撒——那并不是没有理由，现在，又有什么理由可以阻止你们去感受悲伤？哦，是公正！你们堕入了野兽的怀抱，你们失去了人类的理智！请原谅我，我的心已进入了棺椁，与恺撒同在——在吾心回归之前，我必须闭嘴。”

那次演讲，我的确感到非常自豪，效果也非常完美！人们一定会铭记于心。那时的罗马已处于崩溃的边缘，人民的热血已沸腾，恺撒被自己所属的贵族阶层所谋杀，那些家族总能卷土重来。这令我非常愤怒，也因此向恺撒致敬，并借助于恺撒的声望，攻击那些自以为是、不知天高地厚的家伙们。布鲁图斯和其同伙给了我机会。事实上，他们低估了我，就像之前的许多人那样。我知道，卡修斯非常担心，这个坏人可以嗅到危险的气味。而另一方面，布鲁图斯，那个可怜的家伙，总想表现自己的仁慈。于是，我得到了机会！文字就是武器。我是恺撒的臂膀，困境总能激发我的斗志，虽为武将，但那并不代表我不能在另一种战场上使用另一种武器！我有意识地控制自己的情绪，选择性地表现出谦卑，刻意压抑自己的悲伤，努力抑制攻击性。我成功地唤醒了一个怪物，我能感觉到气氛在急剧变化，我与周围的环境合二为一，浑然一体。我利用那种气氛，汲取受众的能量，以此形成正反馈。那恰如搏杀的疆场，我激发出士兵的激情，汇聚起将士们的力量，并为其指引爆发的方向。在燃点，我一把撕开恺撒的衣服，展示出那被亵渎的身体。瞬间，人们被激怒了，我也因此而变得更加坚强。那是阴谋者们无论如何也无法预料的场景，那是一个将被历史铭记的时刻！那一刻，我深切地感受到自己真正地活着！

> “不，亲爱的朋友，我不是要煽动你们进行暴力反叛。能够做到这一点的，都是有名望的人。我不知道是什么驱使着他们，他们善良而睿智，无疑将为我们做出解释。我不是小偷，偷不走你的心，我更不是布鲁图斯那样的演说家。如你所知，我就是一个简单朴素的人，喜欢自己的朋友，也被自己的朋友所喜爱。在此，我必须说明，我没什么智慧，不会讲话，不懂什么价值观，更不懂什么是修辞，没有激发受众的技巧与能力，我唯一能做的就是讲出我自己的感受，唯一能做的就是向你们展示恺撒身体上的那些刀伤，让他们来告诉你发生了什么。但假如我是布鲁图斯，那布鲁图斯·安东尼一定会发出震撼你的力量，一定会让恺撒身体上的每一处伤口开口说话，让罗马的每一块石头奋起反抗！”

人群开始骚动，进而演变为一场暴乱，谋杀者们的房子被劫掠、焚毁。夺取恺撒的性命有错吗？当然没有！恺撒早已自视为天上的星斗，高不可攀。他那自我膨胀的程度令我作呕。就拿他的政敌卡托来说，确实，卡托非常缺乏领导者所必需的现实主义精神，但他只是坐而论道，除此之外，并无任何阴谋行为。卡托的自杀对恺撒产生了致命的影响，因为恺撒由此被剥夺了击败卡托的机会。于是，恺撒撰文讥讽卡托，但适得其反。因为久而久之，恺撒不允许任何人分享他的成功，表现出一种不容他人的傲慢，对卡托的恶意言论恰恰暴露了他自己的本性。恺撒总是将他人的伟大视为对自己的威胁，必须消灭。他甚至觉得有义务定义死者的生平。或许，恺撒认为那是在帮助他人，但傲慢往往会导致他的失败。随着时间的推移，他的声望就像鸭背上的水滴那样滑落。终于，有人坦诚地意识到：恺撒想当国王。他厌恶卡托的声望，需要绝对权力以改造罗马只是个借口罢了，权力本身才是他的目的，改变罗马只是手段而已。我一直和他在一起，在恺撒的推动下，暗潮涌动，但那绝不是为了人民的利益。我们在追逐天上的星星，仅此而已。任何其他的东西都是美好的表象。太多的政治口号！太多的辩论与胜利！太多的胡说八道！好像恺撒成为独裁者是因为别人而非他自己，你必须使自己保持陶醉状态才能继续被信任。恺撒对王位已垂涎三尺。如何才能清楚地表达这一切呢？如果说有一件事使我厌烦，那就是语言，语言，还是语言，以及一切用以美化黑暗现实的垃圾。人类诞生于黑暗、鲜血、污秽的争斗，这是拉比努斯的首创。在卢比孔河边，明智的拉比努斯先跳船了。

特博纽斯也清楚地看到了这一点。有一次，我俩一起巡视战场，他说的话令我非常吃惊。我是应当抽他的脸还是应当向恺撒告密？都没有，我选择了沉默。恺撒希望完全控制他人的思想与言论，但很显然，在现实中，那行不通。恺撒天真地以为自己被士兵们所爱戴，自己就是士兵中的一分子。不，我当时就想：这个人正在被遗弃，但他自己却看不到，总有一天，他会吃苦头。尽管如此，我依然期盼恺撒能够清醒过来，纠正自己的错误，

莎士比亚与罗马

作为近代戏剧界的巨擘，莎士比亚深受罗马历史的感召。他的多部作品均以那个时代为背景，如《尤利乌斯·恺撒》《安东尼与克利奥帕特拉》等。古罗马时期诗人与作家的作品是莎士比亚创作的源泉。在莎士比亚的笔下，克利奥帕特拉与安东尼的初次会面好似一幅图画：“她乘坐的宝船，如同一个华丽的宝座，似乎在水面上燃烧，金色的船尾与紫色的帆，如此芬芳，风神也为之倾倒。”这几乎是逐字逐句地引用了普鲁塔克的原文。但巨擘也有例外，恺撒的临终遗言并不是莎士比亚作品中引用的拉丁语：“et tu, Brute（还有你吗，布鲁图）？”罗马帝国时期的历史学家苏埃托尼乌斯（Suetonius）清楚地证明，恺撒所说的是希腊语：“Kay su teknon（你也是？我的孩子）。”

瑕不掩瑜，罗马的历史，尤其是那些不朽的历史人物，激发了莎士比亚的创作灵感，乃至塑造了莎士比亚。有人认为，是普鲁塔克的作品引领着莎士比亚进入了悲剧的殿堂。创作于1599年的《尤利乌斯·恺撒》是莎士比亚写作生涯的转折点，这部作品的精彩之处不在于跌宕起伏、扣人心弦的故事情节，而是将人物个性、心理活动置于作品的中心位置，它标志着莎士比亚真正开创了自己的风格，开始走向创作的巅峰。从描述精彩的故事到刻画人物的内心活动，恺撒大帝非莎士比亚莫属。在随后的几年

若果真那样，我会更加喜爱他。无论是谁，都必须保持谦逊与宽容。很遗憾，他死了，真是个笨蛋！

葬礼上，我对恺撒的爱被唤醒了。在某种意义上，我很喜欢他，有时他就像我的父亲。没有多少人会喜欢恺撒，也几乎没什么人会环绕在他周围，但我会，我与恺撒的关系似乎存在着一个虚假的认知。可能就是如此，我也说不清楚，我总是在原地打转！其实，我喜欢他的果断与大胆，

里，如同一串珍珠项链，莎士比亚接连创作了《哈姆雷特》《奥赛罗》《麦克白》和《李尔王》等不朽的传世大作。

我们发现，以罗马历史为背景，莎士比亚的作品凸显了领导力中的心理因素。英国莎士比亚学者科佩利亚·卡恩（Coppelia Kahn）指出，在莎士比亚创作的罗马历史作品中，充斥着雄性竞争力，主角必须战胜对手才能赢得自己的地位。但不论是力量还是个性，主角与竞争对手通常都非常相似。普鲁塔克笔下的角色通常是强壮的、占支配地位的男性。莎士比亚在普鲁塔克的指引下继续向前，其主角不只是通过武力与智慧击败对手，同时，对手也是主角试图模仿的对象。因为他们互为镜像关系，对手就是另一个自我。也就是说，他们既有竞争，也有认同。可能我们自己也有过同样的经历。一开始，你钦佩并试图模仿的某人，但很快，你就想超越他，后来，甚至想击败他，在极端情况下，你更进了一步，想毁灭他。在对手被淘汰之前，你无法成为对手。也就是说，竞争与模仿是同一枚硬币的两面。布鲁图斯与卡修斯都热爱罗马共和国，但布鲁图斯试图超越卡修斯，这折射出他充满激情的使命感。安东尼想击败屋大维成为罗马的第一位公民，但同时也渴望拥有对手那样的政治家品格。这是什么样的灵感！什么样的洞察力！战胜对手也就是消灭自己。

但鄙视他的自信。一个人怎么会如此固执，如此自信。恺撒自我感觉太好了，他的成功甚至令人反感到了挑衅的程度，几乎所有事情他都能成功。但这只能让我更加痛苦，这个人有着魔鬼般的运气！他认为，所有的一切都应归功于他。有时，的确如此，但我们是多么重要，难道他不明白吗？他把别人当作棋子，又缺乏认可与尊重，这是多么危险，难道他真的不明白？随着时间的流逝，他越发无视老战友的存在，与其隔阂越来越大。高

没有故事的领导者之一——过度内视

现代领导力理论中有一句口头禅，究其源头，甚至可以追溯到古希腊德尔斐（Delphi）神庙的神谕：“认知自我”。当代所有管理课程都会涉及自我认知：领导力的基础是真实的自我，或可称之为Authentic，“本真”。在拉丁语中，Authento是指“全部的优势”。在哲学意义上，从古代至今，Authenticity都意味着“自我城堡的国王”或是“掌控自己与自己的事务”。因此，存在主义在现代哲学与心理学中自成一派。这究竟意味着什么？本真基于价值观，是自己的立场、道德标准与抉择的真实体现。与所有理论研究一样，在过去的80多年里，有关本真与领导力的理论与研究成果呈爆炸式增长。20世纪30年代，德国作家赫尔曼·黑塞（Hermann Hesse）在其所著的《玻璃珠游戏》（*The Glass Bead Game*）一书中，预设了游戏外延。如今，这些外延变得越来越大，本真在不断地延伸，已涉及身份、自我认知、情感经历、归因与社会认知、价值观与道德标准、幸福感、身体健康与精神压力，等等。根据这一领域的理论研究，积极心理学、被追捧的新式魅力型领导力以及随后对工作环境和工作效率的评估都表明，增强自我认知是健康有益的，不仅对自己，对他人也是一样。这里包括一系列测试与评分表。在这个领域，杰出的理论家主导着研究方向，如布鲁斯·阿沃里奥（Bruce Avolio）、威廉·加德纳（William Gardner）、弗雷德·卢森（Fred Luthans）等。当论及本真与身份认同时，许多人会将生命经历与叙述作为方法。在某种程度上，他们不同意将道德标准与品格看作是本真领导力的核心组成部分。只有道德高尚的人才能成为领导者吗？沙米尔（Shamir）等人认为，并不存在一套固定的公式来规定领导者的价值观，而阿沃里奥与加德纳则认为，本真概念本身就是基于道德之上的。如此这般，风险不言而喻，媒体与大众丑闻、对贿赂和腐败的厌恶推高了领导者的道德标准，领导者常常被视为道德高尚、没有缺陷、不带瑕疵的人。尽管现代领导力文献中一再强调本真，但本真经得起考验吗，长时期，没有瑕疵？

卢形成的生死交情淡漠了，忠诚也就消失了。在我代管罗马之后，恺撒把我当作垃圾一样对待，没有表现出任何感激之情，更不顾及我的忠诚与友谊。与此同时，突然之间，马库斯·布鲁图斯却变得炙手可热，成了一切的中心，恺撒就像拉小提琴一样开始演奏布鲁图斯。他曾经对我也是一样。看来我配不上恺撒，没人能配得上恺撒。

可笑的是，有些人自认为完美无缺，甚至还有人认为是思想定义了世界，因而可以通过沉思来理解世界。多么荒谬，现实其实就是无稽之谈与流言蜚语的总和，人们的脑袋里空空如也，理性根本就不存在，是人们彼此之间的瞎扯定义了所谓的真实。在生命的最后阶段，恺撒的耳朵里一定灌满了蜡。所有的人都在大声地谈论他的变革，唯独他自己听不到。其实，我为他感到难过。那我为什么不说呢？我是想看到

宽广的大道旁边终总会有沟壑，对于领导力，当然也是如此。让我们首先来看一种情况：如果领导者具有自我意识，那么，对于某些人来说，从自我意识到以自我为中心的道路可能很短。有很多迹象表明，现实中存在着一条深深的“领导沟”，使人产生无法自拔的自我迷恋，导致你忘却了他人，忘记了自己在宏观大局中的位置。在这种情况下，向内找寻本真还有意义吗？当然不行，因为，此时你的视野已经出现了极大的偏差。许多野心家就是将领导力服务于自己的目的。这就是为什么在自恋空前盛行的时代，智慧与自我牺牲等古老的词语会重新出现，重新与良好的领导力相关联。喜剧就是喜剧：像许多管理学流派那样，从叙事角度出发，领导力是个特别的概念——即发展出特定的才能，首先能照顾好自己，同时，也对自己以外的一切都感兴趣。这种人与社区之间的互动联系构成了领导力——即：在更大的背景下看待个人的存在。但这并不是每个人都能做到的。

他咎由自取。但无论如何，恺撒罪不至死。不管人们如何猜测，我没有参与刺杀恺撒。像我这样的老兵，对领导者的爱已深入骨髓，我相信没有人，包括我自己，都不知道我到底能做什么。也许是出于对恺撒的同情和爱，我会把元老院议员们砍成碎片。谁知道？我不知道，但这是肯定的。

毕竟，恺撒很伟大，也很慷慨，我们的交情不是一两句话就可以说清楚的。他有自己的意志、抱负与勇气。毫无疑问，我也不缺乏勇气，但我缺乏某些东西，某些可以为之而战、某些比一场战斗更重要的东西。我无法摆脱自己雄性的欲望，与此同时，某种残酷与黑暗的东西侵入了我，我已不再年轻，不再有可期盼的未来，那我该怎么办？我突然意识到，我更擅长评论别人，而非谈论自己，这或许是因为没有那么多话要说。

恺撒的葬礼结束后，生活开始回归，但黑暗渐渐降临在我身上。我的妻子富尔维娅整天唠唠叨叨，总是让我去做这个做那个。我真想把她塞进坟墓还给克劳狄乌斯·普尔彻。唉，我们这些酒鬼们总是爱分享东西，真是不可思议，克劳狄乌斯、库里奥（Curio）和我几乎分享了所有东西。在他俩之后，我娶了他们的遗孀富尔维娅。这个女人真是不得了，她甚至能把西塞罗玩得团团转。而库里奥也很有本事，他一次次地鼓动我干这干那，直到我去希腊学习军事与修辞，才算是走上了正路。但这只是我生活的一部分。说实话，亚细亚的语言风格太过情绪化，到底谁说的才算好呢？哈！我以喝酒、打架、闹事而出名？其实有许多事我都不行，但我不会承认我不行，也不会在乎别人怎么努力，我只是顺其自然，做我擅长做的事。富尔维娅精力旺盛，不是个安心守家的贤内助，她总是打着我的旗号在外招摇，唉，我的女人比我更有抱负、更具野心。谋杀恺撒的家伙们被逐出罗马后，我试图成为一名政治家、执政官。这不可避免地又和西塞罗搅到了一起，就是那个懒散胆小的老家伙。在喀提林流亡期间，他未经审判就处死了我的继父伦图卢斯（Lentulus），那正是他迫害狂的表现。他以为我不会反击吗？他真认为我无足轻重？令我非常反感的是，一旦得势，他就狂吠不止，而其他时候，他又会躲到背后煽风点火。他总是试图扮演年轻人的导师，现在，他自诩为屋大维的导师，其实他们只是相互利用。西塞罗又找回了存在感。

关于恺撒的继承人，我没什么好说的。屋大维被确认为恺撒的继承者，这个消息犹如晴天霹雳。若论能力与资历，不论是我，还是马库斯·布鲁图斯、德西慕斯·布鲁图斯，甚至列庇都斯都远非屋大维可比。恺撒的妻子卡珀尼娅要我接手，并要我承诺两件事：一是严惩谋杀恺撒的凶手，这没问题；另一个就有点麻烦，她要我除掉与恺撒有过一个孩子的那个埃及妓女。女人就是麻烦。但不管怎样，我没拿屋大维特别当回事，因为没那个必要。屋大维还是个孩子，特别内向、拘谨，脸色苍白，一头卷发，一脸稚气，他与一群年轻人从马其顿归来，就好似刚刚学成归国。他们根本就不了解大人世界的肮脏，更无可能统帅三军。我建议让我来，我是恺撒手下的悍将，骑士统领，是统领恺撒武装力量的不二人选。但很遗憾，作为回应，屋大维一头扎进了西塞罗的怀抱。

哈，西塞罗也真是太天真了，他认为屋大维可以为他所用，但没料到的是，这个小领主是罗马帝国有史以来最狡猾的家伙。其实我也没料到，还是富尔维娅提醒了我，女人的直觉真是厉害！屋大维就像一条狡猾的毒蛇，一边蠕动前行，一边褪去身上的稚气，无论环境多么肮脏，他都能迅速改变自己以适应下来。这是一个初出茅庐、自大狂妄、不可小觑的政治对手！首先是我，然后是西塞罗，再就是各行省的军队，陆续被他收买。他唯一的弱点在军事，就战争而言，屋大维还是个处男，一个温室中长大的小混混，士兵们以前从未见过他。但他也有一个无与伦比的强项，那就是他继承的恺撒的名号。

恺撒被谋杀之后，一个夏天过去了，在麻木状态中，那不勒斯湾发生了一些事情。西塞罗到处演讲，肆无忌惮地攻击我，到处抹黑我的名声。我妻子富尔维娅越来越讨厌西塞罗，她的愤怒快要爆发了。她鼓励我在元老院捍卫自己的荣誉，至此，我发现自己不得不抨击谋杀者，以证明我的清白、忠诚与正义。这样做，无疑也会削弱屋大维与恺撒老兵的关系。其实，最简单的就是打一场胜仗。我需要一场战斗。恰在此时，穆蒂纳战役发生了。

如果不是小领主屋大维的出现，盘踞在意大利北部的德西慕斯・布鲁图斯就会被我消灭了。在围困穆蒂纳城期间，屋大维率军对我发起了攻击。元老院支持的军队训练有素，军饷充足，战斗力惊人。他们的背后是西塞罗及其同伙的蛊惑。突然之间，我腹背受敌。政治就是这样，变脸比翻书都快，而这并非闹剧，这就是政治。如果让我说，这会破坏人性，是狗咬狗的游戏，每个人都是受害者。为避免太大的损失，我决定率领军队穿越阿尔卑斯山。列庇都斯就驻扎在阿尔卑斯山以北，而且他一定知道西塞罗对我的态度，所以我不能指望能得到多大的支持。形势有点紧张，在所谓文明的面纱背后，是生死较量，而死亡常常是赢家。

初春的阿尔卑斯山异常寒冷，士兵们不得不加倍努力。我们再次来到了高卢，士兵们又找回了那种使命感。我非常享受与他们在一起的时光，大块吃肉，大碗喝酒，无拘无束。你知道，我并不刻意远离已婚女士，我承认，在我代管罗马期间，事情有点过火。但城市的舒适对我来讲是一种诅咒，我最好还是待在战场上，只有在战场上，我才能找到最好的自己。艰苦的行军唤醒了我与我的士兵们，苔藓和树皮就是我们的食物，小坑里的雨水也很甘甜，我们吃掉了可以找到的一切东西，甚至是令人作呕的昆虫。胡子拉碴衣不遮体的我们终于来到了列庇都斯的营地。屋大维的追兵就在身后，他们想要战争。对于我们，时间就是一切。

列庇都斯的部下都是以前第十军团的人，是我曾经的属下，也是恺撒当年的中坚力量。列庇都斯和我都很清楚，这些士兵的忠诚是不会被出售的，并且他们非常厌恶政治游戏。黎明时分，我径直走进了他们的营地，热情地招呼大家，称赞他们的勇猛。我们围坐在火堆旁，谈论起以前的日子，谈论着我们曾经的辉煌。当列庇都斯从睡梦中醒来，一切都已结束了。我本可以赐他去死，但是我没有，相反，在大家面前，我称他为将军、父亲。列庇都斯非常感动。

有趣的是，小领主总能见风使舵。当听说我和列庇都斯走到一起时，他突然邀请我们进行和谈。于是，在意大利北部，我们见了面，非常滑稽，他本来的任务是要剿灭我们。在帐篷里，我们三人推杯换盏，一起商讨未来的政治安排。其实说白了，他们在谈政治，我就是喝酒。一个手无兵权、心如惊弓之鸟的指挥官与一个被宠坏了的小领主能谈论什么政治？是我掌控着一切。很快，讨论就转向了人事问题，谁该活，谁又该死？所以呢？这两个家伙突然想起了宪法与正当程序，他们要避免自己成为苏拉那样的怪物，因此，一切都要合乎法律与程序。那就随他们去扯吧，最终结果合乎我意就好。于是，新的“三驾马车”再次出现，杀戮不可避免，敌人必须消灭，敌对联盟必须解体。一切都是政治，护民官没有否决的机会，合适的人要放在合适的位置上，某些人要被清除。当然，考虑到经济来源，也要保留一些人。我稍为不爽的是，为表明大公无私，我们也不得不牺牲几个自己的队友。但是，马库斯·图利乌斯·西塞罗不在讨论之列，他必须死，他死了，我才会开心，富尔维娅也才会开心。小领主真是一条冷水鱼，对于自己的导师，他只是轻松地点了点头，再加上几句不屑的吐槽。就这样，在我们的餐桌上，政治家西塞罗的一切就结束了。我突然感到恐惧，长着一副天使面孔的小领主是如此冷血。

恺撒的支持者们万岁！变天啦！我从来都没有这种感觉，好像自己就是恺撒。所有的政敌基本上都被清除了。鬼鬼祟祟的卡修斯与高贵的布鲁图斯逃去了叙利亚和塞浦路斯，其他的家伙们基本也都被我们收拾了。小领主干这事最积极，他天生就是个清算名单管理专家。而我又恢复了喝酒的日子。叛军中，有些是我的朋友，如盖乌斯·特博纽斯，在阿莱西亚城外那个黑暗的夜晚，我们肩并着肩，四面都是黑压压的高卢人。他是一位我尊敬的战士，我欠他一条命。他唯一的缺点就是耳朵根子软，受到了西塞罗的蛊惑，满脑子都是元老院里那些动人的鬼话，而现实恰恰相反。非常不幸，我没能救下特博纽斯。还有德西慕斯·布鲁图斯，他受到自己兄弟的牵连，在宿醉状态下，我批准了对他的清算，这让我有点后悔。不过也有令人高兴的事，西塞罗不仅被砍了脑袋，甚至也被砍了手臂，因为他发表演讲时，总是手舞足蹈。那是我妻子的命令，富尔维娅将西塞罗的脑袋与手臂放在他曾经发表演讲的地方，这多少有点令人尴尬，但她却享受其中。我倒是没那么在乎。

后来，我发现要做恺撒也并不是那么容易，尤其是在我无所事事的时候。恺撒的谋杀案影响了我们所有人，我想尽力翻过那一页，远离政治，远离小领主。所以，我把自己的家变成可以充分放松的地方，而不是讨论正事的场所。于是，庞培从前的豪宅里现在整天充斥着街头艺人、妓女、赌徒、骗子和小混混，而所有的官员则都被拒之门外。没别的意思，我只是不喜欢官僚们的聚会，与三教九流的吃喝玩乐却是非常开心。我只要控制好两件事就可以了。后来，小领主有点不耐烦了，他提请我注意我们三方的约定。我猜他们是担心我玩物丧志，忘了正事。在某种程度上，我理解他们，我会信守诺言。事实上，我已经准备进军马其顿，恺撒暗杀者们就躲在那里，我们要完成最后的工作，那是日落时的决斗。但最终，只是有点尴尬，也没有什么可写的，因为实际上，菲利比战役就是两场混乱的战斗，但其结果决定了今后的政治格局，有些人也因此显露了真实的本性。

准备停当，我和小领主率军出击马其顿，列庇都斯留守罗马。这一次，双方都集结了庞大的军队，但我们是最好的。换句话说，这也是因为某人的缺席。第一场交手，布鲁图斯就轻松地突破了小领主屋大维的防线。他当时在哪里？他逃学了！事后，他说他之所以缺席，是因为前一天晚上做了一个噩梦。哈！真是个乳臭未干的小破孩儿。而在我这边，卡修斯与我打得难解难分，他是个难以预测的战士，曾在游击战中击败了帕提亚人。渐渐地，我的士兵占了上风，慢慢地，我们接近了卡修斯的大营。此时，最不可思议的事情发生了，布鲁图斯派来了增援部队，他们兴高采烈地向卡修斯的手下招手，但被误会了，以为我的部队杀了过来，卡修斯崩溃了。我简直不敢相信，卡修斯这条硬汉，由于手下的沟通失误，自杀了。这搞得我哭笑不得，他们也太不专业了吧！每一次，你都希望得到运气女神的垂青，我们相信，只有勇敢者才配得到她的爱恋。于是，我们的对手就只剩下布鲁图斯一个人了。几天后，我们第二次交手，那是一场没什么悬念的战斗。然后，小领主屋大维又不见了。

病假！但这次似乎是真的。无论如何，从来没有一个年轻人会容忍自己在战场上变得如此稀缺。当他在帐篷里呕吐时，布鲁图斯的军队被打败，布鲁图斯自己也自杀身亡。战斗结束后，小领主似乎康复了，并试图以胜利者的姿态亵渎布鲁图斯的遗体，真是令人反感。有鉴于此，我特向士兵们发表演讲：“布鲁图斯是伟大的罗马人，其他的共谋者是出于对伟大恺撒的嫉妒，而布鲁图斯，就是这个人，他的行为是出于自己的情怀，是出于对共同利益的追求。他的生命是高贵的，是所有高贵品格的体现，大自

没有故事的领导者之二 ——过度外视

如果害怕犯错误，那就不要去做决定，相反，作为领导者，你可以让他人来做决定，或是为你提供一个恰当的话题。这样做，不是很舒服吗？确保他人充分表达自己的观点，广泛听取大家的意见，不耻下问，最后形成共识。这既有效回避了自己的责任与风险，还彰显了你的领导风度。这就是所谓的教练式领导风格、仆人型领导者或是什么其他类似的时髦术语。在这样的环境中，团队的每个人都会与其他人充分交流，大多数情况下，领导者只需表示同意或是对未来的担忧即可。这真是一个好的领导策略吗？请重新考虑一下，对于一位想要有所作为、想要得到团队爱戴的领导者，这将进入另一侧的误区。

事实上，这种策略适用于社交活动：让自己被周围的环境所接纳，为他人与环境提供自己的服务，以便同事、其他领导者、客户以及所有相关人员都会喜欢你，时刻提示自己使用正面的、恰当的词语，以避免任何人陷入尴尬的境地。但问题是，现实社会并非如此，人造的假象无助于任何问题的解决。如果只是一味地妥协、同意甚至道歉，那么，你就失去了存在的价值。同时，这样的领导方式也很危险，因为，一旦主流观点发生变化时，你将会陷入尴尬的境地，同时也会失去团队的尊重。

丧失自我非常危险。不分场合、不分地点地取悦他人，迎合他人会摧毁你存在的价值。所谓领导力就是清楚地知道你代表着什么，你的存在意味着什么，而不仅仅是对他人的观察与评估。我们这个时代，推崇关注外界发生的一切，社交平台被用来定义成功，跨界发表不负责任的言论也不会受到任何责难，但请注意，一定会有一条底线存在。当领导者自己的立场不再被听到、不再被见到，当领导者的声音成为一个通用的、放之四海而皆准的福音时，领导力也就随之消失了。在建构叙事理论中，意义是属于个人的，是高度个性化的，而绝非通用的。当然，那也意味着风险，可领导者本身就是一项风险投资，难道不是吗？！

然可以自豪地宣称：‘这是一个人。’虽然他是我们的对手，但我还是要想向布鲁图斯致敬，因为他值得拥有我的尊重！”我解下自己斗篷，覆盖了他的遗体，发誓要为他举行一场正式的葬礼，费用由元老院承担。我认为，这才是一位政治家应有的风度。当然，我们可爱的小领主很不以为然。

但我并不在乎，很简单，我既不是政治家也不想当领导者。很难说什么时候我会走进死胡同，失去一切。男人们都在哪里？恺撒走了，将军们也走了，英雄也都死了。我独自一人，与一个渴望权力、没有故事的年轻人待在一起。他属于野心勃勃的新一代。说实话，我想离开，远离政治阴谋，远离永不满足的妻子，远离充满抱怨和唠叨的日子，远离烦心事的困扰。不知道如何才能逃离这一切，可能唯有战斗才能让我感受到自己的存在。帕提亚人或许是个不错的挑战，遥远的路途，恺撒都未能征服的疆土。作为一名军人，艰苦的生存环境，饥饿与寒冷，唯有那遥远地平线上的一道亮光，那才是真正的生活。只有当身体下到地狱，精神才有可能进入天堂，为生命而战比生命本身更具价值。

我甚至无法梳理清楚自己的故事。乱糟糟的一切，就像战场上的鲜血与污泥，思想也乱作一团，没有任何方向。即便我巡视东方，也还是要督促征税，为征讨帕提亚人做准备，结果可能完全是另外一回事，你能期待什么呢？在雅典，我受到隆重的欢迎，但活动的高潮总是乱哄哄的，最糟糕的还是在小亚细亚城市以弗所（Ephesus）。

难道我与希腊诸神的教意有什么关联吗？那里的空气中弥漫着花草与熏香的味道，男人们装扮得像是来自冥界的动物，这只像是森林之神萨堤尔（Satyr），又有色狼的美誉；那只像是牧神（Faun）福纳，同样充满情欲。而女人们则赤身裸体地跑来跑去，称自己是酒神的信徒巴克伊（Bacchantes），并热切地邀请你加入他们的聚会。看来，要一本正经地保持政府代表的形象还真不容易。在以弗所，酒神心爱的女仆们安排了盛大的公共狂欢活动，整个仪式都围绕着该死的酒神：希腊酒神狄俄尼索斯（Dionysus）、宙斯之子、酒神与生育之神，他们好像很了解我。我本该有个更加得体的欢迎仪式，虽然我不喜欢干巴巴的政治，生命、热情、决心、欲望、调情、征服和进步等才是生命的意义，才是我喜欢的东西。神秘的东方真是充满诱惑，当然，最重要的还是女人。

她拥有的东西太多了：她本人是个非常有教养的马其顿人，是语言专家、埃及人的领导者、舰队与武装部队总司令，也是娴熟的管理者。她深受人民的爱戴，被誉为伊希斯（Isis），即埃及的丰收与母亲之神。她还是恺撒孩子的母亲，托勒密的直系后裔，亚历山大时代的遗产。看来，恺撒流连忘返于此并非不可理解。但我可不是，自从我们在塔尔苏斯（Tarsus）见面的那一刻起，克利奥帕特拉就缴了我的械。作为罗马三巨头之一，我原本打算命她当面为我做出解释，在腓立战役期间，为什么没有为罗马提供支援？罗马必须得到回答，否则，我绝不宽恕。

这个女人真是个尤物。在她面前，我怎么都严肃不起来，脑子里满是稀奇古怪的幻想。一群貌似丘比特那样的小男孩簇拥在她周围，摇曳着棕榈叶扇，岸边，是她的宫廷庭院，那里的空气弥漫着浓郁的花香，整个城

克利奥帕特拉：埃及人的女神，罗马人的敌人

从一开始，人们就很难将克利奥帕特拉与神话传说加以区别。她被崇拜、憎恨，渴望、嫉妒。她到底是女神还是妓女？一如既往，这取决于旁观者，或者更确切地说，取决于是谁在讲述。克利奥帕特拉本人并没有留下任何只言片语，只有一些硬币、铭文碎片以及几个可能或不一定属于她的雕像，这就是我们从埃及能找到的一切。关乎她所有的文字记载几乎无一出自现场亲历者之手，有关传说与记载大多出是身后敌视她的罗马人留

下的。奥古斯都大帝还曾就有关历史记载进行过修正，以更好地满足自己的偏好。伟大的古罗马历史学家提图斯·李维，即《罗马史》的作者，很可能写到过她，但那也应当是在克利奥帕特拉过世后，况且那部分记载已经散失。普鲁塔克和罗马帝国时期的历史学家苏埃托尼乌斯为我们提供了最早期的资料。但他们两者都生活在克利奥帕特拉死后约 100 年，而且这两人似乎都不会严肃地还原历史。时光流逝，无数后人不断地演绎着那段传奇，其中最著名的是莎士比亚，其作品《安东尼与克利奥帕特拉》中，有大量关于克利奥帕特拉的描述，称她是一位极具多面性的女性，还特别强调她是一个意志坚强的女人，可以与安东尼斗智斗勇。但即便如此，莎士比亚的绝大部分史料也是取自普鲁塔克，而在普鲁塔克眼里，克利奥帕特拉是罗马的敌人。

回溯历史，早在庞培被杀时，罗马人对埃及人的偏见就已形成。那时的人们普遍认为，埃及总是背信弃义，其道德与习俗也不可理喻。近亲结婚是其习俗，父母兄弟反目成仇是普遍现象，特别是，那里的领导者被奉为神明。在地中海的彼岸，那个国家或者说行省，对共和国总是某种威胁。从一开始，克利奥帕特拉本人就被视为一个奸诈的荡妇，是色欲与无情的利己主义调和而成的鸡尾酒。她杀死了自己的亲弟弟，引诱恺撒，并巧妙地为他怀孕产子。她以神与专制的思想诱惑恺撒，使罗马最伟大将军误入歧途。当时，恺撒在罗马广场上新建了一座维纳斯神殿（Temple of Venus Genetrix），而克利奥帕特拉则将自己的镀金雕像置于维纳斯旁边。这意味着，克利奥帕特拉与恺撒神圣的母亲维纳斯平起平坐，因此，恺撒也就成了神，具有了神的地位。就这样，罪恶的东方导致了恺撒的宿命。到了安东尼，情况变得更糟。安东尼被看作是一位可敬的、略带天真的罗马人，很容易被妖娆的女性所捕获。果然，这个精于算计的女人控制了安东尼，并再次接近了罗马的最高权力，她力图将一个毫无戒心的罗马人变成埃及人共同的摄政王、神灵，并通过他，勒索罗马帝国拥有的一切。终于，另一位真正的罗马人揭穿了她。即使是死亡，她也表现出固有的欺骗性。那个故事将不得不等到下一章节。

『她乘坐的宝船，如同华丽的王座，似乎在水面上燃烧。金色的船尾与紫色的帆，如此芬芳，风神也为之倾倒。银色的桨，和着长笛拍打着水面，朵朵浪花翻起，如同爱的诗句，为情人写就，又如同所有乞求的言语，秀而不实。在她的宫殿里，在金缕秀衣下，是维纳斯的再现，超凡脱俗。』

By Lawrence Alma-Tadema - Sotheby's New York, 05 Mai 2011, lot 65. Public Domain

市都陷入了一种暧昧的躁动。传闻说，东方的维纳斯即将与罗马的巴克伊相会。这倒是有点意思。

我还能说什么？女人是大自然的馈赠，是最美的东西。漂亮的女孩我见过很多，但克利奥帕特拉完全不同，她不是简单地只有个漂亮的脸蛋、迷人的身材，她简直就是个魔鬼，一举一动、一颦一笑都能勾走你的魂魄。与她共饮，与她倾诉，与她共度时光，你更能感受到她的智慧，也能领略她内心的坚韧。真是一瞥便是惊鸿，芳华乱了浮生，我甚至忘记了我为什么要见她。我们在一起尽情狂欢，半醉半醒中，我们讨论军事与战略，讨论双方的军队，当然也谈论艺术、谈论美。我们甚至装扮成仆人，在大街小巷鬼混。我陪她去了亚历山大，意大利那些龌龊的政治统统都被抛在了脑后。我尽其所能地取悦她，也许有点过分了。作为渔夫，她很佩服我，于是，我安排了一场钓鱼比赛。我的士兵接到明确指示，要在她不知情的情况下将最肥美的诱饵挂在鱼钩上，我得意扬扬地期待着自己的胜利。但当她抵达后，她却要求她的士兵用各种烂东西替换了诱饵。结果可想而知，除了鱼没上钩，垃圾倒是钓上不少，这令我颜面大失，怎么回事？而她却给我了一个热烈的舌吻，并低语道："我的大帝，你还是把鱼竿留给我们这些统治亚历山大与克诺珀斯（Canopus）的人吧，在你的钩子上，应当是城市、王国和大陆。"我喜欢她，这很奇怪吗？

在意大利，小领主一直未能履行协议。他本应为我提供军队以打击帕提亚人，但是一直没有。庞培的儿子，西克图斯·庞培一直在找我们的麻烦，小领主自己显然也需要军队。此时，我的妻子富尔维娅和小领主发生了争执，她与我的兄弟结成联盟。在这件事上，我其实没有特别责怪小领主，究竟谁对谁错，我也懒得去关心，因为富尔维娅确实也不是个省油的灯。当我回到罗马时，我心却留在了亚历山大。

富尔维娅死了，希望众神善待她。在布伦迪西姆（Brundisium），我和小领主再次会面，我们划分了势力范围。为维护我们的关系，他将自己的姐姐屋塔维娅（Octavia）许配我为妻。为了利益，他能轻易地放弃了自己珍视的东西！作为一件礼物，屋塔维娅美丽、真诚、圣洁。不得不承认，在她身上，我还是体验到一些额外的刺激，但我也承认，那很快就过去了。我接受这件礼物，那并没有什么特别的意义，结婚也就是那么回事。但体面的流程还是要有，于是，我带上这个年轻、傲慢、被宠坏的女孩一起去雅典度蜜月。显然，她非常习惯于上流社会，但老实说，我感到很无聊。我们待在伟大的雅典，一场接一场地看戏，边喝饮料边讨论些不着边际的事情，真是百无聊赖。中场休息时，我不时偷偷溜出去喝点酒，顺手捏捏年轻女孩的屁股，挺刺激。但一旦回到屋塔维娅身边，我就要表现得像个绅士，再次回到那些无聊的话题，好累！我宁愿与醉醺醺的士兵们共度夜晚，也不要在甜食与高雅文化中窒息，我需要新鲜空气！就在那时，克利奥帕特拉生下了我的孩子，是一对双胞胎！消息传来，我不知所措，屋塔维娅的绝望与愤怒使我难以招架，最后，我不得不举手投降，随她去吧。其实，我还是挺开心的，挑明了也好，总比今后一直偷偷摸摸地偷情要好。

真是该死，我是不是累了。好久没上战场了，我的整个身体都散发着青色。无聊与倦怠折磨着我。从一个地方到下一个地方，无所事事。以前，我走到哪里，国王都会卑躬屈膝地向我鞠躬，但是现在，他们却拿我不当回事。就算是帕提亚人侵入了叙利亚，那又能怎么样？伟大的统帅总会不乏优秀的将领，我的普布利乌斯·文迪乌斯（Publius Ventidius）就很厉害，他严厉打击了帕提亚人，为我们挽回了声誉。当年，可恶的马库斯·利西尼乌斯·克拉苏，所谓的“三驾马车”之一，那个装腔作势的商人，惨败于此，严重伤害了罗马的声誉。而我的普布利乌斯·文迪乌斯与普布利乌

克利奥帕特拉的故事

如前所述，几乎无法重构相对真实的克利奥帕特，我们只能推测，或者尽力除去罗马人对她的偏见。近来，她再次激起了人们的兴趣，部分原因是因为亚历山大古城的考古发掘。

克利奥帕特拉是托勒密一世的直系后裔。托勒密一世是希腊将军，亚历山大大帝死后，他继承了马其顿帝国的埃及部分。托勒密被埃及人所接受，彻底融入了埃及文化，包括宗教信仰。对于埃及人而言，统治者就等同于神，兄弟姐妹的结合则是皇权血统纯正的需要，同样，兄弟姐妹及其亲属之间谋杀也就不可避免。事实上，克利奥帕特拉与庞培的死无关。当时，埃及的统治者是克利奥帕特拉13岁的弟弟托勒密13世，而克利奥帕特拉本人正处于被流放期间。为讨好恺撒，托勒密13世杀死了庞培。可以推测，克利奥帕特拉想要获得恺撒的帮助。于是，就出现了一个香艳的场景：赤身裸体的克利奥帕特拉被藏在名贵的埃及地毯中，悄悄地送入了占领军首领恺撒的卧室。因为，要与自己的弟弟开战，她需要盟友，需要一位强大的保护者，而那是唯一能够快速捕获这位强大保护者的方式。那么，女性的智慧与魅力呢？如果评估所有确定的史实，我们应当可以断定，是其天赋与智慧，而不是美貌最终成就了她。能在残酷的宫廷阴谋中游刃有余，就充分说明了这一点。因此，更加合理的推测是，克利奥帕特拉与恺撒的会面可能是两位平等的政治家之间的会面，两位领导人很快就理解了当时的政治格局，他们具有高度一致的共同利益。恺撒在埃及的行为代表着罗马人的态度，即尽可能依靠本地的政治势力来治理埃及。从这个角度看，恺撒的遇刺更像是政治挫折，而非个人悲剧。而安东尼的婚外情则可以理解为罗马政治生态的重构以及对埃及利益的保护。据罗马史料记载，安东尼将昔兰尼加（Cyrenaica）、犹太（Judea）与叙利亚等地区交由克利奥帕特拉及其子女管理，而那些地区在罗马占领之前，原本就属于埃及。因此，这也可以理解为收复失地，而不是骗取新的土地。在东方的史料中，克利奥帕特拉女王凸显了聪慧与坚强，而非妖艳与狡诈。

克利奥帕特拉与东方主义

最初，“东方主义（orientalism）”一词是指对东方或东方文化的研究，是殖民主义时期的一种强烈兴趣。1978年，著名学者爱德华·赛义德（Edward Said）的《东方主义》一书出版。在那本著作中，“东方主义”这个术语被定义为西方眼中的中东社会肖像，而不是中东人自身对现实的理解。换句话说，那是帝国主义与帝国主义思想的延伸。究其根源，它来自罗马帝国。根据赛义德的说法，东方被描绘成神秘的、诱人的，也是无法理喻的、充满危险的，但最重要的是未开化的。因此，东方非常需要西方文明的教化。这是典型的罗马人的想法，这种心态一直持续到今天。尽管后来赛义德被指持有偏见、主观武断，但毫无疑问，“东方主义”这个词就此被定义。同样，毫无疑问，西方历史叙述的神经在此被触动。

在西方文化与艺术中，基于当时的主流文化及其与东方的关系与体验，克利奥帕特拉的形象经历了一系列转变与修正。在中世纪，克利奥帕特拉从公众意识中消失了，充其量，她只不过是许多邪恶的诱惑者之一，可能是夏娃的继任者，也可能是女妖瑟瑟（Circe）的表亲。文学巨匠但丁将她置于地狱第二层，与好色之徒为伍。而《十日谈》的薄伽丘则将她描述为“贪婪的、邪恶的、好色的”。

文艺复兴时期，人们非常热衷于研究罗马与古典时代。普鲁塔克的传记被翻译成拉丁语，进而又译成法语、英语以及其他现代语言。在文学领域，克利奥帕特拉再次成为热门人物。在莎士比亚出版《安东尼与克利奥帕特拉》的年代，已经有60多部作品与她有关，但那个时代，她仍然代表着狡诈与妖艳。到了文艺复兴晚期，欧洲大陆陆续出现了一批坚强的女性，如英国的伊丽莎白一世（Elizabeth I）、成为法国女王的凯瑟琳·德·美第奇（Catherine de Medici），以及退位后皈依天主教并移居罗马的瑞典新教女王克里斯蒂娜（Kristina）等。于是，克利奥帕特拉也被赋予了时代的荣耀，她的坚韧与智慧得到认可。但没过多久，拿破仑又导致了新的解读。随着他在1800年左右对埃及的征服，许多东方异国的新知识再次来到欧洲。在整个19世纪，征服新的疆域成为欧洲大国的首要任务。对于雄性激素过剩的帝国主义者，殖民地的一切都被认为具有雌性特征。在那个时代，在欧洲的主流意识里，东方是被动的，欧洲是主动的；东方缺乏思想、狭隘颓废，欧洲思想进步、克制且具有自我反省精神。因此，东方可以而且应当像女性那样被接纳。在这种历史背景下，克利奥帕特拉再次被注入了东方女性的特征，被描绘成妖娆的女性形象，好莱坞甚至将她描绘成淫荡性欲的代表。尽管考古发掘、学术研究以及其他发现在不断地还原着真实的克利奥帕特拉，但她仍然留在那里，留在西方意识主导的故事里。

斯·卡尼迪乌斯·克拉苏（Publius Canidius Crassus）一起占领了亚美尼亚，同时，盖乌斯·索修斯（Gaius Sosius）镇压了一场起义，占领了耶路撒冷，并任用了一个野蛮的家伙（指希律Herod被任命为犹太王。——译者注）来管理他们。罗马的威望与声誉重新得到尊重，并一直延伸到高加索地区。因此，普布利乌斯·文迪乌斯那帮人大出风头。可那些跟我却没什么关系，说实话，我的士兵都非常棒，但就我个人而言，现在变得有点像小领主那样，越来越成了一个袖手旁观的大帝。雅典的美食、饮料、懒散的氛围再加上一点个人享受，正在摧毁我，但我毕竟不是小领主！

我永远无法像屋大维那样，在阴谋中渴望权力、发泄欲望。在他模棱两可的地方，我总是直截了当。摧毁我们的从来都不是敌人，而是我们自己。在布伦迪西姆最后一次会面时，我将高卢交给了他，我让他控制西部，并同意列庇都斯归他指挥。而我则前往叙利亚和亚美尼亚去彻底解决东部问题，因为帕提亚人是对我们的巨大威胁。会谈结束，他开始讨伐盘踞在西西里岛的西克图斯·庞培，我启程前往我的战场。屋塔维娅则留在了他身边，因为屋塔维娅被他视为私人财产。他是那种可以微笑着杀人的人，我本该知道他是个双面人，等到强大了，一定会反咬我一口，邪恶的政治！

克里奥帕特拉
By John William Waterhouse - Ángel M. Felicísimo from Mérida, España CC BY 2.0

等我终于意识到小领主不会增援我时，一切都已太晚了。相反，是克利奥帕特拉，是埃及给了我必要的帮助，支持了我们的事业。事实上，我并没有犯什么错误，只是尽力做正确的事。但无论我怎么做，都没有人会满意。作为领导者，应该仁慈，最令人失望的是不知感恩的人！这是我从军旅生涯中得到的感悟。优秀的领导者应当帮助别人取得成功，并寻求回报他人的努力。这就是为什么作为罗马的统治者，我将塞浦路斯、部分叙利亚、巴勒斯坦与犹太的部分地区划给了埃及，因为克利奥帕特拉应当得到罗马的回报。大度会催生大度。当然，我也有点私心，因为我比较好色。之后，我在叙利亚驻留了一段时间。那时，亚美尼亚国王裹足不前，甚至背叛了我们。罗马的联盟因此而出现了裂痕，对帕提亚人的打击效果不佳，我们自己也遭受了重创。当我们被包围时，帕提亚人会像狼一样，围成一个半圈，看着我们，试图找出漏洞实施攻击，而我们的军队则展示出了过硬的素质，一排排的队列，军容整齐、纪律严明、肌肉发达、目光坚定。我们的骑兵还不时从侧翼发动进攻，让帕提亚人尝到了鞭子的滋味。但战争陷入了僵持状态，小领主的援兵自始至终都未能现身。

情况变得越来越糟，这样下去，迟早我们会失去一切。我整日都和将士们在一起，鼓舞士气，同吃共住，告诉他们我们一定能赢。这时，我收到消息，我的妻子屋塔维娅要来看我，她已经在路上了。而克利奥帕特拉也是如此，并提出要和我结婚。这真令人头痛！不日，屋塔维娅到了，带来了许多礼物、衣服、金钱等，最主要的是还有几千名士兵。无论如何，我不能让两个女人碰面。我说服了屋塔维娅，战场危险，待几天就赶紧回家吧。但克利奥帕特拉不好对付，她不屈不挠，时而哭泣、昏倒，时而沮丧、不吃东西。我毫无办法，就像是被汹涌的大海所掌控的一条船。“如果他难过，就说我在跳舞；如果他快乐，就告诉他我病了。”这就是她的策略。她知道，她完全控制了我，我所做的一切都是为了赢得她的青睐，但总有一些东西我无法割舍。于是，我再次结婚了。对帕提亚人的讨伐也草草结束了。

屋塔维娅被送回罗马后，该死的小领主又放狗出来咬我。他看似为他姐姐鸣不平，实则是要收拾我。我真是愚蠢，让他待在罗马指手画脚、发号施令，我算是看明白了，他这是欲加之罪。他对我遗嘱的解读简直就是一堆谎言，但还是有人相信。他说我沉迷于埃及背弃罗马，那真是胡说八道。当然，他也说对了一点，那就是我被世界上最可爱的统治者征服了，这倒是真的。但这并不能说我背弃了罗马，我认为与埃及结盟是最重要的。因此，我将西里西亚及小亚细亚的其余部分划给了克利奥帕特拉，也是作为我们的结婚礼物。半醉半醒之间，我们在海边、在洞穴里嬉戏，庆祝我们的协议，长达三个星期之久。毫无疑问，那是一条极具价值的海岸线，也是为了我们的孩子。在克利奥帕特拉的安排下，正式的婚礼在亚历山大举行，非常隆重，克利奥帕特拉很满意，我也是。终于，我有了安宁的生活。

该死的地狱，多么奇怪的生活。前一天，你还是兴高采烈、轻松愉快，一切都是那么美好，第二天就是狂风暴雨，帝国、婚姻、领导者、战略，等等，真不知道还能有什么更糟的，可能只剩下地狱了。这浴桶里的水早就凉了，红酒混在里面，就像是女人的血。我的罪过就是放纵！谁也别劝我，我谁都不想理睬。

除了找麻烦，罗马什么都没有。克利奥帕特拉一直令人捉摸不定，这也是她迷人的地方，也令我无法自拔，事实上，我从来都没有弄明白过，自然也就不会感到厌倦。回顾一生，我也是够累的。在小领主的挑唆下，整个元老院都开始反对我，这令我失去了所有的头衔，还被看作是罗马的敌人。我尝试了一切，但被所有人讨厌，甚至是我的士兵。我曾试图在罗马和埃及之间进行斡旋，但小领主已经长大了，脖子硬了，他要的是克利奥帕特拉的头，而我愿意用自己的性命来交换，他拒绝了。每次我给他写信，都被他被冷冷地拒绝，最终，他得到了他想要的战争。

一个人总是被迫进入一个不想进入的境地，我的整个生活就是如此。

阿克提姆之战

By Laureys a Castro. Public Domain

新的大战即将开始，所有人都屏住了呼吸，整个东方都在颤抖，西方也有大量的军队在调动。希腊的阿克提姆（Actium）将见证最后的一切。在关键时刻，进行的是一场海战，怎么可能这么愚蠢？！真是鬼迷心窍了，我是马背上的将军，而不是在该死的船上！但那是克利奥帕特拉的前提条件，否则我得不到埃及的支持，因为他们想显示一下自己的舰队。没有埃及，我就没有胜算，所以，我就到了海上。但战斗一开始，埃及人就吓傻了，真是一群该死的懦夫，只知道打扮自己，当狗屎击中了他们的扇叶时，他们掉头就跑。我打这一仗，就是为了保护克利奥帕特拉，但她却第一个逃跑了。我和我的士兵都不知所措，我的内心几近崩溃，我已不再敢直视士兵们的眼睛。我偏离了自己的航向，去追逐一个完全无法预测的女人。她令我感到自己很高大，飘飘然，突然间，又把我扔到地上，踩在脚下。她总是让人不得安宁，难道我是她的奴隶吗？生活已变得毫无意义，我就像是个在河边卖水的人，不合时宜，彻底迷失了自己。当克利奥帕特拉逃跑时，我崩溃了，抛弃了我的士兵。太令人失望了，怎么会是这样，该死！

我有点像恺撒，是女性向往的男神，但我又不像他那么敏感。难道我会重复他的结局吗？来来回回永无止境的争斗，你方唱罢我登场，今日为敌明日为友，今天向东明天向西，这到底是为了什么呢？还有什么是不变的东西吗？政治家们还有不变的原则吗？如果没有，那我们都在忙些什么呢？作为人，又该做些什么呢？我不知道，也无从选择。看来，我真没什么领导力，深感力不从心，我已厌倦了，如果一切都是为了打斗而打斗，那么，头狼会永远统治战场吗？冥王府的大门已经打开，我也累了，由它去吧！我占有了女人，让罗马在台伯河中消融。

我似乎成了马戏团的小丑。各地的王公贵族们纷纷倒戈，小领主铺平了通往埃及的道路。犹太希律王等也投靠了新的主子。坏消息纷至沓来，

“走廊里有点暗，先生们，但不要怕，我和你们在一起。”

克利奥帕特拉

一个故事能否吸引人，你是否认同，是否引人入胜，使你难以自拔？你只需沿着前人的足迹前行。

从电影屏幕上，我们最先了解了克利奥帕特拉与安东尼的故事。20世纪60年代好莱坞的《埃及艳后》无疑是当代最成功的电影之一，由著名的导演约瑟夫·曼凯维奇 (Joseph Mankiewicz) 执导、由伊丽莎白·泰勒（Elizabeth Taylor）和理查德·伯顿（Richard Burton）主演。那部电影的制作成本如此昂贵，几乎导致20世纪福布斯公司的破产，而两位主角之间的暧昧关系甚至超出了电影本身带来的轰动效应。

多位业内人士称，当时，整个摄影棚内充斥着一种特殊的气氛。制片人沃尔特·旺格（Walter Wanger）在日记中写道：“在拍摄过程中，演员们非常投入……今天发生了……安静，你几乎可以感觉到伊丽莎白与伯顿之间的电流。”正如导演所说：“伊丽莎白与伯顿不仅仅是在表演，他们太投入了，几乎完美地再现了安东尼和克利奥帕特拉。”在拍摄一个接吻镜头时，导演多次喊“停”，但无济于事。

浪漫，丑闻，占据了当时媒体的头条，甚至梵蒂冈的媒体都在指责，还有美国国会议员居然企图拒绝伊丽莎白入境。那几乎就是历史的重演。这是伯顿从未预料到的，于是，他通过媒体发表声明，永远不会与自己的妻子离婚。非常巧合的是，那一天，也正要拍摄克利奥帕特拉的愤怒，因为她得知了安东尼与屋塔维娅的婚姻。伊丽莎白抓起安东尼的匕首，切碎了床上的物品、财物，以及身边的一切，并真的伤到了自己的手，以至于不得不被送进了医院。

历史上，安东尼未能与屋塔维娅维持他们的婚姻。现实中，伯顿也没能和自己的妻子一起生活多久。就像克利奥帕特拉在安东尼抵达塔尔苏斯时那样，对他冷嘲热讽一番，伊丽莎白也顺从了剧情。这个故事有自己的逻辑，每个人都希望演员能尊重历史，否则，就会失去观众。

没有故事的领导者之三——虚幻的存在

的确如此，领导者首先必须是真实的自我，必须是某种东西的代表并一以贯之。但是，万一错了呢？领导力理论切实可行吗？如果你发现自己并没有什么故事，那该怎么办？如果你追寻着自己的内心，但依然没有答案，进而向外看，但看到的只是相互矛盾的期望，那又该怎么办？于是乎，在通往权力与本真的道路上，只此华山一条路，那就是空虚。

首选的、诚挚的、自由的以及本真的等这些存在主义理念大行其道，为各种领导力模式所推崇。但也需要谨慎行事，因为存在主义涉及的范畴不仅仅是这些高尚且正面的理念，同样也包括了消极负面的理念，如焦虑、逃避、绝望以及死亡等。自从 19 世纪 40 年代丹麦哲学家索伦·克尔凯郭尔（Søren Kierkegaard）以笔名发表其第一篇文章以来，存在主义哲学学派的影响范围日益扩大。但意义是主观的、不确定的，也是可以独立存在的，若非如此，存在主义即可完美地契合现代社会。存在主义就是存在主义，它注定会死亡。乐观的背后隐藏着对死亡的恐惧，选择会导致焦虑，存在只是一时而非永恒。以世界史的角度，个人无足轻重。主观上，你短暂的生命孤独且独立。克尔凯郭尔将其称为致死的疾病，并撰写了《致死的疾病》（*The Sickness unto Death*）一书。他认为，绝望是一种向内的评估，是我们关心自己的标志：“事实上，绝望……是一种疾病，但不曾经历它才是最大的不幸，经历过绝望才能获得真正的幸福，尽管如果不能治愈，它将带来极大的危险。”绝望是人的本性，与人共存。但没有任何一本领导力的书籍谈及绝望，绝望在领导力领域是个禁忌。但无论是否正视其存在，它都属于存在主义范畴。克尔凯郭尔一定会认同管理学学者布鲁斯·阿沃里奥与威廉·加德纳的观点，本真关乎道德标准和个人品格。人无论如何都无法达到应有的完美，绝望由此而生。试想一下，此处无须谦卑。以下引述来自 1849 年出版的《致死的疾病》一书：

“一个绝望的人对某事感到绝望，似乎是一瞬间的事，也只是那一瞬间，但就在那一瞬间，真正的绝望会显现出来，或者说绝望显现出了自己的真实特征。看上去是对某件事感到绝望，实际上是对自己感到绝望，因此，他要摆脱自己。那个雄心勃勃的人喊着的口号是‘要么恺撒，要么毁灭’。当没有成为恺撒时，他陷入了绝望。确切的字面意思是，因为没有成为恺撒，所以他现在不能忍受他自己。但其实是说：对于他没有成为恺撒这件事，他并不感到绝望，事实上，他失望于自己为什么不能是恺撒。这个自我，如果成了恺撒，那一定是一种纯粹的快乐（尽管那是另一种意义上的、同样的绝望），现在，对他来说，这个自我是绝对无法容忍的。在更深层意义上，并非他不能容忍他没有成为恺撒这个事实，而是他自己没有成为恺撒是不能容忍的。或者更准确地说，他无法容忍的是自己无法摆脱自己。假如他变成了恺撒，他会在绝望中摆脱自己，现在，他没有成为恺撒，因此，他也就无法在绝望中摆脱他自己。”

在这个层面上，有关领导力的书籍无能为力，你最好寻求克尔凯郭尔的帮助。对于绝望，他的心理学研究非常出色。我们可以将自己的精力导向外在的完美、成功的事物，或是象征性的事务等，甚至是无须思考的感官欲望，也可以通过寻求外在的刺激，激发肾上腺素的分泌来抑制绝望。再或者，可以转向内心，提高修养，开解内在的忧郁，自我吸收抑郁情绪。这种生命的痛苦是迟缓但顽固的。我们的社会认可它的存在，尽管它有些神秘：“我想说我的悲伤就如同英国人说起自己的家那样：我的悲伤是我的城堡。许多人认为，悲伤是生活的一种慰藉。”但最危险的是无聊感。那种内向的人，不仅自怜地独自受苦，并且会自我放弃，因精神的空虚而感觉不到自己的存在，形同枯槁，任何敌视、蔑视以及缺陷都被指向内心。克尔凯郭尔将此称之为“愿意做自己的绝望”，也称为雄性绝望。这听起来像是自我惩罚：“…… 不，不管怎样，也不管现实的挑战有多大，都会与之同在，且几乎无视其折磨。……寻求他人的帮助？——不，不需要，与其寻求他人帮助，不如自己帮助自己。”这种空虚力量强大，且会产生自卑、自我惩罚，自我侵害。这是一场孤独地、英勇地面对毁灭的斗争。在这场斗争中，他不接受生活，不接受他或她自己，不接受他或她自己的命运，而是抗拒性的臆断所有的命运都是如此。存在变得难以调和，没有其他对象可以惩罚，只能惩罚自己。周围的一切都变得陌生，生命变成了无以寄托的孤独的宣言。最终，崩溃发生了，那是内在的塌陷。凶手就是自我。

希律这种狗头到处都是，世界充满了背叛。最令我无奈的消息无异于克利奥帕特拉之死，有消息说她自己结束了自己的生命。这样的结局我可以接受，也应当如此。但我的仆人说他做不到！他叫厄洛斯（Eros），他说这个任务对他来说太重了，奇怪的名字（Eros是希腊神话中的爱欲之神。——译者注），太搞笑了，不是吗？！

一切都该结束了。我曾经努力遵循罗马的意志，也曾经遵循克利奥帕特拉的意愿，最后，他们都不满意。如果我像卡托那样死在自己的剑下，是不是个极大的嘲讽？让我死得像个斯多葛人！让我这老一代唯一的幸存者死得像个英雄！让我最后一次向最高理想致敬！让我为爱加冕，因为爱是唯一崇高而美好的理想！我的名字是马克·安东尼。除了马克·安东尼本人，没有人能战胜他。这一刻，我已渴望许久，现在，就在当下，它来了。

推荐读物

首先，特别向莎士比亚致敬，本章中三段黑体字（见第 301、302、318 页）直接引自于他的剧本：《恺撒大帝》《安东尼与克利奥帕特拉》。

1.Shakespeare,W.(1996).*The Tragedy of Julius Caesar og The Tragedy of Antony and Cleopatra*.London:Oxford University Press.

2.Clough,ArthurII.(2001).*Plutarch's Lives,Volume II.The Dryden Translation*.New York:Modern Library Paperback Edition,Random House Inc.

3.Goldsworthy,A.(2010).*Antony and Cleopatra*.London: Weidenfeld & Nicolson.

4.Hughes-Hallett,L.(1990).*Cleopatra.Histories,dreams and distortions*.London:Pimlico.

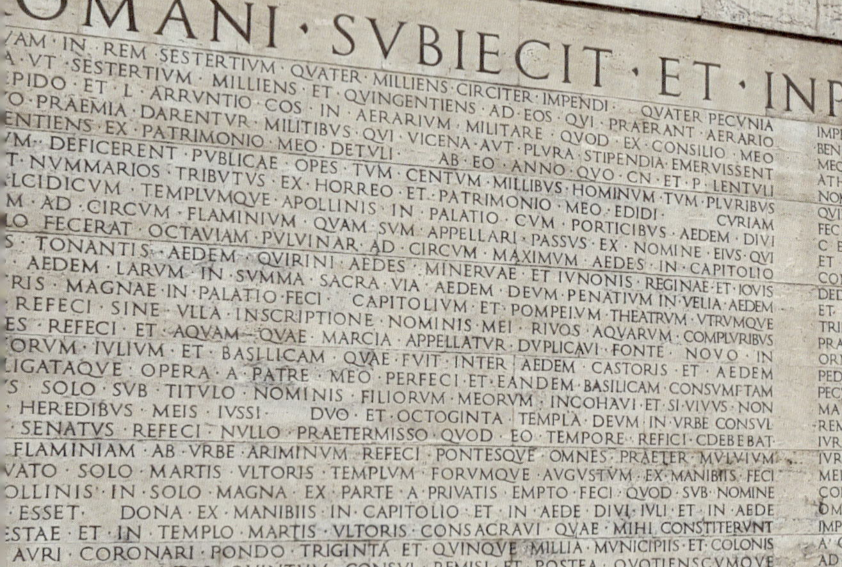

奥古斯都和平圣坛

高波 摄影

第十一章　奥古斯都：树碑立传

依据罗马习俗、社会地位以及个人喜好，这个人物一生中有很多称谓，不同的称谓有不同的含义。本章以不同的称谓为小标题，侧重展现这个人物的不同时期、不同侧面。作为本章的开篇，译者将其主要称谓集中呈现于此，作为概览。

盖乌斯·屋大维（Gaius Octavius）：盖乌斯是首名，屋大维则是族名。但未曾使用过第三名，即姓氏，其原因在本章第一节有所解释。

盖乌斯·屋大维·图里努斯（Gaius Octavius Thurinus）：图里努斯是他在公元前60年获得的称号。安东尼有时称他为图里努斯，以示贬低。

盖乌斯·尤里乌斯·恺撒（Gaius Julius Caesar）：在被恺撒收养并指定为继承人后，按照罗马惯例，应采用恺撒的名字。

盖乌斯·尤里乌斯·恺撒·屋大维（Gaius Julius Caesar Octavius）：在口语中添加了屋大维乌斯（Octavianus），简称屋大维（Octavius），以区别于义父，也凸显了他朴素的出身。

盖乌斯·尤里乌斯·恺撒·神之子（Gaius Julius Caesar divi filius）：作为恺撒的继承人，建立了恺撒神庙，并在自己名字中增添了 divi filius，

盖乌斯・屋大维

即“神之子”，以示在恺撒被神圣化后与恺撒的关系。

恺撒大帝·神之子（Imperator Caesar divi filius）：公元前 38 年，屋大维开始使用 Imperator（将军、大帝）这个头衔，以便军队向其致敬。依据中国惯例，此书译为：恺撒大帝·神之子。

恺撒大帝·神之子·奥古斯都（Imperator Caesar divi filius Augustus）：公元前 27 年 1 月 16 日，罗马元老院授予他尊号 Augustus（奥古斯都）。Augustus 这个词与古代宗教有关，是拉丁语 auctoritas（权威）与 augur（预言）的组合体。

盖乌斯·屋大维

屋大维是他的名字。19 岁时，他在马其顿求学，他的好朋友、导师阿格里帕（Agrippa）、梅塞纳斯（Maecenas）以及阿波罗多洛斯（Apollodorus）等陪伴着他。马其顿的日子宁静而祥和，年轻的屋大维与朋友们尽享其中，他们一起阅读、讨论，漫步。对于帝国的下一代，那是一段最美好的时光。春风轻拂，云淡风轻，日子过得无忧无虑。边疆的厮杀、恺撒的变革乃至罗马政坛的权斗都只是远在天边的故事，王位继承的凶险更是天方夜谭。又是轻松美好的一天，丰盛的晚餐聚会照例充满了欢声笑语。突然，一封罗马的来信送达屋大维手中。母亲发来消息：恺撒被谋杀了，安东尼接任执政官，未来出现了极大的不确定性。来信的结尾，焦虑的母亲谆谆告诫，低调隐忍，切不可鲁莽行事，否则，你将是下一个受害者！

谣言开始流传，在阿波罗尼亚（Apollonia）的后街小巷里，人们在窃窃私语：恺撒被谋杀了！伟大的将军死了，是被奸诈的朋友们刺死的，他有一个亲戚在我们这里，就在我们的城市！他会怎样？

当时，屋大维不知所措。现存的史料并不能拼凑出早年的屋大维。我们只是大致知道，父亲去世时，屋大维只有四岁，他的童年是和外祖母朱莉娅一起度过的。外祖母几乎抹去了屋大维所有与其父亲相关的印记。不仅如此，甚至还有意质疑他与父亲的血缘关系。外祖母声称，在一个弥撒之夜，自己的女儿，即屋大维的母亲阿蒂亚（Atia）曾在阿波罗神庙过夜，阿波罗将自己变成一条蛇，钻进了年轻的阿蒂亚体内并使之受孕。因此，他，屋大维，也许就是阿波罗的儿子！多么美妙的故事！老祖母的兄弟经常来访，通过女人之间的谈话，以及在城里短暂的停留，屋大维对自己的舅爷尤利乌斯·恺撒早已耳熟能详。不仅如此，恺撒就是屋大维成长过程中的一部分，当然也是家族的支柱，在孩子眼里，肯定是个伟岸的形象。突然之间，他走了。他应该怎么做？屋大维的脸颊上燃烧着复仇的火焰，尽管安东尼一定会惩罚凶手，但屋大维还是不能赞同阿格里帕的建议，他要去位于马其顿的罗马驻军总部，要求他们出征，为恺撒报仇。但那时，屋大维毕竟还是个孩子，只有 19 岁！严格地讲，那还不是登上罗马政治舞台的年纪。然而，突然，亚得里亚海的海浪不再是轻柔的摇篮曲，塞壬发出了警报，危险即将到来。一夜之间，少年的纯真随波而去，他必须要成为一个成年人，就是现在！

清晨，一件事情令人振奋。当地驻军中一位德高望重的百夫长带来好消息，代表军队，他宣布支持屋大维。屋大维非常高兴，立即着手准备启航。随即，一批忠诚的军官与士兵组成一支部队，并以最快的速度整装出发。就像埃涅阿斯那样，屋大维不由自主地走向了另一条道路。神的儿子，也许是在众神的授意之下，出发了，计划很简单：了解究竟发生了什么，并确保在罗马的政治舞台上为自己找到一席之地。他知道，自己既无名也无实，但是他必须有所行动。目前，一个强大的国家，如同一艘无锚之舰，正在飘向斯库拉（Scylla）与卡律布狄斯之间的危险航道（古希腊神话中的一条危险航道，一边是六头怪兽，一边是巨大的漩涡。——译者注）。问题是，现在，该由谁来为这艘巨轮掌舵？

抵达卢皮亚（Lupia）后，屋大维收到了一个令人震惊的消息：安东尼特赦了刺杀恺撒的凶手们。这非常令人困惑，马克·安东尼，恺撒忠诚的将军，勾结凶手？随后，另一条消息更是意外！卡珀尼亚，恺撒的妻子，在自己丈夫的葬礼上，在神圣的灶神维斯塔神庙（The sacred temple of the vestal virgins），打开并当众大声宣读了恺撒的遗嘱。之前，每个人都以为安东尼将被收养为义子，因为恺撒没有自己的子嗣。但出乎所有人的预料，遗嘱中并未提到安东尼，而是屋大维，屋大维被指定为继承人，不仅如此，屋大维还被恺撒收为义子！

盖乌斯·尤利乌斯·恺撒·屋大维

在前往布伦迪西姆的路上，恺撒的继承人被欢呼的士兵们簇拥着，高卢战争的退伍军人们也加入其中。在军营中，有节奏的口号与欢呼声一浪高过一浪：向你致敬，盖乌斯·尤利乌斯·恺撒·屋大维！这是什么样的机会展现在了年轻的屋大维眼前！收养将屋大维与恺撒大帝联系在了一起，名字也因此而更改。但与此同时，潜伏的危险也随之而来。尤利乌斯·恺撒被刺杀了，他的义子呢？被分配一个无足轻重的小角色？他能扮演主角吗？还是继续扮演个小配角，然后莫名其妙地、早早地死去，被大众所遗忘？

最起码，屋大维首先必须上台。自然，安东尼是第一个要见的人，他是现任执政官，掌管着罗马。率领着一支庞大的军队，屋大维穿过意大利南部，接近了罗马。在城外，他见到了母亲。母亲为儿子的归来感到绝望，因为她害怕会失去自己的儿子:“我可能会在这一刻死去,我救不了恺撒!”军队被留在了罗马城外,只带了一名随身侍卫,屋大维只身赴会安东尼。安东尼则安排了6000人,据说都是保镖。恺撒的义子与恺撒的老臣之间的会面十分拘谨,气氛非常紧张。作为共和国的执政官,安东尼声称自己的职责是保证共和国的正常运转,并粗暴地表示,他不应与这样一个年轻人讨论国家大事。屋大维小心翼翼,保持克制、礼貌,并未提出任何要求。会面结束,他非常绝望,为什么重担会落在自己肩上,为什么要做出如此艰难的决定?他明白,他没有选择,必须出售家产,因为义父在遗嘱中承诺,为每一名罗马公民发放三百塞斯特(sestertii),义子必须执行义父的遗愿。

第二位要见的人是西塞罗。他也许是个盟友。西塞罗能成为屋大维的导师吗?亚历山大大帝有亚里士多德,年轻的恺撒不应该得到同样的帮助

领导力的剧情与实践

作为领导者,是否可以像编故事那样规划他的战略?似曾相识,对吗?恰恰相反!瑞典管理学教授芭芭拉·克扎尔尼亚夫斯卡(Barbara Czarniawska)在其著作《组织描述》(*Narrating the Organization*)一书中强调,领导力不是模拟而是创造现实。在其追随者与大众眼中,领导者应当为即将发生的事情设定条件。他们应当搭建起舞台,换句话说,他们是现实生活的导演。但与“称职的”导演不同,他们既不会编辑剧本,也没有训练有素的演员可以合作。他们是业余爱好者,拥有业余爱好者的技能。因此,一个好的领导者会像训练导演一样训练自己。

在变革的过程中,领导者自己或与同事合作搭建舞台,变革将被认为是必要的,是不可避免的。克扎尔尼亚夫斯卡认为,自古以来,优秀的戏剧与舞台表演一直遵循着相同的框架。对于坐在领导者位置上的业余导演来说,成功变革公式如下:

吗？西塞罗与安东尼的关系很紧张，基于此，屋大维与西塞罗可否找到共同的东西，形成联盟，以对抗难以捉摸的执政官？然而，西塞罗在观望。显然，情况不明朗，他不想给自己添麻烦。屋大维目前孤立无援。

转眼到了秋季，局势变得越来越紧张，前景依然模糊不清。刺杀恺撒的主犯布鲁图斯与卡修斯在东方集结了大量的军队，而德西慕斯则屯兵于北方。作为恺撒的继承人，屋大维依然没有作为。随着事态的发展，议员们渐渐开始转向。对恺撒的刺客们，安东尼过于宽容，更糟糕的是，他给人的印象是想夺权并使自己成为独裁者。出于对恺撒的情感，议员们开始偏向屋大维，西塞罗也是其中一员。在元老院，这位伟大的演说家发表了激烈的言辞，反对安东尼并开始热情洋溢地支持屋大维。西塞罗赞扬说，屋大维拥有令人难以置信的、上帝赐予的勇气与智慧。此时，屋大维似乎

1. 宣泄：领导者断言，目前的状况不可接受。追随者们终于确切地听到了自己的担忧已被认同，并乐见自己被代入其中，认可自己在解决问题过程中将要担当的角色。

2. 拟人化：当前情况下的一切错误和不幸，都应得到总结并被指责。当然，前任领导者是承担责任的最佳人选，他难辞其咎，还有，组织之外的人也应当负有一定的责任。重点是，一切问题与团队无关，他们无须承担责任。

3. 认同：领导者必须将自己设定为英明的指路人，愿景与理想必须得到充分沟通，进而得到认可，并加以推进。当然，这是最困难的一步。

4. 悬念：将当下的威胁、险峻的形势与理想的未来之间相互对比，创造出足够的悬念以推动变革。进程中，阶段性总结与成果应不断被分享，以鼓舞士气并警告大家我们尚未走出困境。

看到了黎明，但事实并非如此。有亲密的朋友告诉他，西塞罗的支持并非出自真心，他是想利用屋大维。在私下，这位政坛老泥鳅说刺杀恺撒靠的是男人的勇气，绝非小孩子可以办到。但不管怎样，至少在表明上，西塞罗不得不接纳屋大维，接纳这个几乎被遗忘的继承人，这个张狂的年轻人。西塞罗打算尊重他、提升他，利用他，然后再甩掉他。

这就是共和国的现状！曾经激发出巨大勇气、力量与高尚的自我牺牲精神的强大都市，现在成了阴谋家与见风使舵的政治家们的乐园，个人利益才是这些政客们的首要目标。罗马的理想被遗忘了，公民精神更是一去不复返。人民的议院，见鬼去吧！罗马的未来，19 岁孩子的肩膀可以承担吗？那些共和国的基本原则可以恢复吗？就像辛辛那图斯那样，履行公民职责，带领军队战胜敌人，并自觉恢复平民生活，不贪恋任何权力与荣耀？屋大维承认，他肩上的责任如此之大，以至于担心自己无法承受。但盖乌斯·尤利乌斯·恺撒·屋大维别无选择，他的名字就意味着责任与义务。

母狼　高波 摄影

罗穆卢斯与雷穆斯（Romulus and Remus）

我们不希望误导读者，有关罗马起源的故事，存在着不同的脉络。本书第一章的叙述以《埃涅阿斯纪》为主线，将罗马视为特洛伊的延续，进而可上溯到希腊诸神。但双胞胎是怎么回事？母狼又是怎么回事？罗马这个名字出自哪里？历史学家李维在其著作中记述过这对双胞胎，并将不同的脉络合并起来，讲述了埃涅阿斯之后几个世纪发生的故事。较为确切的史料表明，最早建立起来的城市被命名为阿尔巴隆加，在台伯河边。阿尔巴隆加的国王是普罗卡斯（King Procas），国王有两个儿子：努米托尔（Numitor）和阿穆利乌斯（Amulius）。努米托尔是哥哥，被任命为王位继承人。但弟弟想办法放逐了哥哥并杀死了他的儿子，同时令他唯一的女儿瑞亚·西尔瓦（Rhea Silva）去做维斯塔。那是一个与崇高荣誉相关的神职，维斯塔必须是处女，否则将被活埋。这样，阿穆利乌斯就可以保证断了哥哥的血脉。但是，正如李维所说：神的旨意不可改变，罗马注定要统治世界，技术问题都不是问题。西尔瓦还是怀孕了，孩子的父亲是谁？对此，头脑清醒的李维持开放态度。而处女本人则声称是战神马尔斯，是马尔斯偷偷溜进了她的卧室，致使自己受孕。于是，双胞胎罗穆卢斯与雷穆斯降生了，时间大约是罗马建国前500年。随后，处女被投入了监狱，鉴于可能是神的过错，所以并未被处以活埋的惩罚，双胞胎男孩也并未被直接处死，而是放在了一个篮子里，随台伯河漂流而下。随后，洪水改变了篮子的行程，一只母狼发现了他们，并喂养了他们。后来，他们又被牧羊人福斯图卢斯（Faustulus）带回家，与妻子拉伦蒂娅（Larentia）一起，将他们抚养成人。对于自己的皇室血统，两个孩子一无所知。

后来，雷穆斯被阿穆利乌斯的手下俘虏，但他们并不知道囚犯的真实身份，不知何故，雷穆斯被送给了流放中的努米托尔，据说后来雷穆斯参与了那里的暴乱。但努米托尔感觉到他并不是一个普通的暴徒，尤其是当他得知雷穆斯还有一个孪生兄弟时。与此同时，福斯图卢斯向罗穆卢斯讲述了他们兄弟俩的故事。努米托尔决定迅速采取行动，在一次突然袭击中，他设法杀死了邪恶的阿穆利乌斯，并使罗穆卢斯与雷穆斯两兄弟重逢，他希望他们留下来，并许诺他们继承阿尔巴隆加。但罗穆卢斯和雷穆斯更喜欢在自己长大的地方，即台伯河附近的七座小山丘附近安家。就这样，罗穆卢斯在帕拉蒂尼高地安家，而雷穆斯则在阿文提诺高地（Aventine）安家。但作为双胞胎，他们无法确定由谁来统治新的城市，于是，他们同意通过占卜来确定排名。很快，6只猛禽出现在阿文提诺高地，但不久之后，12只猛禽来到了帕拉蒂尼高地。两兄弟的支持者之间爆发了一场争吵，骚动中，雷穆斯被杀。就这样，罗穆卢斯获得统治权，并以他的名字命名这座小城。随着时间的推移，这座小城超越阿尔巴隆加以及附近的所有城市。这就是罗马城的由来。

这个故事有多个版本，李维提到了其中几个。也许，他说，找到孩子的不是母狼，而是福斯图卢斯，而他的妻子拉伦蒂娅对男人有特别的兴趣，因此被戏称为母狼。毕竟，那是很久以前的事了。也许就是罗穆卢斯本人杀死了雷穆斯，因为雷穆斯偷偷溜到了帕拉蒂尼高地。“对于所有爬上我的城墙的人，都是如此。”罗穆卢斯如是说。历史的真相已无从考证。罗穆卢斯本人的死亡也颇具神秘色彩。据传说，当时，罗穆卢斯与同僚站在献给其父亲，即战神马尔斯的平台上，一场强大的风暴袭来，风沙遮天蔽日，当天空再度放晴，阳光再次照耀时，罗穆卢斯不见了。李维评论说，罗穆

盖乌斯·尤里乌斯·恺撒·神之子

这个夏天，屋大维获得了罗马军队总司令的头衔，并且是执政官的合法候选人。他致信自己的顾问西塞罗，邀请他联合竞选执政官，这样，他们两人就可以联合执政。一个是恺撒的合法继承人，另一个是共和国最有经验的政治家，一对完美的组合。但西塞罗拒绝了，虽然含糊其词，可意思很明确，他不干。事实上，西塞罗从未打算真正支持屋大维，只是将他当作可以利用的工具。屋大维终于理解了自己的义父恺撒，要振兴罗马，

卢斯的失踪也有多种解释。是不是被众神带走了？最初的传说是，那天，他与父亲乘坐着一辆燃烧的战车升天了。另一种说法是，那一天，同僚们杀死了他，将尸体分解，藏在各自的长袍下带走了。如果你夺取了这座城市的所有权力，变成暴君，你就会被清除。这是另一种解释，也是广为流传的解释。李维与其他历史学家综合考虑了不同的版本，进而认为，作为历史，其原始版本已经获得了牢固的立足点。有史料记载，一位官方的同僚，即普罗库勒斯·尤里乌斯（Proculus Julius）可以作证，他发誓说，第二天，罗穆卢斯像幽灵一样出现在他面前，并下令说："告诉我的人民，他们将成为世界的统治者。告诉他们，罗马将成为世界的首都。他们将掌握战争艺术，所有人都将明白，任何人的力量都无法击败罗马。"那么，这一定是真的吗？李维评论说，对于某些人，最终版本可能更真实，而对于大多数人，原始版本已经变成了"事实"。但两个故事都有一个共同的功能，即两者都被用作未来的论据，并且都以各自的方式存在着。在罗穆卢斯失踪的地方，奥古斯都大帝强大军队的指挥官马库斯·阿格里帕（Marcus Agrippa）建造了一座神庙。后来，哈德良皇帝进行了扩建，成就了古代罗马最著名的建筑之一，即万神殿。这个名字巩固了它作为神性汇聚的地方，罗马帝国，反之亦然。

就必须摆脱元老院。

Tresviri Rei Publicae Constituendae Consulari Potestate，缩写为 III VIR RPC，是公元前 43 年屋大维、安东尼和列庇都斯形成的罗马历史上三人执政的正式法定名称。即所谓的第二个"三驾马车"。（第一个"三驾马车"是恺撒、庞培与克拉苏形成的政治联盟，但元老院并未以法律形式正式予以确认。——译者注）三位共和国公民，被选举为共同执政官，以重振宪法的权威。这就是安东尼、列庇都斯与屋大维达成的协议，并责令元老院通过。在此协议下，罗马军队得以重新统一，避免了流血，一切权力归于新联盟，恺撒的支持者之间维持了必要的友谊。三人任期五年。五年期间，三人也是各自地区的总督，全权负责各自辖区内的所有事务，特别是对敌军事行动，无须前往罗马请示决定。至此，罗马内战正式结束了，罗马开始重建。千头万绪，但头等大事当然是为恺撒报仇，刺客们必须被清算。这需要确定一个名单，当然，帝国所有的政治人物都可能被涉及，非常残酷、也非常无情，但也非常必要。屋大维作为最年轻的一方，无疑做出了许多让步。最困难的让步无异于西塞罗，他与安东尼僵持了两天，最终不得不投降。罗马的政治元老终于走到自己的终点。

许多人将这三人视为独裁者。但此时，专制似乎是必要的。安东尼现在成了最亲密的盟友，并通过婚姻加强了联盟的纽带。虽然屋大维已有婚约，但安东尼的妻子富尔维娅还是将自己的女儿克劳迪娅成功地许配给屋大维为妻，尽管克劳迪娅是富尔维娅与前夫克劳狄乌斯，即西塞罗最大的敌人所生，但安东尼是继父，因此，屋大维与安东尼变成了岳父与女婿的关系。这是一种出于需要而建立起来的家庭纽带。最重要的是，这种安排便于屋大维进一步提升其义父的地位。随即，恺撒被正式封为神。自然，屋大维也得到了提升，他不仅是新婚的总督与“三驾马车”之一，也变成了 divi filius，即神的儿子，神之子！祖母的故事得到了印证，家族与阿波罗神的关系被进一步认可。探其源头，这个神圣家族的根可以一直上溯到特洛伊的守护神维纳斯。

在“三驾马车”中，屋大维被认为是最弱小的一方。两次菲利比战役更是暴露了他的脆弱。大战当前，屋大维却病倒了，是安东尼率领军队打败了敌人，为恺撒报了仇。虽然未能亲临战场，但屋大维却近距离目睹了内战的丑陋与残酷。罗马人对罗马人，朋友对朋友，战友对战友。今天是朋友，明天就可能是敌人。那段时间，屋大维高烧不退，徘徊在生与死之间，也许是家族病？恺撒也曾患有奇怪的疾病。那是统治世界性帝国必需的代价吗？或者是神的警示，是神在警示人的渺小？

也许正是在这里，在那顶希腊的帐篷里，屋大维明白了权力带来的危险与诱惑。作为胜利者，他们无法回归从前，只能接受英雄般的崇拜，因而，他们可能忘记自己的社会责任与义务。作为领导者，必须忍受逆境，但更重要的是要抑制自我膨胀。

回家的航行耗时漫长，屋大维的病情非常不稳定。在布伦迪西姆的航船上，屋大维几乎死去。虽然胜利了，但挑战似乎更加严峻。屋大维拥有17万人的军队，和平到来后，大部分士兵无所事事，军队就是实力，但如何让元老院为之买单呢？他应该如何让元老院相信自己才是最好的，而不是另一个渴望权力的暴君？一旦放纵沉重的眼皮，向疾病投降，或许也是一种解脱。但他不能屈服。他必须渡过难关。

在罗马的家中，依然虚弱的屋大维遇到了一位年轻的诗人。他曾与许多艺术家交往，他们通常都不是特别强壮，特别是内心。然而，这个男人却不一样，他只比屋大维大几岁，但两鬓已有了淡淡的灰色，额头上布满皱纹，他非常睿智。只有内心强大的人才会如此。“我几乎没什么成就，”他说，但深邃的目光明显预示着未来。年轻的屋大维找到了宣泄的出口，他们两人交谈了好几个小时。屋大维讲述了他如何看待自己的职责，分享的同时也是自我背书的过程。“这个国家，”他说，“一百年来几乎没有和平。”农民被赶出自己的土地，堕入了城市的贫民窟，或者被迫进入富人的庄园成了奴隶。为了满足贪婪的野心，庞大的军队被招募。这更加重了人民的负担，迫使他们不得不放弃自己的职业，为战争买单，甚至在战场上丧命。他设想了一个新罗马，农民的地位将再次受到尊重，公民的财产将得到保护，帝国的和平将得到保证。

屋大维的思想点燃了诗人的激情，那就是诗人想象中的罗马，是他要讴歌的罗马。同时，屋大维也感到一种难以形容的解脱感，他看到了一条光明的坦途，一条摆脱诱惑的坦途，一个成就伟大的机会。他要将一个年轻人的胆识，嫁接在义父的正直之上，重建一个人人都为之自豪的、都乐于归属的罗马。这样的罗马已消失了多年，现在，机会来了。这就是政治家屋大维与古罗马诗人、《埃涅阿斯纪》的创作者维吉尔的第一次会面。今后，这两位年轻的朋友将以各自的方式，行动与言语，共同造就神圣的罗马帝国。

恺撒大帝·神之子

罗马政治翻开了新的一页。屋大维尽力发掘、发挥自己的政治潜能。近十年来，他与恺撒的老将军安东尼明争暗斗。他们本是同一战线，共同为恺撒的名誉而战，为恺撒复仇，共同推进恺撒的变革。但如今，两人却渐行渐远。

安东尼掌管着帝国的东部，几乎没有回过罗马。地理上的距离阻隔了有效的沟通，而思想上的差异更是不可调和。随着时间的推移，安东尼的一系列决策越来越荒唐，让罗马越来越无法理解。同时，安东尼不断地表现出对屋大维的蔑视并挑战屋大维作为恺撒合法继承人的地位。

此时，罗马内部也是矛盾重重，但屋大维不会退让，他有自己的蓝图。此时，罗马的政治家们各怀鬼胎，元老院的议员们沦为了一群上层阶级的恐怖分子，他们渴望权力，充满政治野心。他们并不从共和国的角度出发，而是强调自身利益。屋大维努力争取他们的合作，并如同其义父那样，努力彰显自己的友好与宽容，但却很少得到感恩与回报，他们甚至想通过一项法律，旨在避免将土地交给被遣散的士兵。

土地问题是屋大维面临的首要问题，也是必须履行的、对军人的承诺。那些军人，从他成为恺撒继承人之日起就一直支持他、忠诚地为他而战。但同时，他也同情那些由于政治精英们的游戏而为对手而战的人。某些退伍军人表示怀疑，他们是否可以信任这个年仅二十一岁，乳臭未干的政治家呢?

某一天，一次土地分配会议，屋大维迟到了。一名军官试图代表他发言，但被不耐烦的士兵们打断且残忍地杀害了，尸体被扔进了台伯河。屋大维的朋友和保镖把军官的尸体打捞上岸，并劝说屋大维不要招惹那些粗鲁的士兵。屋大维并未听从他们的劝告，相反，他表现出的勇气和坚毅震慑了野蛮，最终赢得了士兵们的信任。他走进会议厅，站在湿淋淋的尸体前，完全没有向野蛮低头，相反，他严厉斥责了凶手，并公正地分配了土地。这一行为，胜过千条法令！

然而，士兵安置问题只是他面临的许多问题中的一个。几年来，屋大维花了大量时间在各地考察，他与农民、地主、穷人以及厌战的人广泛交谈。对于这些人而言，连年的战乱已不堪忍受，而现在，他们又不得不面对更大的麻烦：手里拿着新的土地契约，腰间挂着战刀的退伍军人。新老地主在争执，土地被撂荒。本可依赖殖民地的小麦进口，但航线却不断遭到庞培儿子西克图斯·庞培的破坏。情况一团糟！到处都是失望、不公与抱怨。除了表示同情，屋大维只能将其归咎为战乱，虽然失去了土地，却换来了和平，持久的和平。屋大维注意到，这样一个简单的信息平复了许多人的怨气。这很可悲，当然也很不公平。可事情就是这样，政治就是交换的艺术。

屋大维信守诺言，而安东尼却不断地制造麻烦，让罗马不得安宁。

帕拉蒂尼（Palatine）

“炽热的太阳已经爬上了头顶，远处的城墙与堡垒，屋舍与农场，罗马已如日中天，而伊万德却面临一个尴尬的窘境。”

——《埃涅阿斯纪》

帕拉蒂尼值得一个寻常但贴切的比喻：如果将帝国的首都罗马比作一顶皇冠，那帕拉蒂尼一定是皇冠中间那颗最大、最闪亮的钻石。对于帝国的公民，那里更是罗马意识的寄居地。事实上，帕拉蒂尼只是台伯河平原上七座小山丘中间的一座，更确切地说，那只是位于罗马市中心，一块高约 40 米的小小的高地。但那是罗马城，乃至整个帝国的发源地。据传，在特洛伊战争前 60 年，阿波罗之子伊凡德即奉命将古希腊文化的种子带到这里，创立牧神节，等待埃涅阿斯后裔的到来。后来，在神的引领下，罗穆卢斯在此安家，罗马城于此地发源。到罗马共和国与罗马帝国时期，这里是名副其实的帝国政治的中心。是否能在此地拥有自己的府邸，昭告着你是不是罗马政坛的要员。西塞罗终身为之自豪的成就之一就是在高地外围的斜坡上为自己找到了一栋房子。本章的主人，奥古斯都将这里作为帝国的总部，随后的皇帝们更是渐渐将这块小小的高地变成了一个单一的、巨大的宫殿。拉丁语系中的 Palace（宫殿）一词即源自 Palatine，或者更准确地说，源自皇帝图密善（Domitian. AC 55 – 96）在此建造的庞大的 Palatium，又称图密善宫。

我们在多大程度上了解罗马的早期历史与故事？帕拉蒂尼及其周围的考古发掘令现代历史学家们感到震惊。研究显示，早在罗穆卢斯到来之前，那里就有人类活动。目前发掘出的成规模的定居点可以追溯到 2700 年前，其结构是罗马式的酋长住所。这与古罗马历史学家李维记述的罗穆卢斯在此建城的时间相符。考古学家显然并不怀疑那就是罗穆卢斯的住所。到底是神话还是事实？不知道，但至少是个好故事。

帕拉蒂尼遗迹

安东尼本人管辖着帝国的东部，在那里，他与恺撒曾经的情人克利奥帕特拉厮混，流言蜚语充斥着罗马的大街小巷。安东尼的弟弟卢修斯·安东尼（Lucius Antonius）则待在罗马，时刻关注着罗马政坛的走向，并不时发起民粹主义提案，为屋大维这位罗马合法的统治者制造麻烦。

在元老院，卢修斯又发起了支持小业主的提案，那是一个以前没人关注的群体，似乎这还不够，安东尼的合法妻子富尔维娅也不断地试图插手政治。

富尔维娅本身并没有多大的分量，但她盛气凌人的嘶吼不断地提示着她丈夫的存在，也印证了丈母娘的险恶。最终，卢修斯越过了底线，他试图召集一支农民军队对抗屋大维，开启新的内战。不幸的是，士兵们并不买账，数千人聚集到罗马广场，要求在此宣读安东尼与屋大维之间的协议，以此来制止卢修斯。但卢修斯不想退却，他在佩鲁贾市（Perugia）集结了所能召集的部队，许多政治同伙为此欢欣鼓舞。但事实证明，卢修斯并不具备大将才能，没过多久，他就被围困并投降，只能任由屋大维处置。屋大维再次展现了自己的政治风度，他任命卢修斯为西班牙总督，让他体面地赴任。而愤愤不平的富尔维娅则启程前往东方投奔自己的丈夫。此时，屋大维让自己名义上的夫人，安东尼的继女克劳迪娅一起同行。据说，克劳迪娅依旧是个完美的处女，丈母娘的嘶吼扑灭了婚床上的激情。

现在，安东尼正在成为屋大维的麻烦而非伙伴，安东尼自己也心知肚明，但依然不到摊牌的时候。于是，他们商定去布伦迪西姆见面，讨论下一步合作事宜。也就在那时，富尔维娅去世了。此时，屋大维的头衔是：恺撒大帝·神之子。为了维持与安东尼的联盟，屋大维将自己的姐姐屋塔维娅许配了给新任鳏夫。屋大维的政治对手可能因此会斥责他的无情、不择手段，但事实上，屋大维的心情沉重。他这样做，是为了罗马，为了更大的事业。以这样的方式，屋大维继续摇动着手里的橄榄枝。

事实上，在雅典，屋塔维娅与安东尼确实度过了一段短暂的幸福时光。维吉尔为此还写下了一首诗歌，《第四牧歌》（*Fourth Eclogue*），表达了自己对他们未来的孩子的期盼，对新的黄金时代的热切渴望：

阿波罗女祭库迈亚（Cumae）的神谕即将完美呈现，
历史轮回，波澜壮阔，
新的篇章，继古开今。
正义将回归，古老的萨图尔努斯（Saturnus）将回归，
从天堂，降下一群新人，

一个男孩将降生，
铁器的冰冷将消亡，黄金的光芒将照耀大地，
爱他吧，圣洁的露西娜（Lucina），他就是你的阿波罗。

诗人虔诚的和平愿望并未成真，安东尼与屋塔维娅的爱情也未能持续多久。东方的克利奥帕特拉为安东尼产下了一对双胞胎。安东尼随即离开了屋塔维娅返回埃及。

尽管如此，屋大维姐姐的婚姻还是给帝国带来了喘息的空间。在此期间，屋大维个人也享受了一段难得的幸福时光，这也许是自五年前收到母亲信件以来的第一次。屋大维坠入了爱河！那是一位 19 岁的魅力少女，她与自己的丈夫一同回到罗马，之所以他们能回到罗马，是因为屋大维的宽恕政策。她的名字叫莉维娅（Livia），已经育有一个儿子，并有身孕。但对屋大维来说，这无关紧要，重要的是他爱上了莉维娅，并公开了他们的关系。随即，屋大维与自己的妻子离婚，同时，莉维娅也与自己的丈夫克劳狄乌斯·尼禄（Claudius Nero）离婚并正式嫁给了屋大维。

新罗马？

古罗马和现代美国，两个超级大国，相隔大西洋，相距 2000 年，彼此有相似之处吗？仔细观察，就会发现有很多相似之处。在某种意义上，美国将自己基于罗马的故事之上。近些年来，有些书籍开始讨论他们之间的相似之处。美国学者玛格丽特·马拉穆德（Margaret Malamud）的著作《古罗马与现代美国》（*Ancient Rome and Modern America*）是其中之一。她以历史的视角来看待这个问题，并说明在关键时刻，杰出的美国人是如何转向古罗马以寻找灵感，避免危机。考察不同的个体及其历史事件，我们

可以惊奇地发现许多雕像、绘画、演讲甚至卡通故事，都展示出这两个超级大国之间的相似之处。20世纪90年代，老布什曾大肆宣扬“新世界秩序”这个词。拉丁语是“novus ordo saeclorum”，这个词语最早源自古罗马诗人维吉尔，用以描述历史的轮回，新帝国的建立也将推动世界的新秩序。美国人甚至将此拉丁词语印在了一美元的纸币上。

美国作家卡伦·墨菲 (Cullen Murphy) 的著作《我们是罗马吗？》(*Are We Rome？*)则着眼于比较思想与生活方式的相似之处，以警示新的帝国。在这本著作中，他特别强调了2000年前的古罗马与今天美国的一些相似之处：

· 对军事力量的投资和依赖，不计成本。

· 社会各阶层对巨大收入差距的接受程度。

· 对技术的迷恋，渡槽技术与空间技术。

· 基于语言、文化、技术以及思想等方面的文化帝国主义。

· 法律的主导地位，个体公民权，疯狂的诉讼，以及名人效应及其后果。

· 个人优越感。

· 短视，推崇唯我论。

· 系统地低估他人的能力与价值观。

墨菲最忧虑的是巨大规模、复杂性、再加上糟糕的领导者，将导致美国走上与罗马帝国相同的道路，即毁灭。没有什么可以天长地久，但历史可以提供一些启示，警示人们该做什么，不该做什么。

和平幸福的时光总是短暂的，不久之后，新的冲突不可避免地开始了。安东尼将新婚妻子送回家，自己则发起了捞取政治资本的帕提亚战争。半路上，他在安条克（Antioch）驻留，克利奥帕特拉“恰巧”就在那里。从来没有哪个女人给罗马带来过更多的麻烦！即便是迦太基女王狄多，她对埃涅阿斯及其后代的诅咒也无法与克利奥帕特拉相比。在屋塔维娅回到罗马之前，甚至有谣言就开始在世界帝国的首都流传：安东尼娶了克利奥帕特拉！对克利奥帕特拉而言，她认为维吉尔的诗歌应当歌颂的是她与安东尼的儿子，亚历山大·赫利俄斯（Alexander Helios），而不是屋塔维娅与安东尼的后代。因为亚历山大的妈妈是女神！按照埃及的文化，克利奥帕特拉是太阳神的女儿（the daughter of Ra），也就是伊希斯，即埃及丰收与母亲之神的化身。只有这样的血缘才可以开启黄金时代。

很不幸，东方战争的进展并不顺利。安东尼被困在了沙漠，缺乏一切：人、食物以及勇气。安东尼请求内兄屋大维的帮忙。经过深思熟虑，屋大维拒绝了安东尼的请求。“在我们与帕提亚人之间有一片大沙漠，”他写道，“在此，你已经付出了巨大的代价，可以看出，这片沙漠是个屏障，帕提亚人永远不会对罗马构成威胁。共和国现在需要的是和平。感谢诸神，你还没有遭受到克拉苏的命运，请将这次光荣的挫折当作神明的警示，我们不应当重蹈覆辙。”

信使很快送回了回信。那是非常绝望的回信，字里行间流露着威胁与粗俗的侮辱。屋大维后来说，那纯粹是醉汉的涂鸦。即便如此，屋大维依然无法拒绝他的伙伴，他还是派了 70 艘战舰运送了 2000 名罗马最优秀的士兵，以及战略物资前往支援安东尼。某种意义上，这样的支援可以看作是个人性质：屋塔维娅坚定地站在自己的丈夫一边，随同前往。那可能是最后一次恳切的交流。但非常令人失望，冷酷的安东尼不屑一顾，他把自己打扮得像个东方统治者，将屋塔维娅送回了罗马。“我们的婚姻是契约的象征，是与你兄弟友谊的见证，现在，他摧毁了这份友谊，那么，我们的婚姻就必须解除。”屋塔维娅伤心的泪水无法温暖安东尼冷酷的心。在罗马，屋大维非常懊恼，悲愤交加。罗马再次失去了和平。

罗马的救世主

所有迹象表明，矛盾已不可调和，战争将再次降临，罗马人将不得不再次面对罗马人。但屋大维希望这是最后一次。自从屋大维接过恺撒衣钵，时间已经过去了12年，屋大维的成就有目共睹。整个帝国社会稳定，秩序井然，恺撒事件的阴影已经消散。屋大维的周围聚集了一群忠诚、睿智的朋友与顾问。维吉尔尽显才华，继《牧歌》之后，又创作了自己的第二部作品《农事赞歌》（*Georgica*），歌颂了意大利的繁荣。税收得到减免，小麦储备充足，居民甚至得到食品补贴。帝国的道路交通得到改善，水利灌溉系统得到扩展与维修，居民饮用水以及卫生条件得到改善。政府的各种附属机构得以建立并开始发挥作用。人民不仅接受了屋大维，更爱戴他，并支持他讨伐安东尼。

安东尼的耻辱降临了，那就是阿克提姆最后的对决！当安东尼的舰队驶出港口时，阿格里帕率领的无敌帝国舰队早已等候在那里。刚刚交手不久，克利奥帕特拉就带领着埃及舰队逃离了战场。随后，安东尼登上了一艘小型快船，紧追而去，就如同一只猎犬，发现自己被遗弃，疯狂地追寻它冷漠的主人。被抛弃的舰队无心恋战，随即投降。几天后，屋大维基本可以断定，消灭安东尼的全部残余力量，指日可待。

恺撒的义子再次展示了自己的政治高度。他并未立即追杀安东尼，而是让敌人有序地撤退。随后，他开始着手援助希腊，因为他们所有的小麦都被安东尼征调一空，整个冬天都在挨饿。民以食为天，得民心者得天下。屋大维稳步推进，在陆地上，一个地区接一个地区，纷纷归属罗马。恺撒的道德法则是宽恕对手。同样，屋大维也并不希望残酷地报复，他只是想确认各地对罗马忠诚。

一路前行，所向披靡。就在快要抵达埃及时，屋大维收到了安东尼的来信。安东尼希望得到宽恕。事实上，不可一世的安东尼希望以自己的死来换取克利奥帕特拉的生。这是怎样的一种蛊惑，是什么样的药酒才能有如此神奇的功效！即便是龌龊地临阵脱逃导致惨败之后，她还能有如此的魔力！屋大维没有回信，他应该如何回应这样的请求？屋大维绝对不想要安东尼的性命，即使是安东尼要置自己于死地。但克利奥帕特拉是罗马的敌人，这封信更加证实了这一点。事实证明，这个蛇蝎女人亲自导演了安东尼的死：她伪称自己已经自杀，从而导致了安东尼的殉情。当屋大维最终抵达亚历山大城时，感到一种奇特的历史感，仿佛一条蛇咬住了自己。难道自己的义父曾经来到过这座城市吗？自己的姐夫，那个曾经娶了自己姐姐的男人，死去了？他要面对的居然是同一个女人！现在，屋大维是强大的罗马帝国的儿子与新的统治者，他深知自己处于极大的危险之中。虽然克利奥帕特拉已身陷囹圄，但女人的诡计，不可小觑！在提审克利奥帕特拉之前，他要保有足够的定力。

事实证明，屋大维是明智的。克利奥帕特拉完全放弃了自我，跪倒在屋大维脚下，以颤抖的声音讲述了安东尼是如何胁迫了她。尽管年龄相差八岁，但不论是妖艳的天赋还是诱人的肉欲，克利奥帕特拉的表现让男人无法拒绝。屋大维宁神静气，世界的帝国就在他的手中，神的地位，一个无可匹敌的亚历山大大帝的帝国，正如他义父所梦想的那样。他必须使自己保持清醒的头脑。这不是他的本意，也不是他为之奋斗的目标，最大的挑战不是赢得一个帝国，而是统治一个帝国。只有持久的和平，而不是永恒的战争；只有为他的人民服务，而不是为自己服务，才能超越亚历山大！

如同法庭上的法官，屋大维冷静地驳斥了克利奥帕特拉的请求。于是，克利奥帕特拉又以一位母亲的身份恳求宽恕，并列出了她可以奉献的财宝。

一个安东尼的前卫兵讥讽地插话说，她似乎忘记了某些更加诱人的东西。就这样，最后的咒语被打破了，屋大维结束了谈话，转而以法官的口吻说，他打算赋予她应得的东西，随后就离开了。

应当说，克利奥帕特拉尽力了，她最后一次试图维护埃及的地位。作为统治者，她不再追求永生，而是寻求死亡。屋大维精心安排了一场葬礼，至少满足了安东尼的意愿，将他葬于克利奥帕特拉身边。政治家的心态一定非常强大，他亲手将自己的妹夫与他的情人合葬，因为他非常清楚，那是结束这一章节的正确方式。在采取了必要措施以巩固罗马在埃及的地位后，屋大维启程返回罗马。

屋大维与安东尼——大事记

公元前 41 年，安东尼在塔尔苏斯首次见到克利奥帕特拉。

公元前 41–40 年，富尔维娅与安东尼的弟弟起兵反对屋大维。

公元前 40 年，克利奥帕特拉生下了安东尼的双胞胎亚历山大·赫利俄斯与克利奥帕特拉·塞勒涅（Cleopatra Selene）。布伦迪西姆条约约定安东尼与屋大维瓜分东西方，安东尼与屋塔维娅结婚。

公元前 38 年，屋大维与莉维娅结婚。

公元前 37 年，安东尼令妻子屋塔维娅返回罗马，恢复了与克利奥帕特拉的关系。

公元前 36 年，列庇都斯徒劳地对抗屋大维，其结果是就此结束了自己的政治生命。安东尼发动了帕提亚战役。克利奥帕特拉生下了托勒密·费拉道菲亚图斯（Ptolemy Philadelphus）。

公元前 32 年，屋大维从维斯塔圣女神庙中获取安东尼的遗嘱，随即向克利奥帕特拉宣战。

公元前 31 年，阿克提姆之战。

公元前 30 年，安东尼与克利奥帕特拉自杀。

恺撒大帝·神之子·奥古斯都

战争结束了。屋大维回到罗马，立即着手重建国家秩序，安排士兵退伍，确保食物供应。元老院密切注视着一切。近百年来，共和国的理想、基本立场以及权力分配的原则一直处于不稳定状态。政治舞台风云变幻，政治人物轮番登场：马里乌斯与苏拉、恺撒与庞培、安东尼与屋大维。罗马帝国的政治被这些强势人物所把持，个人喜好被置于首位。问题是，今后会如何？屋大维与几个世纪以来形成的政治体制如何互动？他现在是谁？

公元27年1月中旬，元老院召开会议，屋大维将发表重要讲话。那一天，会场内外挤满了罗马市民。他们要求自己喜爱的领导者继续独掌权力，并以他们已习惯的方式治理国家，因为这样才能保障人民的最大利益。会议在新近落成的元老院议事堂举行。这座建筑，由义父恺撒奠基，在屋大维手中竣工。屋大维走进会堂，人们顿时安静了下来。那时的屋大维三十多岁，并不十分强壮，但他平静的语气中带有一种天生的威严。

"我是布鲁图斯，"屋大维说，"你们曾经赋予我的权力，现在已不再合法。内战已经结束，无论你们多么认可曾经的授权，现在，我必须物归原主，将权力交还到权力的拥有者手中：即元老院与罗马人民。我的任务已经完成。"

什么？怎么会是这样？！整个会场陷入死一般的寂静。接着，震惊中的人们开始交头接耳，窃窃私语。罗马历经了漫长的动荡与不安，终于迎来了期盼已久的和平与繁荣，事实证明，以前的体制已经死亡，回到过去就意味着回到内战。此时的共和国需要皇帝！人们一个接一个地争相发言。最后，大家提出一个折中方案：既然老恺撒曾统治高卢十年，那么，新恺撒也应当可以被指定统治一个地区，为期十年。这并不违宪。而且，这个

恺撒大帝・神之子・奥古斯都

By Till Niermann - Own work.Public Domain

地区应当越大越好。最后，一项协议在欢呼声中被一致通过：指定屋大维统治西班牙、高卢、叙利亚、塞浦路斯以及埃及，为期十年。可以看出，帝国最重要的疆域几乎都在其中。对此，屋大维无法拒绝：共和国需要他。他们知道，他自己也知道，他们向他提出的要求不是一项容易的任务，而是一种沉重的负担。屋大维同意承担。

但接下来的提议他却无法接受。他们想授予他一顶皇冠和一根权杖！那不是专制吗？那不就会引发新的冲突吗？人民需要的不是代议制政府吗？所以，当然不能接受。于是，就有了另一项妥协。屋大维接受了“奥古斯都”这个称号，因为这个称号肯定了他的成就，有别于前任。至此，这个人物的名字由盖乌斯·屋大维最终演变成了恺撒大帝·神之子·奥古斯都。他将带领这个曾经被众神赐福的帝国，在无界的时空，开启一个全新的黄金时代。

树碑立传

人人都可能渴望名垂青史，尤其是王侯将相。其中，奥古斯都·恺撒无疑登峰造极。在其事业如日中天的时候，他就开始构思自己的墓志铭，并为自己建造陵墓。去世后，皇帝本人亲自撰稿的墓志铭被镌刻在两根巨大的青铜柱上。不仅如此，整个罗马帝国所有的神庙与纪念碑上，都要镌刻。当然，血腥的阴谋与污垢不会被体现，而皇帝的名字、头衔、尊称等，甚至包括那些他曾经拒绝的称号都要包括其中，皇帝的伟大成就、伟人的恩德包括许多自掏腰包的善行不能不写，当然，伟大的军事胜利必不可少。最后，文字描述了人民的支持，人民的赞赏与人们的热爱。时至今日，青铜柱早已了无踪影，但故事流传至今。

奥古斯都和平圣坛

奥古斯都和平圣坛（Ara Pacis Augustae）

公元前9年，奥古斯都和平圣坛落成揭幕并举行了盛大的献祭仪式。罗马人以此来庆祝和平并祝福自己。圣坛是一座大型白色大理石建筑，四面雕刻着精美的图像。当然，奥古斯都与恺撒被置于最重要的位置，凸显了这个家族的起源及其神圣的血脉。祭坛刻画了埃涅阿斯，刻画了罗穆卢斯与雷穆斯以及母狼母亲。当然，重点是奥古斯都带领着整个家族向众神献祭，感谢特洛伊沦陷后众神的恩典，并祈祷众神继续保佑罗马的未来……

圣坛的发掘与修复是个漫长的过程。最早的碎片发现于1568年，但直到1903年，人们才意识到发现的是什么。挖掘工作断断续续，并威胁到附近的建筑。直到1938年，为纪念奥古斯都诞生2000年，整个纪念碑被拆解并移至不远处的奥古斯都陵墓附近，以便重建。2006年，一座全新的建筑建成，这就是人们现在游览的和平圣坛博物馆。在现代化的玻璃幕墙内，闪闪发光的白色大理石圣坛静静地矗立在那里，但其设计与地理位置引发了许多争议。本着真正的罗马精神，今天的议员们仍然争论不休。在撰写本文时，意大利计划在2013年底之前重新规划周围的交通路线，以便为建筑物提供更多的空间。如果我们再补充些什么，那就是争议意味着争夺叙事的权力仍在继续。

夏宫阿德里亚诺遗址
高波 摄影

后记：罗马的胜利

终于，恺撒·屋大维成了恺撒·奥古斯都。他居住在帕拉蒂尼高地的住所，毗邻其祖先罗穆卢斯的居所。忠诚的莉维娅一直陪伴在他左右。罗马终于走出了百年动荡，进入了一个全新的和平繁荣的历史时期。历史学家李维，诗人贺拉斯等一大批罗马历史上的文坛巨匠相继登场，特别是屋大维的朋友，忠诚的维吉尔，终于完成了他的鸿篇巨制《埃涅阿斯纪》，认定罗马是特洛伊的延续，由此证明，罗马与希腊诸神血脉相连。以这样的目光回望，不难看出，从埃涅阿斯到奥古斯都，罗马只有一种英雄：即遵循神的旨意，为了民族的未来，肩负起历史的重担。

历史学家通常以整体目光来看待历史，叙述历史长河中那些“实际”发生的故事。但是，那并非我们之所欲。我们试图讲述罗马历史上一段特定的时期、那个时期的故事以及故事背后的力量。当然，本书结尾的故事只是历史的一个版本，是多个历史结论之一。但这绝对不是随机产生的。事实上，这个版本是奥古斯都自己钦定的，是他为他那个时代绘制的一幅画卷。古老的格言说，历史是胜利者书写的，这绝不是一句空话，至少屋大维是认同的。于是，屋大维发动了一场堪称前无古人的思想统一运动，

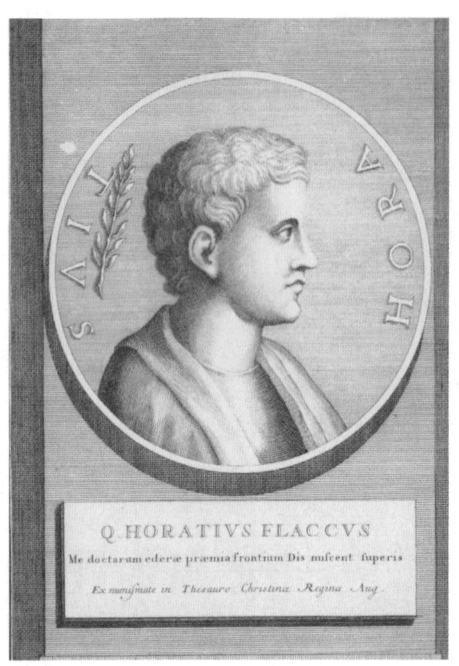

诗人 贺拉斯

By Unknown author. Public Domain

诗人 维吉尔

By <Charles>. Public Domain

诗人 奥维德

By Unknown author. Public Domain

历史学家 李维

By Ambrogio Brambilla. CC0. Public Domain

采用多种手段来固化人们的思想，树碑立传。依据屋大维本人的说法，那就是手段之一。当然，胜利者需要吹鼓手，于是，那个时代最伟大的诗人、历史学家纷纷加入了那场运动。大量的作品，长篇与短篇，历史与诗歌被创作出来，其结果是罗马的胜利被固化了。不仅得到了那个时代的认可，后世也为之赞叹。而那正是屋大维本人所期望的。

诗人贺拉斯（Quintus Horatius Flaccus，前 65—前 8 年）曾经是坚定的共和派。在菲利比战役中，他“错误”地站到了屋大维的对立面。后来，他与屋大维的朋友梅塞纳斯建立了良好的友谊，随即变成了屋大维身边的宫廷诗人。贺拉斯有能力对时事做出快速有力的评论。在得知克利奥帕特拉去世的消息后，他写道：“干杯，让我们大踏步地前进……”他最出名的是那首《采撷今日》（*Carpe Diem*）——把握今朝。他的第二部作品集，后来被尊称为《圣徒书信 II》（*EpistlesII*），基本都是歌颂恺撒·奥古斯都，一度被认为是屋大维本人授意之作。

诗人奥维德（Publius Ovidius Naso，前 43—17 年，一说 18 年）在当时可能是最博学的诗人。罗马内战期间，他也没有犯任何政治错误，也是梅塞纳斯的好友。奥维德最著名的作品是《变形记》（*The Metamorphoses*）。那是一部宏伟的诗作，从创世纪写到罗马，并引入了轮回学说，最后一部分达到顶峰，尤利乌斯·恺撒变成了神，他的义子奥古斯都成了罗马帝国的统治者。但不知是何原因，几年后，奥维德被判处黑海流放。

诗人维吉尔（Publius Vergilius Maro，前 70—19 年）的一生大部分时间都在那不勒斯度过。维吉尔很早就结识了未来的皇帝，他痴迷于伟大罗马的复兴，并认定奥古斯都能够实现这一目标。在《埃涅阿斯纪》中，他将罗马描述成特洛伊的延续，可以说为罗马的神圣化奠定了基础，同时也预示了罗马复兴的必然性。从而，罗马新的和平与繁荣以及奥古斯都的出现都体现了神的意志。

诗人们的作品均以奥古斯都为高潮，均以伟大胜利而结束。他们都是当时的文化巨匠，应当说没有人可以胁迫他们。但不容否认，皇帝的影响力是巨大的。

从此，人们过上了幸福的生活。至少，在一段时间内，Pax Romana——罗马的和平真正实现了。事实上，罗马人并不使用 Pax Romana 一词。这个词是 18 世纪英国历史学家爱德华·吉本（Edward Gibbon）的创造，罗马人使用的是 Pax Augusta，即奥古斯都和平，那是皇帝本人主持下的元老院的用语。

无论是罗马和平还是奥古斯都和平，从公元前 27 年屋大维被正式授予奥古斯都称号到公元 180 年马库斯·奥勒留大帝去世，和平持续了 200 多年。对于罗马市民，这的确是一个和平时期，没有外敌，没有海盗，也没有社会动荡。当然，那一时期也有某些事情发生，且奥古斯都本人应负间接责任，即为后世埋下隐患的继承人问题。奥古斯都长寿，在位 40 多年，但他只有一个孩子，是个女儿。女儿结过几次婚，其中与奥古斯最都忠诚的军队指挥官马库斯·阿格里帕育有五个孩子。阿格里帕死后，五个孩子中的两个，盖乌斯与卢修斯·恺撒被奥古斯都收养。但男孩们要么英年早逝，要么被证明不合适做继承人。最后，无奈的奥古斯都只好收养了妻子莉维娅与前夫所生的孩子提庇留·克劳狄乌斯·尼禄（Tiberius Claudius Nero）。这是个不祥的名字。不过那将是另外一个故事。

作为领导者，当然会以自己的喜好来影响乃至决定故事，但有时也会适得其反。并非只有领导者才是决定故事走向的唯一人选，故事本身就限定着意义。许多人认为，晚年的奥古斯都大帝变得越来越宽容。也许是他自己最终相信了自己的故事，也只有这样，领导者才能真正活出自己的故事。

故事不会凭空产生，故事的寿命与影响取决于与其故事竞争的结果。奥古斯都的故事就是明证。只有远远大于个人的故事才能流芳百世，罗马的故事只有一位英雄，即胜利属于罗马：罗马的胜利。

通往帕拉蒂尼之路

古罗马主要人物

阿基拉斯（？—前 47 年）：埃及法老托勒密十三世的保镖、军队指挥官。他与卢修斯·塞普提米乌斯一起杀死了庞培。在亚历山大，阿基拉斯曾与恺撒交战。恺撒后来说阿基拉斯是个非常勇敢的人。然而，阿基拉斯最终成了王位继承人内讧的牺牲品。阿尔西诺埃，即托勒密十三世和克利奥帕特拉的妹妹，不信任阿基拉斯，处死了他。

埃涅阿斯：诗人维吉尔作品《埃涅阿斯纪》的主角，罗马的创始人。他是特洛伊的英雄之一，安喀塞斯与女神维纳斯之子。而安喀塞斯是特洛伊国王普里阿摩斯的堂兄。维吉尔的《埃涅阿斯纪》讲述了在神的引领下，埃涅阿斯离开燃烧的特洛伊城及其随后的旅程。

卢修斯·阿弗拉尼乌斯（？—前 46 年）：庞培最亲密的朋友和最信任的将军之一。在罗马内战中，追随庞培与恺撒作战，先是在西班牙，然后在法萨卢斯，最后是在北非。他在塔普苏斯战败后逃跑时被杀。

马库斯·阿格里帕（前 63—12 年）：屋大维儿时的朋友。当恺撒被刺杀时，他们正在阿波罗尼亚学习。他一生追随屋大维，曾被认为是屋大维的潜在继任者。阿格里帕战功卓著，在佩鲁贾击败了安东尼兄弟，在西西里击败了西克图·庞培，在阿克提姆击败了安东尼与克利奥帕特拉的联合舰队。他也是罗马重建的积极参与者，负责建造了古罗马最伟大的建筑之一——万神殿。万神殿入口上方刻有铭文："M.AGRIPPA.L.F.COS.TERTIUM.FECIT（由三届执政官卢修斯之子马库斯·阿格里帕建造）"。阿格里帕娶了屋大维的女儿朱莉娅为妻，但他们的孩子没有成为皇帝。

卢修斯·多米蒂乌斯·阿诺巴比斯（？—前48年）：恺撒的三大宿敌之一，卡托的盟友、妹夫。他曾多次威胁恺撒，要接替高卢军队的指挥权，但并未成功。他性格强硬，不妥协，不喜欢首鼠两端的人，曾指责西塞罗是个懦夫。罗马内战爆发后，在科菲尼乌姆、马赛以及法萨卢斯与恺撒作战。在法萨卢斯战役中，负责左翼，战败阵亡。

亚历山大大帝（前356—前323年）：古代最著名的统治者、军队统帅之一。其父亲菲利普·马其顿（Philip Macedonia）统一了希腊，亚历山大则征服了波斯、埃及以及地中海周边地区，直至古印度。经过12年的连续征战，年仅33岁的亚历山大去世，可能死于疟疾或伤寒。在此期间，希腊文明与东方文明相结合并得以广泛传播，在地中海、北非、近东乃至中东广大地区形成了持续300年的希腊化时期（Hellenistic period）。亚历山大被后世奉为楷模，包括恺撒、庞培等均以其为榜样。

亚历山大·赫利俄斯（前40—？）：马克·安东尼与克利奥帕特拉的儿子，克利奥帕特拉·塞勒涅的孪生兄弟。他被认为将统一的东西方带入一个伟大时期的男孩。安东尼许诺他统治亚美尼亚和一些未征服的地区，直至印度。其父母去世后，他和他的孪生妹妹一起，在马克·安东尼的前妻屋塔维娅的监护下，与屋塔维娅自己的孩子为伴，在罗马长大。

安喀塞斯：特洛伊附近的达达努斯国王，特洛伊王室的成员。受女神维纳斯诱惑，生下儿子埃涅阿斯。置维纳斯的警告于不顾，吹嘘女神对他的爱，受到惩罚而瘫痪。特洛伊沦陷后，被埃涅阿斯背出城市，抵达西西里岛后死亡。后来，在冥界与儿子埃涅阿斯相会，并给出指引。

马克·安东尼（前83—前30年）：恺撒麾下的将军之一，曾任罗马执政官。其继父伦图卢斯受喀提林案件牵连，被西塞罗处死，因此，他与西塞罗的关系紧张。高卢战争期间，他是恺撒在罗马的代言人。内战期间，他效命于恺撒。恺撒征讨埃及期间，他代理罗马，但非常失败，因而失宠。恺撒遇刺后，他成为罗马的政治强人，最终与西塞罗及屋大维发生冲突。后与屋大维及列庇都斯组成第二个“三驾马车”，清算并处决了包括西塞罗在内的所有共和派。妻子富尔维娅去世后，娶了屋大维的姐姐屋塔维娅，以加强政治联盟。之后，与埃及的统治者克利奥帕特拉结婚，并联合对抗屋大维。阿克提姆战役失败，后自杀身亡。

阿波罗尼乌斯·莫隆：一位伟大的大师，特别在修辞学领域。他住在罗德岛，是西塞罗和恺撒的老师。

亚里士多德（前384—前322年）：柏拉图最著名的学生。后来，他与老师决裂，自成一派并成立了自己的学校吕刻昂（Lyceum）。他也是那个时代的帝师——陪伴亚历山大大帝从13岁直到登上帝位。他涉猎广泛且深入，其好奇心似乎永远得不到满足，著作涉及许多主题，包括生物学、哲学、诗歌、逻辑、政治学、伦理学、修辞学等。与苏格拉底和柏拉图并列为古代三大哲学家之一，对哲学的发展贡献巨大，对认知观与科学观产生了重要影响。

马库斯·奥勒留（121—180年）：161—180年在位的罗马皇帝。他推崇斯多葛哲学，其日记《沉思录》影响巨大，延续至今。其在位期间，帝国饱受洪水、地震、火灾和瘟疫等的困扰。他被誉为罗马最好的皇帝之一。儿子康茂德继承了他的帝位。

马库斯·卡普尼乌斯·比布鲁斯（？—前48年）：与恺撒同为执政官，但政见完全不同，其执政生涯基本被笼罩在恺撒的阴影之下。他是卡托的朋友，娶了卡托的女儿鲍西娅为妻。被恺撒设计无法正常办公，以致执政期间，基本都待在家里，因此，那个时期被戏称为尤利乌斯与恺撒执政，而非比布鲁斯与恺撒执政。罗马内战期间，他站在庞培一边，负责亚得里亚海的共和国舰队，主要任务是阻止恺撒奔赴希腊，但再次败于恺撒之手，不久之后病逝。

德西慕斯·尤尼乌斯·布鲁图斯·阿尔比努斯（？—前43年）：高卢战争与罗马内战期间才华横溢的年轻将军，海军大将，恺撒最信任的人之一。他背叛恺撒并参与了刺杀行动。之后，在穆蒂纳战役中对抗安东尼，胜利后，其彻底摧毁安东尼的建议未被采纳，使安东尼东山再起。当屋大维的提案获得元老院支持后，所有参与刺杀恺撒的凶手都被宣布为罪犯，鉴于此，他试图越过阿尔卑斯山与马其顿的马库斯·布鲁图斯会合，但中途被高卢酋长俘获，随后，被安东尼下令处死。

卢修斯·布鲁图斯：前509年共和国的创立者，首任共同执政官之一。他是皇室后裔，领导了推翻罗马国王塔奎尼乌斯的起义，创立了罗马共和国，终结了罗穆卢斯的王室血统。当其儿子与流放的国王密谋时，他以叛国罪处死了自己的儿子。爱罗马胜过爱自己的家人，被后世奉为楷模。最终，他在与流亡国王军队的战斗中阵亡。

马库斯·尤尼乌斯·布鲁图斯（前85—42年）：恺撒刺杀案最著名的参与者，莎士比亚的名言“Et tu,Brute（还有你吗，布鲁图）?”的主人公。卡托的侄子，恺撒情妇塞维利娅的儿子，卡托女儿鲍西娅的丈夫。他以正直、品德高尚而闻名，深受卡托与西塞罗的影响，信奉斯多葛哲学。罗马内战中，他支持庞培，法萨卢斯战役后被恺撒赦免，随后投奔恺撒。前44年冬天，他密谋反对恺撒，是刺客的首领，后逃往东方，集结军队抵抗。菲利战役失败后自杀身亡。

卡珀尼娅：前59年，嫁给恺撒，是恺撒的第三任妻子。其父卢修斯·卡帕尼乌斯·皮索（Lucius Calpurnius Piso）拥有一个巨大的图书馆，藏有许多伊壁鸠鲁学派的著作，位于庞贝城的维苏威火山脚下。该图书馆是在庞贝古城的发掘中被发现的，对研究伊壁鸠鲁哲学非常有价值。恺撒去世的前一天晚上，她受到噩梦的困扰，曾恳求恺撒不要出席前44年3月15日的会议。

格奈乌斯·帕皮里乌斯·卡博（？—前82年）：对抗苏拉的平民派领导者之一。他以粗鲁、凶残而闻名，苏拉获胜后，逃往非洲，后被庞培处死。

卡斯卡（？—前42年）：与他的兄弟一起参加了刺杀恺撒的行动，是带头动手的人之一。后追随布鲁图斯并参加了菲利战役，战败后自杀身亡。

盖乌斯·卡修斯（？—前42年）：通常被认为是刺杀恺撒的二号人物，也许是真正的主谋。克拉苏被杀后，他带领卡雷战役中幸存下来的人安全地穿过沙漠到达叙利亚，并站稳了脚跟，使帕提亚人无法威胁到罗马。罗马内战中，他支持庞培，后转向恺撒。他娶了布鲁图斯的妹妹，尽管与布鲁图斯有分歧，但他们坚持到了最后。

卢修斯·塞尔吉乌斯·喀提林（前108—前62年）：曾经追随苏拉，获胜后参与了政治清算。前68年，任执政官，之后基本无政治作为。他曾被克劳狄乌斯提起腐败指控。后转而支持民粹主义的观点，提出取消所有债务。他召集心怀不满的年轻人试图策划政变，被西塞罗揭发。失去了克拉苏与恺撒的支持后，他逃离罗马，在皮斯托亚与罗马军队开战，战死沙场。其同谋在未经严格审判情况下被处决。

马库斯·波修斯·卡托（前95—46年）：“乌地森西斯”小卡托，以区别于其曾祖父老卡托。共和国伟大的政治家，恺撒的宿敌，老卡托的曾孙子。他并未担任过执政官，但却是贵族派首领。他是斯多葛派思想家，并坚定地践行斯多葛价值观，因而被视为思想傲慢，行为僵化。庞培失利后，他被恺撒的军队追击，无路可走自杀身亡。后受到西塞罗的称赞。尽管他是异教徒，但在《神曲》中，他是炼狱的守望者。其妹妹塞维利娅是恺撒的情妇，女儿鲍西娅嫁给了恺撒刺杀案的主谋。

盖乌斯·瓦列利乌斯·卡图卢斯（前87—前54年）：恺撒最喜欢的诗人之一，也是公元前最有影响力的罗马诗人之一，其诗歌依然影响着当代的艺术。他的许多作品都围绕着一位名叫莱斯比娅的女人，有人认为那就是克劳狄乌斯的妹妹克劳迪娅。

马库斯·图利乌斯·西塞罗（前106—前43年）：被誉为古罗马最伟大的演说家、政治家，以演讲技巧和政治策略而闻名。他的许多讲演稿、信件被保留下来。他信奉斯多葛主义，出身平民，前63年担任执政官，披露了喀提林的政变企图。他拒绝与恺撒、庞培和克拉苏组成第一个“三驾马车”。罗马内战期间，他态度暧昧，最终支持庞培。恺撒被谋杀后，他试图重返政治舞台，但最终被各方抛弃。

昆图斯·西塞罗（前102—前43年）：西塞罗的弟弟。曾追随恺撒在高卢服役。他很大程度上跟随着哥哥。娶了哥哥好友阿蒂克斯的女儿。罗马内战爆发后，最终跟随站在庞培一边。内战结束时，他与哥哥产生了激烈冲突，但最终和好。前43年，同样被第二个“三驾马车”处决。

卢修斯·昆西乌斯·辛辛那图斯（前519—前430年）：古罗马的传奇英雄、政治家。前458年，被征召率领罗马军队打败埃奎部落，被任命为独裁者。在任 16 天后，再次回到自己的农场，为后世树立了榜样。

盖乌斯·辛纳(？—前44年):诗人卡图卢斯的朋友。古代著名诗歌《兹麦尔那》（*Zmyrna*）的作者。恺撒遇刺后，他被误以为是凶手之一而被暴徒处死。

辛纳（？—前84年）：平民派领导者之一，对抗苏拉。马里乌斯死后，他接管了领导权。苏拉前往东方讨伐米特里达梯六世时，他在罗马夺取政权，屠杀贵族派，准备与苏拉决战，被反叛士兵杀死，是恺撒第一任妻子科妮莉亚的父亲。

克利奥帕特拉七世（前69年—前30年）：由法老父亲任命，与弟弟兼丈夫托勒密十三世一起统治埃及。很快，姐弟间发生冲突，她利用恺撒的支持，杀死弟弟，夺取王位，成为埃及唯一的统治者。她与恺撒育有一子，后投身安东尼，又育有三个孩子。阿克提姆海战失败后，与安东尼双双自杀身亡。她是古埃及的最后一位统治者。

克利奥帕特拉·塞勒涅（前40—？）：克利奥帕特拉与安东尼所生的女儿，亚历山大·赫利俄斯的孪生妹妹。父母去世后，她在罗马由父亲的前妻、屋大维的姐姐屋塔维娅抚养长大。后嫁给了努米底亚（Numidia Kingdom）国王朱巴，育有两个孩子。

普布利乌斯·克劳狄乌斯·普尔喀（前92—52年）：来自名声不佳的克劳迪娅氏族。他为政治仕途，放弃贵族身份，奉行民粹主义。前50年，他以暴力手段恐吓罗马，西塞罗是其目标，原因是喀提林案件。虽然被三巨头所利用，但也威胁到三巨头的安全。最终，他在罗马帮派对抗中被杀。他是当时罗马最受热议的女人克劳迪娅的弟弟。妻子是富尔维娅，即后来库里奥和安东尼的夫人。他与富尔维娅育有女儿克劳迪娅，即屋大维的首任妻子。

克劳迪娅：克劳狄乌斯的姐姐。罗马声名狼藉的贵族女性，西塞罗的取笑对象。据说是诗人卡图卢斯诗歌中的莱斯比娅。

马库斯·利西尼乌斯·克拉苏（约前 115—前 53 年）：第一个“三驾马车”成员之一。他最初是苏拉的支持者，支持苏拉战胜了平民派，并利用随后的清算掠夺了大量财富。前 71 年，他负责平息斯巴达克斯领导下的奴隶起义，后与庞培发生了冲突。他通过多种渠道发挥影响力，最后与庞培和恺撒组成了第一个“三驾马车”，掌管罗马东部地区。前 55 年，他征讨帕提亚人失败，在沙漠中被杀。

普布利乌斯·克拉苏（？—前 53 年）：“三驾马车”之一克拉苏的儿子。高卢战争时他是恺撒麾下著名的骑兵将军，得到了恺撒的高度评价。前 55 年，他随父亲征讨帕提亚，兵败自杀。

库里奥（？—前 49 年）：罗马内战中，立场多变。起初与西塞罗站在一起，后接受贿赂倒向恺撒。他受恺撒委托，负责西西里岛，后前往非洲，被庞培的盟友打败。继克劳狄乌斯之后，娶了富尔维娅。

盖乌斯·尤利乌斯·恺撒（前 100—前 44 年）：尤利乌斯氏族，其祖先可以追溯到埃涅阿斯。叔叔是平民派领导者马吕斯。他征服高卢，触发罗马内战，组建了第一个“三驾马车”。后战胜所有反对派，独掌政权，一年后被刺杀身亡。

狄多：迦太基的传奇女王、创始人。根据维吉尔的《埃涅阿斯纪》，她爱上了埃涅阿斯，并在埃涅阿斯启程前往意大利后结束了自己的生命。这一事件导致了迦太基与罗马之间永恒的仇恨。

多拉贝拉（约前 80—前 43 年）：年轻时就债务缠身且有不法行为。他娶了西塞罗的女儿图莉亚，后夫妻不和，导致了西塞罗对他的厌恶。罗马内战期间，他立场多变，受雇于安东尼，杀了特博纽斯。后被卡修斯剿灭，自杀身亡。

伊壁鸠鲁（前342—前270年）：古希腊哲学家，创立了伊壁鸠鲁学派。这个学派明显区别于其他哲学学派，强调快乐与无忧的平和状态。力求简单、平和，免受外界纷争与冲突的影响，寻求快乐、摆脱痛苦以保持良好状态。将自己从对神灵的敬畏与对死亡的恐惧中解脱出来，享受自己的生活。“生命只生一次，不能再生，也不能复活。即便推迟快乐，你也无法控制明天。”伊壁鸠鲁学派影响了许多古罗马政治家、诗人等，包括恺撒、卡修斯、贺拉斯、梅塞纳斯、卢克莱修等。

富尔维娅（？—前40年）：罗马平民派中一位坚强而充满活力的女性。三任丈夫分别是克劳狄乌斯、库里奥和安东尼。以此她拥有巨大的影响力。女儿是屋大维的第二任妻子。精力充沛，其丈夫安东尼在埃及时，与安东尼的兄弟结盟，引发战争。战败后她逃亡雅典，客死他乡。

提比略·格拉古斯（前163—前132年）：试图尝试实施土地改革，引发动荡，被一群元老院议员所谋杀。

大希律王（约前73—前4年）：耶稣基督时代耶路撒冷的统治者。其父亲安提帕特有恩于恺撒。前40年，获得罗马的支持，元老院宣布希律为犹太人之王。他支持屋大维讨伐安东尼。以铁腕统治耶路撒冷，甚至处决了自己的妻子米利暗与自己的三个儿子。

哈德良（76—138年）：117—138年在位，罗马皇帝，被称为文化皇帝。虽然前任皇帝图拉真扩大了罗马帝国，但其任内，在不列颠修建了著名的哈德良长城，以此明确了帝国的边界。他专注于帝国内部，整修了著名的神殿万神殿，供奉所有神灵，而不仅仅是供奉传统的罗马神灵。他是希腊文化与艺术爱好者，被认为是古罗马最好的皇帝之一。

贺拉斯（前65—前8年）：著名的古罗马诗人之一。奴隶出身，后获得自由。罗马内战期间，他跟随布鲁图斯，参加了腓利战役。后来，成了梅塞纳斯的好朋友。他死后，葬在早其6个月去世的梅塞纳斯身边。

朱古达（约前150—前104年）：倾慕于罗马的雄壮，作战勇猛。夺取努米底亚的控制权，视为自己的领地，对抗罗马。引来罗马数次征讨，在第四次征讨中被俘身亡。

朱莉娅（约前82—前54年）：恺撒的女儿。母亲是恺撒的第一任妻子科妮莉亚。于前59年嫁给了庞培，以加强第一个“三驾马车”的关系。据说他们深爱着彼此，她头胎分娩时死亡，让庞培感到绝望。其离世标志着恺撒和庞培之间分裂的开始。

朱诺（赫拉）：罗马神话中的女神，等同于希腊神话中的赫拉女神。朱庇特的姐姐、妻子，也是所有女神中最强大的。她被认为极具报复精神。特洛伊战争期间，她支持希腊人，寻求特洛伊的毁灭。埃涅阿斯逃离特洛伊后，持续地予以加害，就因为埃涅阿斯是维纳斯的人间之子。最后，她屈服于朱庇特的意志，同意埃涅阿斯定居意大利，但条件是归化为拉丁人，讲拉丁语。

朱庇特（宙斯）：罗马神话中的众神之神，等同于希腊神话中的宙斯。他是奥林匹斯山的统治者。控制天气，以雷电为武器。生于克里特岛，成年后，他杀死父亲，为所有兄弟姐妹报仇。特洛伊战争期间，他始终保持冷静并规划出更大的蓝图。向维纳斯承诺，她的儿子埃涅阿斯将免于屠杀，并领导建立一个新的国家：“我对他们的财产没有限制，生存不设期限，帝国没有尽头。”

提图斯·拉比努斯（约前100—前45年）：罗马最有才干的将军之一。早在前60年代，曾多次以罗马政治家的身份支持恺撒和三巨头。高卢战争期间，他曾是仅次于恺撒的指挥官。但罗马内战开始时，断绝了与恺撒的关系，转而支持庞培。最后，他在蒙达战役中被恺撒剿灭。

拉提努斯：拉提姆国王。他是埃涅阿斯登陆意大利后遇到的统治者。其女儿拉维妮亚嫁给了埃涅阿斯，并通过联姻，与特洛伊人和平相处。

拉维妮亚：拉提努斯唯一的女儿。原计划与非图努斯成婚，但遵从神谕与埃涅阿斯结合，也导致了与非图努斯之间的战争，埃涅阿斯获胜并以她的荣誉和名字建造了拉维尼乌姆城，从此，特洛伊人和拉丁人生活在了一起，语言是拉丁语。

列庇都斯（前89—前13年）：娶了恺撒的情人塞维利娅的女儿，与布鲁图斯和卡修斯是亲属关系。罗马内战中在恺撒麾下效力，深得恺撒信任，担任军队要职。恺撒被刺杀时，他是罗马驻军指挥官，态度暧昧。后与安东尼联手，与屋大维一起，组成第二个“三驾马车”。此后，无特别政治作为，最终被屋大维抓捕，死于监禁中。

莉维娅（前58—29年）：屋大维的第三任妻子。其父与第二个“三驾马车”对立，死于菲利战役。其丈夫支持安东尼的弟弟及夫人，反对屋大维，战败，离婚，嫁给了屋大维。婚姻美好，一直陪伴在屋大维左右。其第一次婚姻的长子提庇留·克劳狄乌斯·尼禄被屋大维收养并成为继承人。

卢克蒂娅：罗马王国最后一位国王军队军官的妻子，被国王儿子强奸，为证清白自杀身亡。其丈夫卢修斯·塔奎尼乌斯·克拉第努斯与家族朋友卢修斯·布鲁图斯奋起反抗，建立起罗马共和国，并成为首任共同执政官。

梅塞纳斯（约前64—8年）：与阿格里帕同为屋大维青年时的朋友，同在阿波罗尼亚学习。与阿格里帕的坚强务实不同，他充满浪漫的理想主义色彩。他一直坚定地站在屋大维一边，承担某些外交任务。身边团结了一大批艺术家、诗人，如贺拉斯、维吉尔以及普罗佩提乌斯（Propertius）

等。曾有些自述，但都已失传了。随着时间的推移，与屋大维的关系有些紧张，并渐渐疏远了阿格里帕。但始终受到诗人们的追捧，是那个时代的“艺术赞助人”。

马克卢斯，马库斯·克劳狄乌斯（？—前 45 年）：直至罗马内战，都是恺撒的反对者。与自己的同僚兼亲属一起，支持庞培要求恺撒必须交还军权返回罗马，以承担自己的罪责。罗马内战发生后，消极怠惰，前往希腊研修哲学。内战结束后，西塞罗为其辩护，呼吁恺撒赦免，归乡途中被谋杀。

马克卢斯，盖乌斯·克劳狄乌斯（？—前 40 年）：马库斯·克劳狄乌斯的表亲。前 50 年，任罗马执政官，通过了召回恺撒接受审查的提议，直接触发了罗马内战。后被恺撒赦免。

盖乌斯·马里乌斯（约前 157—前 86 年）：娶了恺撒父亲的妹妹，是恺撒的姑夫。出身平民，政治与军事才能卓著，曾七次担任执政官。平民派领导者，推动改革。与贵族派领导者苏拉争斗，在苏拉征战米特里达梯时占据罗马，一个月后去世。

米特里达梯六世（前 132—前 63 年）：黑海边的本都国王，罗马最凶恶的敌人之一。其帝国西部包括小亚细亚的大部分地区，是罗马东部的劲敌。他曾屠杀了 8 万名小亚细亚罗马公民，并袭击希腊。在苏拉及庞培的努力下被剿灭，自杀身亡。

屋塔维娅（前 64—前 11 年）：屋大维的姐姐，因善良、仁慈而广受赞誉。第一任丈夫是盖乌斯·马塞勒斯，育有两个女儿、一个儿子。第二任丈夫是安东尼，育有两个女儿。安东尼与克利奥帕特拉死后，抚养了他们的孩子。

盖乌斯·尤利乌斯·恺撒·屋大维（前 63—14 年）：尤利乌斯·恺

撒的侄孙。结束了罗马内战，将罗马共和国变为罗马帝国，开启了约200年的和平时期。他获得奥古斯都的荣誉称号，成为一代杰出的人物。

普兰库斯（前87—前15年）：高卢战争、罗马内战期间恺撒麾下的将领之一。追随权势，数次改旗易帜。先后追随恺撒、安东尼、屋大维等。

阿西纽斯·波利奥（前76—5年）：罗马内战直至屋大维时期活跃但鲜为后世所知的人物之一。支持恺撒渡过卢比孔河，追随恺撒对抗庞培。恺撒死后，支持安东尼。调停第二个“三驾马车”。退出政界后从事文学及历史创作。与诗人卡图卢斯、维吉尔和贺拉斯等均是好朋友。

庞培·马格努斯（前106—前48年）：恺撒的朋友、女婿和对手。假如没有恺撒，会被铭记为伟大的军队统帅。但他并非一位出色的政治家。前60年，与恺撒、克拉苏一起形成了第一个“三驾马车”。罗马内战中，是元老院的军队统帅，战败后逃往埃及，被埃及国王所杀。

格奈乌斯·庞培·马格努斯（前79—前45年）：与父亲同名，庞培的长子，罗马内战中，与父亲庞培并肩作战。负责亚得里亚海舰队。内战接近尾声时，与弟弟西克图斯、拉比努斯在西班牙蒙达战役中战败，逃跑时被杀。

西克图斯·庞培（前67—前35年）：庞培最小的儿子。法萨卢斯战役后，随同父亲逃往埃及，目睹父亲被杀。前45年在蒙达战败后，组建了一支军队，以西西里岛为基地，威胁西地中海部分地区，形同海盗。屋大维的海军给予了他毁灭性打击，最终，被安东尼处决。

鲍西娅（？—前42年）：卡托的女儿。第一任丈夫是恺撒的政敌比布鲁斯，第二任丈夫是马库斯·布鲁图斯。她意志坚强，是坚定的共和派，参与了刺杀恺撒的计划。丈夫布鲁图斯战死后，她自杀身亡。

卢修斯·塞普提米乌斯：曾效力于庞培麾下，后作为雇佣军服务于埃及托勒密十二世。庞培战败来到埃及时，受命与阿基拉斯一起杀了庞培。曾有作品描述："庞培被引导到驳船上，庞培认出了塞普蒂米乌斯：'如果我没记错的话，你是我的老战友之一？'塞普蒂米乌斯没有回答，只是沉默地点点头。当他们抵达岸边庞培起身准备下船时，塞普蒂米乌斯用剑刺穿了庞培的后背。"

塞维利娅（前 100—？）：卡托同父异母的妹妹，马库斯·布鲁图斯的母亲，恺撒的情人。有人因此猜测布鲁图斯是恺撒的儿子，但这并不是事实。

苏拉（前 138—前 78 年）：曾是马里乌斯的手下，后与马里乌斯成为对手。贵族派首领，打败平民派，实施了残酷的清算。他曾希望恺撒归顺，但遭到拒绝。

卢修斯·塔奎尼乌斯·苏培布斯（？—前 496 年）：前 534—前 509 年在位，是罗马王国最后一位国王（罗穆卢斯是第一位）。以邪恶与暴力而闻名，靠谋杀前任赢得了王位，被布鲁图斯赶下王位，在流放中死去。

特伦蒂亚（前 80—23 年）：西塞罗的妻子与支持者。育有女儿图莉亚、儿子马库斯。通情达理，家庭背景强大，在很大程度上帮助了西塞罗。后来与西塞罗渐行渐远，最终离婚。有资料显示，她一直活到 103 岁。

提洛（约前 103—前 4 年）：西塞罗的奴隶、秘书、学生和朋友。创造了拉丁文速记法，后被称为提洛速记法。他收集并保存了西塞罗的书信和演讲稿，随后将其出版。著有西塞罗传记、修辞文法等著作。

盖乌斯·特博纽斯（？—前 43 年）：高卢战争与罗马内战期间恺撒麾下大将，恺撒刺杀案的主谋之一，西塞罗的好友。在小亚细亚担任总督期间，被多拉贝拉刺杀身亡。

图莉亚（约前 78—前 45 年）：西塞罗非常疼爱的女儿。她的第三任丈夫是多拉贝拉，但感情并不好，后来被抛弃。

图努斯：拉提姆一个强大部落的首领。因为拉维妮亚与埃涅阿斯开战。战败后被杀。

维纳斯：爱与生育女神。与战神马尔斯生下儿子爱神丘比特，又引诱特洛伊人安基塞斯生下人间儿子埃涅阿斯。特洛伊战争的诱发者。

维钦托利（？—前 46 年）：高卢阿维尔尼部落首领。联合其他部落对抗恺撒，他谨慎的策略、灵活的游击战术给予恺撒很大打击。在阿莱西亚被击溃后投降。作为囚犯被带到了罗马关押了六年。恺撒赢得内战后，在罗马举行胜利大游行时，被带出游行示众，后被勒死。

维吉尔（前 70—19 年）：他始终受到同代人及后人的喜爱与敬佩。得到波利奥、梅塞纳斯以及屋大维等当权者的提携与支持，与贺拉斯、普罗佩提乌斯、瓦里乌斯等人是好朋友。他被誉为古罗马的荷马，《埃涅阿斯纪》与《第四牧歌》是其最著名的作品。

盖乌斯·维雷斯（？—前 43 年）：因被西塞罗在庭审中击败而留名后世。他曾是苏拉的得力助手，敛财无数。